铁路货车纵向冲击特性

王春山　金　星
刘宏友　罗运康　编著

中国铁道出版社
2016年·北京

内容简介

本书是我国第一本系统介绍铁路货车冲击过程研究成果的著作。全书共分八章，主要介绍了缓冲器性能与结构、车辆冲击过程计算机仿真分析、货车冲击试验方法、货车冲击试验结果分析、货车转向架摇枕横向载荷、货车纵向冲击研究的其他相关问题。

本书可作为从事铁路车辆设计和试验人员、铁路车辆相关专业的学生、科研人员的培训教材和学习资料，也可供相关技术管理人员参考使用。

图书在版编目(CIP)数据

铁路货车纵向冲击特性/王春山编著.—北京：中国铁道出版社，2016.1

ISBN 978-7-113-21185-1

Ⅰ.①铁… Ⅱ.①王… Ⅲ.①铁路车辆—货车—冲击(力学)—研究 Ⅳ.①U272.01

中国版本图书馆CIP数据核字(2015)第296903号

书　　名：**铁路货车纵向冲击特性**
作　　者：王春山　金　星　刘宏友　罗运康　编著

责任编辑：孙　楠　　**编辑部电话**：021-73421　　**电子信箱**：tdpress@126.com
封面设计：王镜夷
责任校对：马　丽
责任印制：陆　宁　高春晓

出版发行：中国铁道出版社（100054，北京市西城区右安门西街8号）
网　　址：http://www.tdpress.com
印　　刷：北京尚品荣华印刷有限公司
版　　次：2016年1月第1版　2016年1月第1次印刷
开　　本：787 mm×1 092 mm　1/16　印张：10.5　字数：216千
书　　号：ISBN 978-7-113-21185-1
定　　价：48.00元

前言

在国民经济快速发展的带动下，我国铁路现有运营里程已达 12 万 km，我国铁路货运量占世界铁路货运周转量的 25%，是世界上最为繁忙的铁路货运线。铁路重载提速货车技术取得了长足发展，铁路货车已实现载重由 60 t 级向 70 t 级和 80 t 级，时速由空车 70 km、重车 80 km 向 120 km 的技术升级，综合技术性能已达到世界先进水平。各型铁路货车在繁忙的运输周转中要经历大量的编组冲击及列车运行时的纵向冲击考验。实践表明，我国铁路货车的冲击性能基本能够满足重载提速货运要求，但货车冲击强度和车钩缓冲装置性能仍需研究改进、提高，以进一步改善车辆运行使用品质。

为适应国民经济社会持续发展的需要，我国正在研发轴重 27 t、30 t 的新型重载货车。货车轴重的大幅提高对车辆的纵向冲击性能提出了更高的要求，现行铁道车辆强度设计和试验标准已不能完全满足重载货车技术发展需要。在总结铁路货车运用经验和冲击试验数据的基础上，进一步提升货车冲击试验和冲击研究分析水平，更好地指导铁路货车的设计、制造，为修订和完善货车冲击强度设计和冲击试验标准提供科学依据，是撰写本书的主要目的。

在铁路货物运输过程中，编组站是车流集散和列车解编的基地。货车在一次全周转时间内，从装车到卸车，平均要进行 5～6 次调车作业。调车作业导致铁路货车承受纵向冲击力，在编组场机械化驼峰调车时，车辆间的相对速度远大于车辆在线路上运行时的相对速度，此时车辆间的纵向冲击力要比线路运行时大得多。研究车辆的纵向冲击性能、对货物的完整运输也是十分重要的。货车在冲击过程中所承受的纵向冲击力和纵向加速度既是车辆结构强度设计的重要输入条件，也是对车辆结构进行冲击强度试验鉴定的重要测试参数。

本书介绍了编组场作业方式，对车辆冲击过程中纵向冲击力和纵向加速度的形成进行理论分析，较全面地介绍了目前国内、外冲击试验的标准和方法，提出了新的摩擦型缓冲器数学模型，结合冲击过程数值仿真计算和大量翔实的试验数据，研究对货车冲击过程产生影响的因素，提出了后续研究方向。

本书收录了俄罗斯（苏联）、美国、加拿大、日本等国科研工作人员在该领域采用的理论及试验手段和方法所形成的有参考价值的文献和相关标准。通过本书介绍的内容，可以较为清晰地了解国外车辆冲击强度试验标准以及理论、试验研究方法等，为车辆的结构设计、仿真计算以及试验研究提供有价值的参考。

本书由王春山、金星、刘宏友、罗运康编著，郝伟、汤劲松参与编写。在本书的编写过程中，得到了青岛四方车辆研究所有限公司、中国铁道科学研究院、北京交通大学、西南交通大学、齐齐哈尔轨道交通装备有限责任公司、南车长江车辆有限公司、南车二七车辆有限公司、西安轨道交通装备有限责任公司、济南轨道交通装备有限责任公司、太原轨道交通装备有限责任公司、沈阳机车车辆有限责任公司、南车眉山车辆有限公司、包头北方创业股份有限公司、晋西铁路车辆有限责任公司等单位的大力支持，在核稿方面得到了曹志礼、邢澍、缪龙秀等老专家的帮助，在此为他们付出的辛勤劳动致以谢意。

由于编者水平以及编写时间所限，书中难免存在疏漏不妥之处，恳请广大读者和业内人士批评指正，并及时将使用中发现的问题告知我们。

作　者

2015 年 10 月

目录

1

概　　论

1.1　铁路货车纵向冲击特性研究对象

铁路货车是运输货物的载体，它以成列编组形式在轨道上完成货物运输。铁路货车在列车编组和实现运输的过程中除了承载货物重量之外，还承受着纵向牵引和冲击载荷。

铁路货车的纵向牵引与冲击载荷传递通过车钩和缓冲装置实现，即：形成车钩—缓冲器—车体的纵向力传递途径。由于车钩和车体的纵向刚度远大于缓冲器的刚度，因此缓冲器的特性将显著影响铁路车辆的纵向载荷传递特性。

铁路货车的纵向冲击特性关系到铁路运输的安全性。长期以来，国内、外铁路车辆工作者都十分关注这个问题，进行了大量的冲击试验研究和仿真模拟分析，并在各国铁路货车试验标准中规定了对货车进行冲击试验的相关要求。货车冲击试验已成为我国铁路各型新造和改造货车型式试验的重要内容之一，评价货车的性能的重要手段和方法之一。

货车冲击试验的目的有两个：一是对货车的结构强度进行评定，在达到规定的最大冲击速度或最大车钩力条件下，货车不能出现任何损伤，否则应改进车辆结构；二是在现车条件下对缓冲器的冲击特性进行评定，为鉴定或改进缓冲器的冲击特性（包括阻抗力、行程、阻尼特性等）提供依据。由此可见，货车的冲击试验是确保货车运用安全的一个重要手段。

货车冲击试验方法根据冲击车冲击动能的产生方式可分为坡道重力运行冲击和机车推送冲击两种方法。因为坡道重力运行冲击操作简单，其运行速度控制方便；目前大多采用坡道冲击方法。

货车承受纵向冲击的过程中，由于纵向冲击力的作用中心线与货车的重心并不一致，因此会产生前、后转向架的垂向增、减载；同时车体承受的纵向冲击力还会引起转向架的纵向冲动，使转向架摇枕承受纵向力，这种纵向力对摇枕强度的影响也受到国内、外铁路研究人员的关注，本书通过试验研究论证摇枕强度与纵向载荷的关系。

多年来，国内、外铁路研究人员对多种铁路货车和缓冲器进行了系统的冲击试验研究，积累了大量的试验数据。研究表明，货车的冲击过程既具有一定的规律性，又具有较为明显的离散性，受多种因素的影响。为进一步深入研究货车冲击特性及其影响因素，利用现代计算技术仿真模拟分析货车冲击，取得了可喜成果。货车冲击仿真模拟不但可以指导货车冲击试验的组织，还可为货车车体的冲击强度设计和缓冲器的特性研究提供有效的研究手段。

本书主要研究货车纵向冲击特性，系统介绍了车辆冲击理论，总结分析了我国铁路多年铁路货车冲击试验和仿真模拟分析的结果，同时列举了国外对货车进行冲击仿真模拟计算的结果进行比较。本书还对货车转向架摇枕的横向载荷试验研究进行了总结分析，为改进和完善摇枕横向载荷试验规范提供依据。

1.2 铁路车辆冲击载荷的产生

运行中的铁路列车由机车和车辆组成，机车与车辆、车辆与车辆之间采用具有能量吸收作用的弹性连接装置连接。在列车的启动、制动、调速等过程中，由于牵引、制动以及各车辆制动、缓解不同步所造成的各车辆间具有不同的速度而引起的冲击被称为列车纵向冲动。

与铁路客车相比，铁路货运列车牵引总重大、编组长度长、运用条件恶劣、维护周期长；而且铁路货车运营过程中，会频繁通过调车场进行编组和解编作业，也会造成较大的纵向冲动。

货车车辆在运行过程中以及在调车作业时都会形成冲击，但两种过程所产生的冲击影响在量值上会有明显的区别。车辆在调车作业时所产生的冲击力和冲击加速度明显大于车辆运行过程中所产生的冲击力和冲击加速度。车辆运行时即使进行紧急制动操作，车辆之间的相对速度也比调车作业时小得多，因此调车作业时所产生的冲击力通常作为评价车辆冲击强度的主要载荷。

1.2.1 列车编组作业方式

铁路货车调车作业是铁路运输的重要组成部分，一般是在编组站、区段站进行调车作业。调车作业主要包括平面牵出线调车、驼峰调车、取送调车等。其中，牵出线调车和驼峰调车过程包括车列的溜放过程，溜放的车辆会与静止的车列发生冲击，这里主要介绍这两种调车方式。

1.2.1.1 牵出线调车

牵出线调车是使用机车动力进行调车作业的一种作业方式，通常设于车站货场或技术站调车场的一侧或两侧，线路基本上没有坡度。牵出线调车属于平面调车范畴，常用的作业方法有推送调车法和溜放调车法。

推送调车法是使用机车将车辆由某一股道调移到另一股道，在调动过程中不摘车的调车方法。推送调车法主要用于不许溜放调车的车站和地点。向货场或专用线取、送车，调移客车和禁止溜放的货车，车组连挂及车列转线等，一般都需采用推送调车法。这种作业方式一般不会引起车辆之间的剧烈冲击。

溜放调车法是使用机车推送车列达到一定速度后摘钩，机车制动，使摘解的车组借助于所获得的初速度溜放到指定地点的调车方法。采用溜放调车法时，溜放出的车组由制动员使用手制动机或铁鞋进行制动。正确掌握车组的溜放速度，是保证溜放调车安全、提高溜放调车效率的重要条件，溜放速度过低，车组不能溜至预定地点；溜放速度过高，调车程的距离和调车时间则将延长，并增加溜放车组与线路上停留车辆发生冲突的危险性。车组溜放速度应根据车组获得的动能与其溜行阻力功相等的条件来确定，车组的溜放速度主要与溜行距离和溜行中受到的各种阻力有关。因此，调车人员应熟悉各种车辆的走行性能、线路的平面和纵断面的特征，正确掌握线路内停留车的位置，并具有准确测距、测速的技能。溜放调车除要掌握好速度外，还必须保证车组间的必要间隔。根据允许转换道岔的条件，前后两车组溜经分路道岔时至少应保持必要的间隔距离。

溜放调车法与推送调车法相比，其分解行程短，分解一个车组所用的调车程数也较少，因此可显著提高调车效率。机车推动车列加减速一次不是溜出一个车组，而是同时溜出几个车组的溜放调车法，又称为多组溜放法。用多组溜放法一批溜出的几个车组，系借助车组走行性能的不同和利用手制动机调速造成一定间隔，以保证各车组分别溜入指定的线路。采用多组溜放法分解车列所用的调车程数，比一般溜放法要少得多，所以调车效率得以进一步提高。

1.2.1.2　驼峰调车

在进行驼峰（图 1.1）调车作业时，先由调车机车将车列推向驼峰，当最前面的车

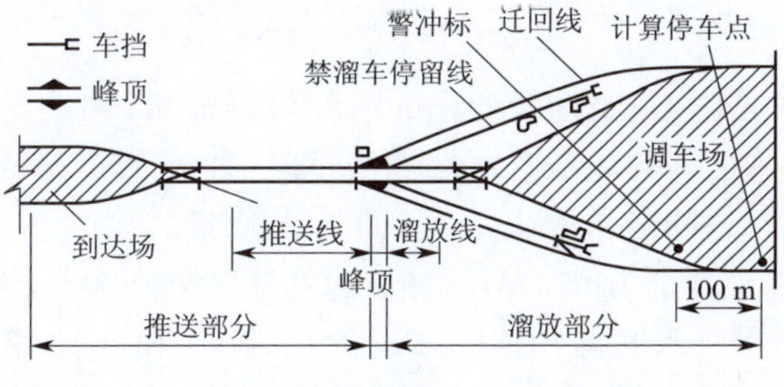

(a) 平面

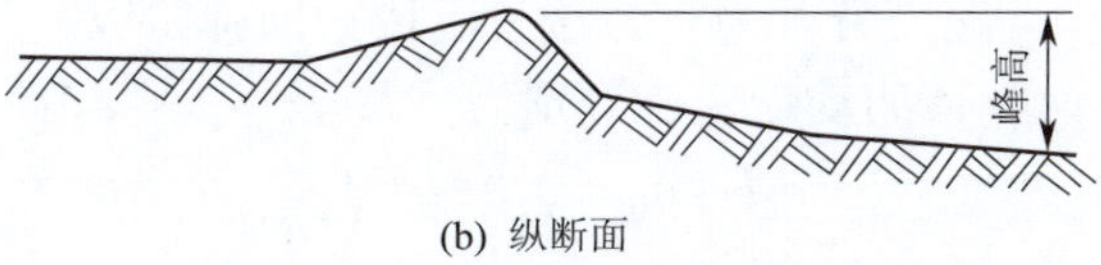

(b) 纵断面

图 1.1　驼峰示意图

组(或车辆)接近峰顶时，提开车钩，车辆通过峰顶后利用自身重力顺坡自动溜放到编组场的预定线路上，采用缓行器、减速顶等措施控制速度。按其线路配置和技术设备的不同，可分为简易驼峰、非机械化驼峰、机械化驼峰、半自动化驼峰和自动化驼峰。与牵出线调车比较，驼峰调车具有如下特点：

(1)调车动力。在牵出线上溜放调车主要靠机车的推动力，而在驼峰上溜放调车主要靠车辆本身所受的重力，辅以机车的推力。

(2)提钩地点。在牵出线上溜放调车，机车推动车列逐钩移向调车场，提钩地点不固定，而在驼峰上溜放调车，提钩地点基本上限制在推送坡至峰顶的一段距离内。

(3)溜放速度的控制。在牵出线上溜放调车，对速度的控制变化较大，车辆走行性能对其溜行速度的影响不很显著。在驼峰上溜放调车，只在接近峰顶的较小范围内调节推送速度，车辆溜行主要靠本身所受的重力。因此，车辆走行性能对其溜行速度的影响比较显著。

1.2.2 货车连挂速度

货车连挂速度在调车作业中必须受到严格控制。连挂速度过小会影响调车作业效率，过大会影响调车作业和货物安全、车辆强度。我国《铁路技术管理规程》规定，货车溜放时，与停止车列连挂时的速度不得超过 5 km/h。

1.3 车辆冲击力理论分析

建立编组场调车作业产生的冲击过程数学模型，对其进行解析求解，就可以找出冲击过程中冲击力产生、变化的内在规律和趋势，以及影响冲击力的因素。

1.3.1 恢复系数与吸收率

两个物体互相冲击时，由于动量变化的时间极其短暂，两冲击物体之间会产生冲击力。一般来说，物体之间的冲击有塑性冲击、弹性冲击和非完全弹性冲击。由于缓冲器的存在，车辆之间的冲击属于非完全弹性冲击范畴。

假设两物体的质量分别为 M_1、M_2，冲击前的速度分别为 v_1 和 v_2，v_1、v_2 方向相同且 $v_1 \geqslant v_2$，冲击过程结束时两物体的速度分别为 u_1 和 u_2。整个冲击过程可分为两个阶段。第一阶段是从两物体各具 v_1、v_2 速度开始接触变形，当两物体具有完全相等的速度 v_0 时，接触变形量达到最大。第二阶段是从两物体以相等速度 v_0 开始运动至两物体各以 u_1、u_2 速度分开为止。这一阶段为回弹阶段。

在第一阶段中，两物体的动量变化分别为 $-I_1$ 及 I_1，则有：

$$\left.\begin{aligned} M_1(v_0-v_1)&=-I_1 \\ M_2(v_0-v_2)&=I_1 \end{aligned}\right\} \tag{1-1}$$

解上述方程得：

$$v_0=\frac{M_1v_1+M_2v_2}{M_1+M_2};I_1=\frac{M_1M_2(v_1-v_2)}{M_1+M_2};$$

在第二阶段中，两物体的动量变化各为$-I_2$及I_2，则有：

$$\begin{aligned}M_1(u_1-v_0)&=-I_2\\M_2(u_2-v_0)&=I_2\end{aligned}\tag{1-2}$$

由于M_1、M_2为非完全弹性体，在冲击过程中一部分动量消耗于两物体的内部摩擦，所以$I_1\neq I_2$。第二阶段与第一阶段动量之比称为恢复系数c。

对于完全弹性体，$c=1$，对于塑性物体，$c=0$。车辆冲击时由于缓冲器内存在各种形式的阻抗力的作用，因此c介于0～1之间。

吸收率为冲击物体经过冲击过程后能量的损失与第一阶段结束时储存的能量之比。如图1.2所示，吸收率等于A区域面积除以A、B区域面积之和。

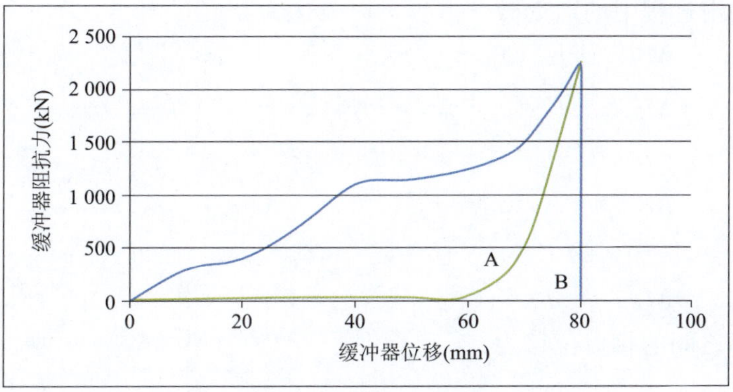

图1.2　吸收率示意图

1.3.2　车辆冲击数学模型

在研究调车作业引起的车辆冲击时，可以把一组车辆简化视为由弹性约束所联系的离散质量系统。当车辆之间存在弹性约束(缓冲器或车体)时，根据胡克定律，车辆间发生冲击时所产生的纵向冲击力与车辆之间的弹性约束刚度K以及车辆之间的相对位移q成正比。本书所讨论的冲击力方向均为沿车长方向的纵向冲击力。

设n个不受任何阻力且质量分别为M_1、M_2、…、M_n的车辆冲击前沿同一方向运动，在t时刻，其速度各为v_1、v_2、…、v_n。各车间的纵向绝对位移分别为x_1、x_2、…、x_n，车辆间连接处的纵向弹性约束的当量刚度分别为K_1、K_2、…、K_{n-1}。

车辆间冲击力分别为F_1、F_2、…、F_{n-1}。

各车在冲击过程中的运动简图如图1.3所示。

则任一辆(第i辆)车在冲击过程中的受力简图如图1.4所示。

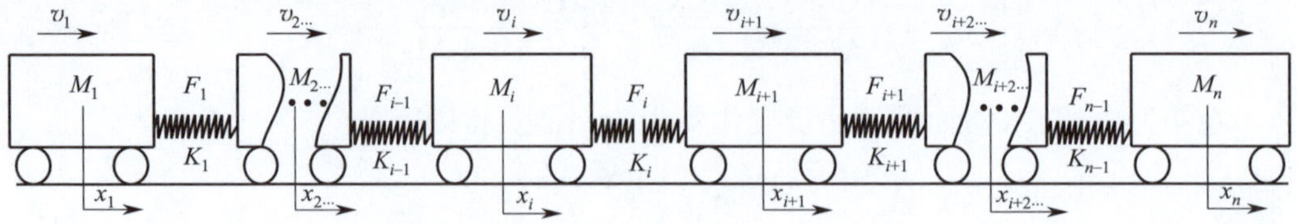

图 1.3　冲击时车辆运动简图

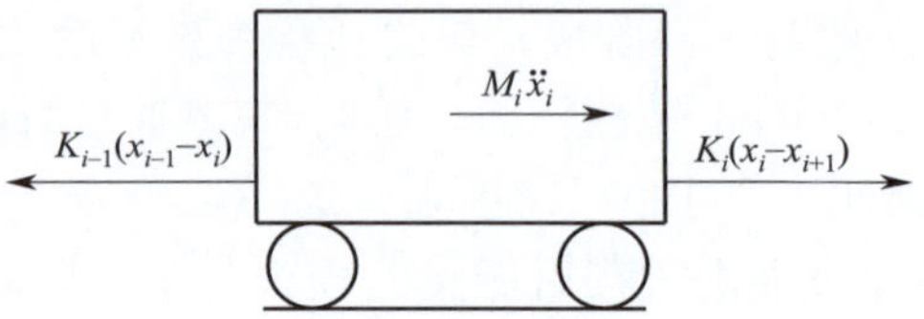

图 1.4　冲击时第 i 辆车受力简图

各车在冲击过程中的运动微分方程可以表达为：

$$\left.\begin{array}{l}M_1\ddot{x}_1+K_1(x_1-x_2)=0\\ M_2\ddot{x}_2+K_2(x_2-x_3)-K_1(x_1-x_2)=0\\ \cdots\cdots\\ M_i\ddot{x}_i+K_i(x_i-x_{i+1})-K_{i-1}(x_{i-1}-x_i)=0\\ \cdots\cdots\\ M_n\ddot{x}_n-K_{n-1}(x_{n-1}-x_n)=0\end{array}\right\}\tag{1-3}$$

若记两车之间的相对位移为：

$$q_i=x_i-x_{i+1}\text{，且令 }a_{ii}=\frac{K_i}{M_i},a_{ij}=\frac{K_i}{M_j}\text{：}i=1、2、\cdots、n-1\text{；}j=1、2、\cdots、n\text{。}$$

则方程组(1-3)可以改写为：

$$\left.\begin{array}{l}\ddot{q}_1+(a_{11}+a_{12})q_1-a_{22}q_2=0\\ \ddot{q}_2+(a_{22}+a_{23})q_1-a_{12}q_1-a_{33}q_3=0\\ \cdots\cdots\\ \ddot{q}_i+(a_{ii}+a_{i,i+1})q_i-a_{i-1,i}q_{i-1}-a_{i+1,i+1}q_{i+1}=0\\ \cdots\cdots\\ \ddot{q}_{n-1}+(a_{n-1,n-1}+a_{n-1,n})q_{n-1}-a_{n-2、n-1}q_{n-2}=0\end{array}\right\}\tag{1-4}$$

式(1-4)由 $n-1$ 个方程组成，比式(1-3)的方程数目少 1。由于在不同的时刻 t，车辆间的弹性约束刚度 K 和车辆质量 M 均可视为已知常量，因此式(1-4)为二阶常系数微分方程组，可通过其初始条件中给定的初值求解时刻 t 时各车之间的相对位移 q，以及对应时刻的 x、$\dot{x}$ 和 $\ddot{x}$。进而求得各车辆间的冲击力。

设相互冲击的两组车中，冲击车组的车辆数量为 k，且车辆间无相对速度和相对位移；被冲击车组的数量为 $n-k$，且车辆间无相对速度和相对位移；冲击车组与被冲击车组的相对速度为 v，则可确定式(1-4)在 $t=0$ 时的初值为：$q_1=q_2=、\cdots、=q_{n-1}=0$；$\dot{q}_1=\dot{q}_2=、\cdots、=0$，$\dot{q}_k=v$；$\dot{q}_{k+1}=、\cdots、=\dot{q}_{n-1}=0$。

1.3.3　无阻尼缓冲器车辆冲击力

假定车辆间的缓冲器完全线性，且缓冲器容量相当大，在冲击过程中不会出现缓冲器全压缩。在上述前提下进行几种典型工况分析。

1.3.3.1　一辆车冲击一辆车

当一辆质量为 M_1 的车辆与一辆质量为 M_2 的车辆发生冲击时，根据式(1-3)，每辆车的运动微分方程为：

$$\left.\begin{aligned}M_1\ddot{x}_1+K(x_1-x_2)=0\\M_2\ddot{x}_2-K(x_1-x_2)=0\end{aligned}\right\}\tag{1-5}$$

根据式(1-4)，方程组(1-5)可改写为：

$$\ddot{q}+K\left(\frac{1}{M_1}+\frac{1}{M_2}\right)q=0\tag{1-6a}$$

或

$$\ddot{q}+p^2q=0\tag{1-6b}$$

式中　p^2——纵向振动自振圆频率的平方，即：

$$p^2=\frac{K(M_1+M_2)}{M_1M_2}\tag{1-7}$$

根据冲击时的初始条件 $t=0$ 时，$x_1=x_2=0$，$\dot{x}_1-\dot{x}_2=v$，即 $q=0$，$\dot{q}=v$，则微分方程的解为：

$$q=\frac{v}{p}\sin pt\tag{1-8}$$

$$\dot{q}=v\cos pt\tag{1-9}$$

由于假设缓冲器具有线性特性，故冲击力的变化规律为：

$$F=qK=\frac{vK}{p}\sin pt\tag{1-10}$$

冲击力的最大值发生在正弦函数值为1时，亦即 $t=\frac{\pi}{2p}$ 时，可得出冲击力的幅值：

$$F_{\max}=\frac{vK}{p}=v\sqrt{K\frac{M_1M_2}{M_1+M_2}}\tag{1-11}$$

如果两辆车完全相同，即 $M_1=M_2=M$，则：

$$F_{1\max}=v\sqrt{\frac{MK}{2}},\ p=\sqrt{\frac{2K}{M}}\tag{1-12}$$

作为一种特殊情况，如果 M_2 的质量非常大，例如装有车钩缓冲装置的挡台，而 M_1 不变，依然 $M_1=M$，则最大冲击力和自振圆频率分别为：

$$F_{2\max}=v\sqrt{M_1K}=v\sqrt{MK},\ p=\sqrt{\frac{K}{M_1}}=\sqrt{\frac{K}{M}}\tag{1-13}$$

如果参与冲击的两个缓冲器刚度相同，根据弹簧串联特性，则挡台上无缓冲装置时的车辆间弹性约束刚度为挡台上有缓冲装置时的 2 倍，则最大冲击力和自振圆频率分别为：

$$F_{3\max}=v\sqrt{2MK},p=\sqrt{\frac{2K}{M}} \tag{1-14}$$

在上述三种情况下，车辆最大冲击力之间具有下列关系：

$$F_{1\max}:F_{2\max}:F_{3\max}=1:\sqrt{2}:2 \tag{1-15}$$

由此可见，车辆冲击时最大冲击力产生于一辆车向无缓冲装置的挡台冲击时的情况，这时所得的冲击力是两辆同型车冲击时的 2 倍。一辆车向质量较大的机车或其他大型车辆冲击时所产生的冲击力介于 $F_{1\max}$ 与 $F_{3\max}$ 之间。当然，上述结论成立的前提条件是两车之间的弹簧有足够的行程，整个冲击过程中不会被压死。

1.3.3.2　一辆车冲击两辆车

采用上述方法对一辆车冲击两辆车的情况进行分析。根据式(1-4)有微分方程组：

$$\left.\begin{aligned}\ddot{q}_1+\left(\frac{K_1}{M_1}+\frac{K_1}{M_2}\right)q_1-\frac{K_2}{M_2}q_2=0\\ \ddot{q}_2+\left(\frac{K_2}{M_2}+\frac{K_2}{M_3}\right)q_2-\frac{K_1}{M_2}q_1=0\end{aligned}\right\} \tag{1-16}$$

根据冲击时的初始条件 $t=0$ 时，$q_1=q_2=0$，$\dot{q}_1=v$，$\dot{q}_2=0$。则式(1-16)的通解为：

$$\left.\begin{aligned}q_1&=\frac{v}{p_1^2-p_2^2}\left(\frac{b_{11}-p_2^2}{p_1}\sin p_1t-\frac{b_{11}-p_1^2}{p_2}\sin p_2t\right)\\ q_2&=\frac{-vb_{21}}{p_1^2-p_2^2}\left(\frac{1}{p_1}\sin p_1t-\frac{1}{p_2}\sin p_2t\right)\end{aligned}\right\} \tag{1-17}$$

$$p_{1,2}=\sqrt{\frac{b_{11}+b_{22}\pm\sqrt{(b_{11}-b_{22})^2+4b_{12}b_{21}}}{2}}$$

$$b_{11}=\frac{K_1}{M_1}+\frac{K_1}{M_2},b_{12}=\frac{K_2}{M_2},$$

$$b_{22}=\frac{K_2}{M_2}+\frac{K_2}{M_3},b_{21}=\frac{K_1}{M_2},$$

式中　p_1,p_2——纵向振动圆频率。

若三辆车的参数相同，即 $K_1=K_2=K$，$M_1=M_2=M_3=M$，则：

$$p_1=\sqrt{\frac{K}{M}},p_2=\sqrt{\frac{3K}{M}}$$

$$\left.\begin{aligned}F_1&=\frac{vK}{2}\sqrt{\frac{M}{K}}\left(\sin\sqrt{\frac{K}{M}}t+\frac{1}{\sqrt{3}}\sin\sqrt{\frac{3K}{M}}t\right)\\F_2&=\frac{vK}{2}\sqrt{\frac{M}{K}}\left(\sin\sqrt{\frac{K}{M}}t-\frac{1}{\sqrt{3}}\sin\sqrt{\frac{3K}{M}}t\right)\end{aligned}\right\}\tag{1-18}$$

1.3.3.3　两辆车冲击两辆车

当冲击车组和被冲击车组均为两辆车时，根据式(1-4)，则有：

$$\left.\begin{aligned}&\ddot{q}_1+\left(\frac{K_1}{M_1}+\frac{K_1}{M_2}\right)q_1-\frac{K_2}{M_2}q_2=0\\&\ddot{q}_2+\left(\frac{K_2}{M_2}+\frac{K_2}{M_3}\right)q_2-\frac{K_1}{M_2}q_1-\frac{K_3}{M_3}q_3=0\\&\ddot{q}_3+\left(\frac{K_3}{M_3}+\frac{K_3}{M_4}\right)q_3-\frac{K_2}{M_3}q_2=0\end{aligned}\right\}\tag{1-19}$$

根据冲击时的初始条件 $t=0$ 时，$q_1=q_2=q_3=0$，$\dot{q}_1=0$，$\dot{q}_2=v$，$\dot{q}_3=0$。若 $K_1=K_3$，$M_1=M_4$，$M_2=M_3$ 则可以利用系统的对称性求解，式(1-19)简化为：

$$\left.\begin{aligned}&\ddot{q}_1+\left(\frac{K_1}{M_1}+\frac{K_1}{M_2}\right)q_1-\frac{K_2}{M_2}q_2=0\\&\ddot{q}_2+\frac{2K_2}{M_2}q_2-\frac{2K_1}{M_2}q_1=0\end{aligned}\right\}\tag{1-20}$$

则式(1-20)的通解为：

$$\left.\begin{aligned}&q_1=q_3=\frac{v}{p_1^2-p_2^2}\frac{K_2}{M_2}\left(\frac{1}{p_1}\sin p_1t-\frac{1}{p_2}\sin p_2t\right)\\&q_2=\frac{v}{p_1^2-p_2^2}\left(\frac{\frac{K_1}{M_1}+\frac{K_1}{M_2}-p_1^2}{p_1}\sin p_1t-\frac{\frac{K_1}{M_1}+\frac{K_1}{M_2}-p_2^2}{p_2}\sin p_2t\right)\\&F_1=F_3=q_1K\\&F_2=q_2K\end{aligned}\right\}\tag{1-21}$$

$$p_{1,2}=\frac{\sqrt{2}}{2}\sqrt{\frac{K_1}{M_1}+\frac{K_1+2K_2}{M_2}\pm\sqrt{\left(\frac{K_1}{M_1}+\frac{K_1-2K_2}{M_2}\right)^2+4\left(\frac{2K_1}{M_2}\frac{K_2}{M_2}\right)}}$$

若各车参数相同，即 $K_1=K_2=K_3=K$，$M_1=M_2=M_3=M_4=M$，则：

$$p_{1,2}=\sqrt{\frac{(2\pm\sqrt{2})K}{M}}$$

$$\left.\begin{aligned}F_1=-F_3&=\frac{vK}{4}\sqrt{\frac{M}{K}}\left[\sqrt{2+\sqrt{2}}\sin\left(\sqrt{\frac{(2-\sqrt{2})K}{M}}t\right)-\sqrt{2-\sqrt{2}}\sin\left(\sqrt{\frac{(2+\sqrt{2})K}{M}}t\right)\right]\\F_2&=\frac{vK}{2}\sqrt{\frac{M}{K}}\left[\frac{1}{\sqrt{2-\sqrt{2}}}\sin\left(\sqrt{\frac{(2-\sqrt{2})K}{M}}t\right)+\frac{1}{\sqrt{2+\sqrt{2}}}\sin\left(\sqrt{\frac{(2+\sqrt{2})K}{M}}t\right)\right]\end{aligned}\right\}\tag{1-22}$$

1.3.3.4 各工况比较

为了便于比较，将以上分析的车辆冲击时冲击力随时间的变化规律绘制成曲线，图 1.5 给出了一辆车冲击一辆车、一辆车冲击两辆车和两辆车冲击两辆车时冲击端处冲击力的变化。

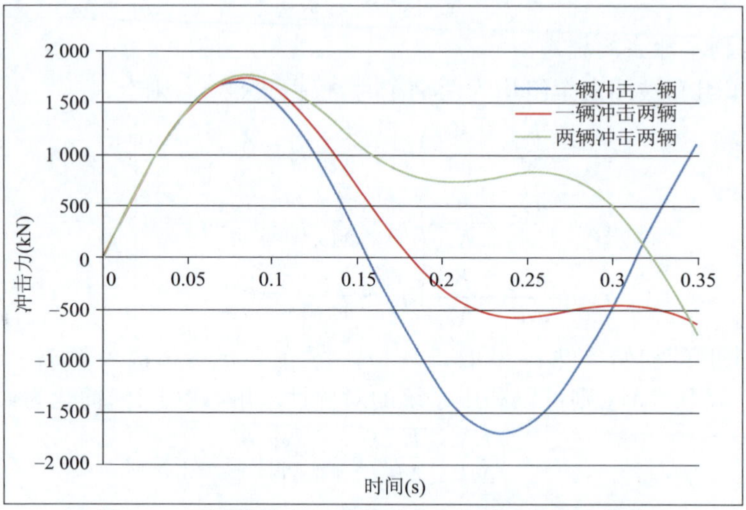

图 1.5 不同数量车组冲击时冲击力随时间变化曲线

从图 1.5 中可以看出，只要互相冲击车辆的质量和缓冲器均是相同的，无论有多少辆车参加冲击，车辆连接处产生的冲击力在冲击初期，最大值虽有增大的趋势，但三种情况的变化规律是相同的，且冲击力最大值的差别并不显著；从冲击力的发展趋势来看，三种不同数量的车辆参与冲击，冲击力在上升至最大值时，其经历的曲线基本一致，而且达到最大值所需的时间也基本相同。但在冲击力达到最大值后，曲线的走势具有较大的区别，由于缓冲器为无阻尼的线性缓冲器，因此一辆车冲击一辆车的冲击力将以正弦波的型式发展下去；当参与冲击的车辆多于两辆时，由于受到冲击车辆或被冲击车辆相邻车辆的影响，冲击力将以多个正弦曲线叠加的型式出现并循环发展下去。

表 1.1 给出了按照上述计算公式计算得出的车辆冲击时的冲击力最大值。参照参考文献[3]，在计算中取 $K=1.7\times10^7$ N/m，$v=2$ m/s。

由表 1.1 可见，最大纵向作用力发生在两辆车冲击两辆车时，且位于直接冲击的车辆间，冲击力达到 2 150 kN。

表 1.1 车辆互相冲击时的最大冲击力(第一个周期)

一辆车冲击两辆车			两辆车冲击两辆车		
车辆质量(t)	F_1(kN)	F_2(kN)	车辆质量(t)	F_1(kN)	F_2(kN)
$M_1=M_2=M_3=85$	1 730	1 414	$M_1=M_2=M_3=M_4=85$	1 514	1 767
$M_1=M_2=126$；$M_3=85$	2 106	1 434	$M_1=M_4=85$；$M_2=M_3=126$	1 513	2 150
$M_1=M_2=85$；$M_3=0$	1 700	—	$M_1=M_4=126$；$M_2=M_3=85$	1 774	1 768
$M_1=M_2=126$；$M_3=0$	2 070	—	—		

注：当 $M_3=0$ 时代表一辆车冲击一辆车。

1.3.4 刚性冲击

上面分析的车辆冲击时冲击力的计算公式，适用于缓冲器是完全弹性、缓冲器的容量和行程都很大，且冲击引起的车辆相对位移和冲击力均在缓冲器线性范围内的情况。实际上，缓冲器容量和行程都是有限的，当车辆冲击速度增大到一定程度，缓冲器容量趋向饱和，此时缓冲器位移达到最大值，缓冲器被完全压缩，如果继续提高车辆冲击速度，则缓冲器全压缩后不再起缓冲作用，此时的冲击动能将直接由车体变形来吸收。由于车体刚度比缓冲器刚度大得多，于是车钩缓冲装置中的纵向作用力也显著提高，习惯上把借助车体变形来吸收冲击能量的阶段称为刚性冲击，以区别缓冲器变形阶段的冲击。

1.3.5 摩擦阻尼缓冲器车辆冲击力

前面分析的车辆弹性冲击和刚性冲击都没有考虑缓冲器内的阻尼作用。实际上，现代缓冲器都具有一定的阻尼，并且绝大多数货车上都安装摩擦式缓冲器。当缓冲器内有阻尼时，车辆冲击的情况与上述分析会有一定差别。

缓冲器内有摩擦阻尼时，车辆之间的弹性约束具有图 1.6 所示的静力特性。

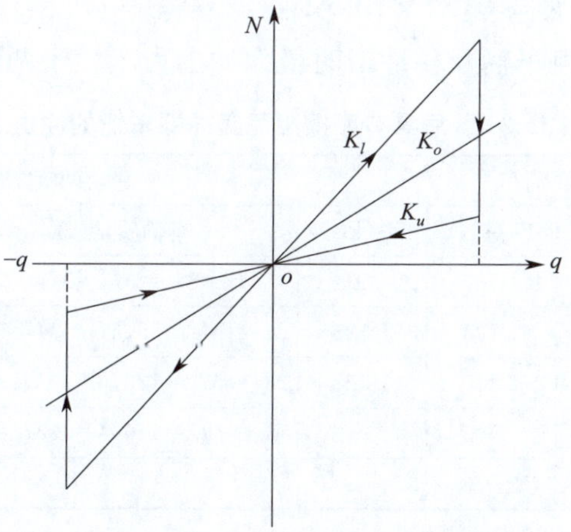

图 1.6　车辆连接处弹性约束的静力特性曲线

弹性约束在加载时的刚度 K_l 不同于卸载时的刚度 K_u，亦即弹性约束的刚度 K 与变形和速度乘积的符号有关：

$$K=K_0(1+\phi\,\mathrm{sgn}q\dot{q}) \tag{1-23}$$

式中　$K_0=\dfrac{K_l+K_u}{2}$——弹性约束的平均刚度；

$\mathrm{sgn}q\dot{q}$——弹性约束的变形与速度乘积的符号；

$\phi=\dfrac{F}{N}$——相对摩擦系数，其值为 $\phi=\dfrac{K_l-K_u}{2K_0}$；

F——弹性约束变形为 q 时的摩擦力；

N——弹性约束变形为 q 时的弹性力。

在分析具有摩擦缓冲器的车辆互相冲击问题时，车辆运动微分方程中的 K 必须用上面定义的弹性约束刚度。因此一辆车向两辆静止的车冲击时的微分方程的形式为：

$$\left.\begin{aligned}\ddot{q}_1+\frac{K_{01}}{K_1}b_{11}(1+\phi_1\operatorname{sgn}q_1\dot{q}_1)q_1-\frac{K_{02}}{K_2}b_{12}(1+\phi_2\operatorname{sgn}q_2\dot{q}_2)q_2=0\\ \ddot{q}_2+\frac{K_{02}}{K_2}b_{22}(1+\phi_2\operatorname{sgn}q_2\dot{q}_2)q_2-\frac{K_{01}}{K_1}b_{21}(1+\phi_1\operatorname{sgn}q_1\dot{q}_1)q_1=0\end{aligned}\right\}\tag{1-24}$$

式中　K_{01}，K_{02}——第一、二个车辆连接处的弹性约束平均刚度；

ϕ_1，ϕ_2——第一、二个车辆连接处的弹性约束相对摩擦系数；

$$b_{11}=\frac{K_1}{M_1}+\frac{K_1}{M_2},b_{12}=\frac{K_2}{M_2},b_{22}=\frac{K_2}{M_2}+\frac{K_2}{M_3},b_{21}=\frac{K_1}{M_1}。$$

对于上述微分方程，可以用追踪法求解，也就是在每个线性段范围内分别求解微分方程，并分别选用相应的初始条件。在计算中必须随时检查线性段变化的条件 $\operatorname{sgn}q\dot{q}$ 。

表 1.2 给出了具有摩擦缓冲器的车辆在冲击时冲击力的变化。参照参考文献[3]，在计算中取 $K_{01}=K_{02}=1.1\times10^7$ N/m；$\phi_1=\phi_2=0.55$；$v=2$ m/s。

由表 1.2 可见，两组车辆互相冲击时最大冲击力产生于两辆直接冲击的车辆间。

表 1.2　装用具有摩擦阻尼缓冲器车辆的冲击力

一辆车冲击两辆车			两辆车冲击两辆车		
车辆质量(t)	F_1(kN)	F_2(kN)	车辆质量(t)	F_1(kN)	F_2(kN)
$M_1=M_2=M_3=85$	1 733	991	$M_1=M_2=M_3=M_4=85$	1 153	1 770
$M_1=M_2=85,M_3=126$	1 734	1 125	$M_1=M_4=85,M_2=M_3=126$	1 131	2 153
$M_1=M_2=126,M_3=85$	2 110	1 023	$M_1=M_4=126,M_2=M_3=85$	1 422	1 771
$M_1=M_2=85,M_3=0$	1 703	—	$M_1=M_4=170,M_2=M_3=85$	1 663	1 775
$M_1=M_2=126,M_3=0$	2 073	—	—		

注：当 $M_3=0$ 时代表一辆车冲击一辆车。

2 缓冲器性能与结构

缓冲器是铁路货车的重要组成部件，其作用是用来缓和列车在运行中由于机车牵引力的变化或在起动、制动及调车作业时车辆相互碰撞而引起的纵向冲动和振动。缓冲器有耗散车辆之间冲击和振动能量的功能，从而减轻对车体结构和装载货物的破坏作用，提高列车运行的平稳性。

2.1 缓冲器性能

缓冲器的性能直接影响着列车的牵引总重、运行速度、车辆的总重、编组作业效率、货物的完好率等涉及铁路运输效能的主要技术经济指标。

决定缓冲器性能的主要技术指标是容量、阻抗力、行程、冲击速度以及能量吸收率等，不同类型的车辆对缓冲器的技术指标要求也不相同。除了技术指标要求外，还有稳定性、使用环境以及经济性等其他要求。

2.1.1 行　　程

缓冲器行程为缓冲器在受到冲击作用时减振(活动)部件的最大相对位移，此时弹性元件处于全压缩状态，再加大外力，相对位移也不会增加。从缓冲器的特性曲线可以看出，缓冲器行程越大，越有利于提高缓冲器的容量，降低阻抗力。但是缓冲器的行程往往受到货车钩肩间隙等车辆构造因素的制约。

2.1.2 阻 抗 力

缓冲器阻抗力是缓冲器对车辆发生冲击时冲击力的反力，当缓冲器被全压缩时，阻抗力最大。在缓冲器进行落锤试验时，通过落锤试验台下方的力传感器测得，在车辆冲击试验时，通常由事先静标定过的测力车钩测得。

缓冲器的阻抗力对车辆的纵向加速度、车辆部件的使用寿命影响很大，其值应与货车车体结构所能承受的最大允许纵向力相适应。在规定的冲击速度、质量条件下，最大阻抗力不应超过车辆强度设计时调车工况的纵向力。

2.1.3 容　　量

缓冲器容量是缓冲器在全压缩过程中，冲击力在全行程上所做的功的总和。它是衡量缓冲器能量大小的主要指标，如果容量太小，则当冲击力大时，就会使缓冲器全压缩而导致车辆刚性冲击。额定容量是缓冲器的基本指标，其确定原则按照车辆运用的最恶劣工况，考虑在车辆运行过程中的紧急制动和车辆间的连挂冲击对车辆最大损坏，尤其是车辆间的连挂冲击。因此在确定缓冲器的额定容量时，主要考虑连挂冲击时车辆间的相对速度。额定容量一般越大越好。

2.1.4 能量吸收率

缓冲器在全压缩过程中，有一部分能量被阻尼所消耗，其所消耗部分的能量与缓冲器容量的百分比称为能量吸收率。缓冲器能量吸收率大小表示其衰减冲击动能的能力。吸收率越大，则表明缓冲器吸收冲击能量的能力愈大，反冲作用就愈小，这样车辆结构以及货物所接收的冲击能量就越小，有利于保护车辆和货物，否则，缓冲器必须多往复工作几次方能将冲击能量消耗尽，这将导致车钩、车底架过早疲劳损伤，并且加剧列车纵向冲动。我国铁路货车所用的缓冲器能量吸收率要求大于 80%，对于快速货车则要求大于 90%。

2.2　缓冲器型式

目前我国既有铁路货车上所采用的缓冲器型式主要有 MT 型摩擦式缓冲器、HN 型弹性胶泥缓冲器、HM 型摩擦胶泥缓冲器和液气缓冲器。各型缓冲器由于结构型式不同，减振系统各异，因此由缓冲器位移和阻抗力所构成的特性曲线也不尽相同。

2.2.1 MT 型缓冲器

MT 型缓冲器有 MT-2（图 2.1、图 2.2）、MT-3 两种型号。MT 型缓冲器是 20 世纪 80 年代末、90 年代初研制开发的全钢摩擦式缓冲器，1992 年开始批量装用在 C_{63} 型运煤专用敞车上进行运用考验。MT-2、MT-3 型缓冲器在结构形式上与 Mark 50 型缓冲器相似，但是在容量和阻抗力上有区别。MT-2、MT-3 型缓冲器的容量分别为 50 kJ 和 45 kJ，阻抗力分别为 2 270 kN 和 2 000 kN。MT 型缓冲器结构上利用楔块、动板之间的干摩擦减振，箱体不直接参与摩擦作用，对摩擦减振系统的结构设计、制造工艺以及材料要求比较严格，设计上最大限度地防止箱体的磨耗和提高箱体强度，保证了缓冲器具有较好的性能和稳定性，而且价格适中，使用寿命长、对使用环境要求不高，适用范围较广，便于检修维护。目前 MT-2 型缓冲器主要用于大秦线重载单元运煤专用敞车以及 70 t 级各型货车，MT-3 型缓冲器主要用于 21 t 轴重和 60 t 级各型货车。

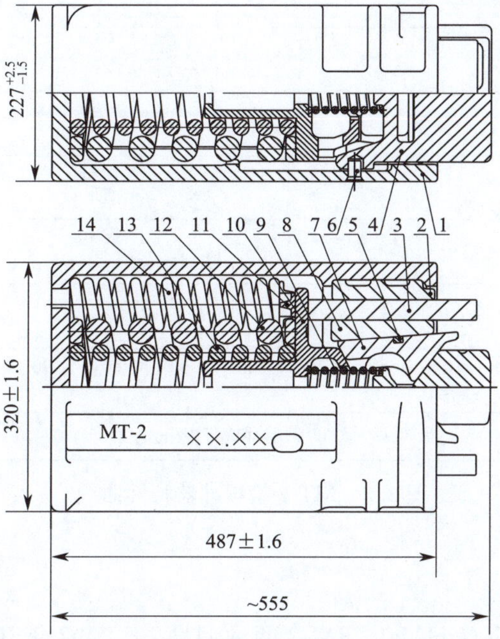

图 2.1 MT-2 型缓冲器二维图

1—箱体；2—外固定板；3—动板；4—中心楔块；5—铜条；6—缩短销；7—楔块；8—固定斜板；9—复原弹簧；10—弹簧座；11—角弹簧座 12—外圆弹簧；13—内圆弹簧；14—角弹簧

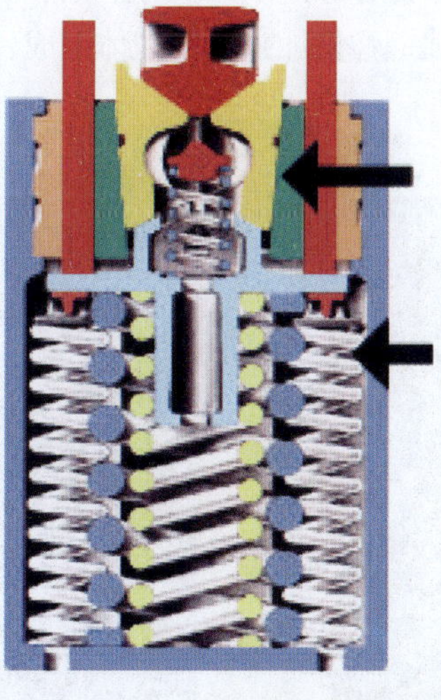

图 2.2 MT-2 型缓冲器三维剖面图

在车辆冲击过程中，冲击力所做的功一部分转化为缓冲器弹簧的弹性势能，另外一部分则转化为摩擦机构的热能。典型的 MT-2 型缓冲器特性曲线如图 2.3 所示。由于摩擦副的存在，缓冲器在冲击过程中本身消耗了一部分能量，使缓冲器复原时的作用力显著减少。所以缓冲器通过压缩变形延长车辆冲击力作用时间和吸收冲击能量而起到缓冲作用。

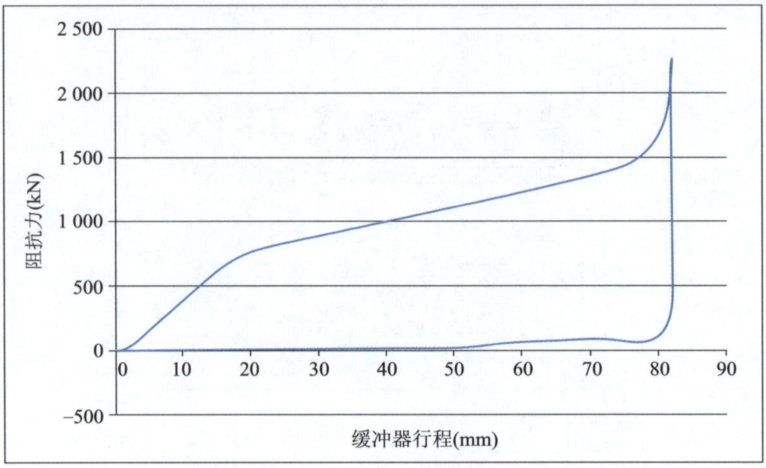

图 2.3　MT-2 型缓冲器特性曲线

2.2.2　HM 型缓冲器

HM 型缓冲器目前有 HM-1、HM-2 两种型号，于 2002 年开始研制，并于 2006 年开始应用于我国铁路重载运输货车。HM-1、HM-2 型缓冲器均为干摩擦组合式缓冲器，由摩擦系统、弹性元件、箱体和缩短装置组成，其中 HM-1 型缓冲器为干摩擦与胶泥芯体组合式缓冲器，HM-2 型缓冲器为干摩擦与弹性体组合式缓冲器。

HM-1 型缓冲器(图 2.4)的摩擦系统采用 MT 型缓冲器摩擦系统，主要由中心楔块、动板、楔块等组成。弹性元件采用圆钢弹簧加弹性胶泥体组成。其特性曲线如图 2.5 所示。

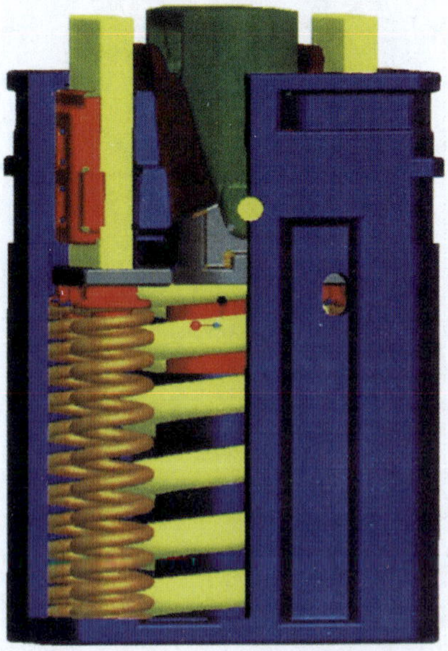

图 2.4　HM-1 型缓冲器构造

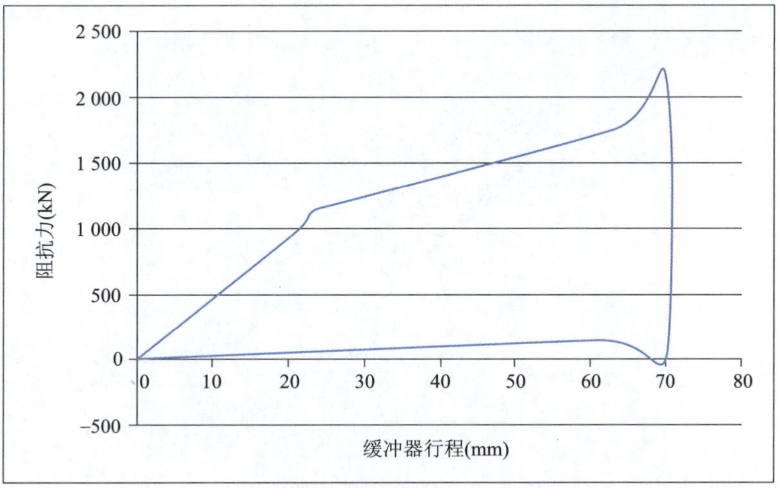

图 2.5 HM-1 型缓冲器特性曲线示意图

HM-2 型缓冲器(图 2.6)的摩擦系统采用双压头、单动板结构,主要由动板、压头和楔块组成,弹性元件借鉴美国 Miner 公司研制的 SL-76 型缓冲器的经验,采用制造成本低廉、性能优良的弹性体材料。

HM 型缓冲器的容量为 80 kJ、阻抗力为2 450 kN,能够满足运行速度 120 km/h,轴重 21～25 t 的各型铁路货车的使用,满足大秦线开行 10 000 t 重载单元列车和20 000 t重载组合式列车的使用要求,满足冲击速度 10 km/h 的驼峰调车作业工况使用要求。缓冲器箱体不直接参与摩擦作用,缓冲器以预压缩状态交货,方便安装使用。

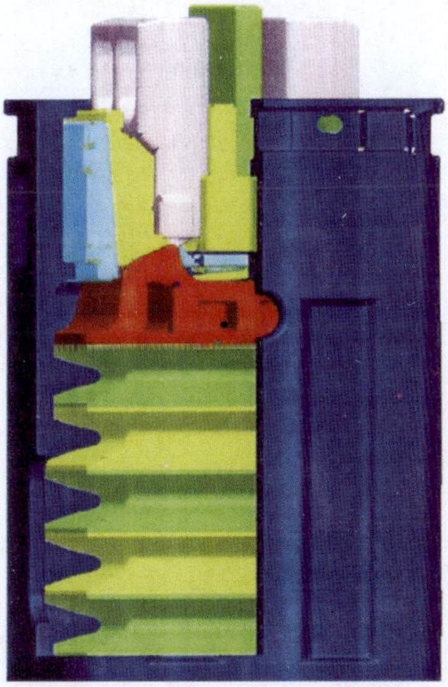

图 2.6 HM-2 型缓冲器构造

2.2.3 HN 型缓冲器

HN 型缓冲器是近 20 余年来欧洲率先开发的一种新型缓冲器,该种缓冲器采用一种未经硫化的有机硅化合物——弹性胶泥作为减振元件介质,该弹性胶泥具有弹性、可压缩性和可流动性,其物理化学性能在－50～250 ℃范围内具有较高的稳定性、抗老化、无毒、对环境无污染,具有固、液两种属性,其动态黏度比普通液压油大几十倍至几百倍,且可根据需要改变配方予以调节,因此密封问题解决起来较为简单。利用它的弹性功能可以在无复原弹簧的条件下,实现缓冲器复原回程;利用它的可压缩性可以实现缓冲器的压缩行程;利用它的流动性可实现缓冲器的大容量、低阻抗力的性能。在冲击试验时,对于 70 t 级货车的冲击速度可大于 10 km/h。

我国研制的 HN-1 型缓冲器其构造和特性曲线如图 2.7、图 2.8 所示。

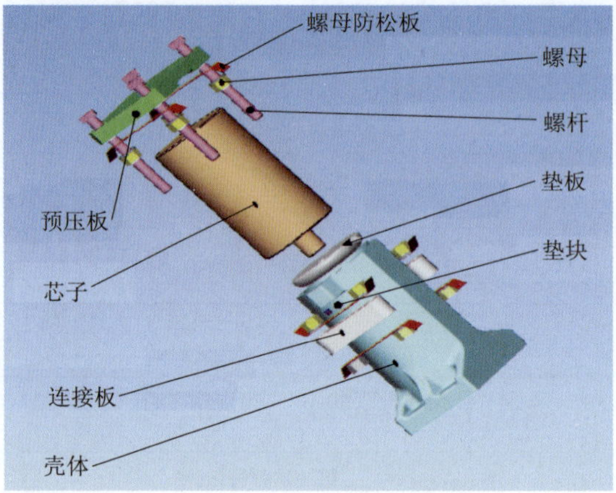

图 2.7　HN-1 型缓冲器构造

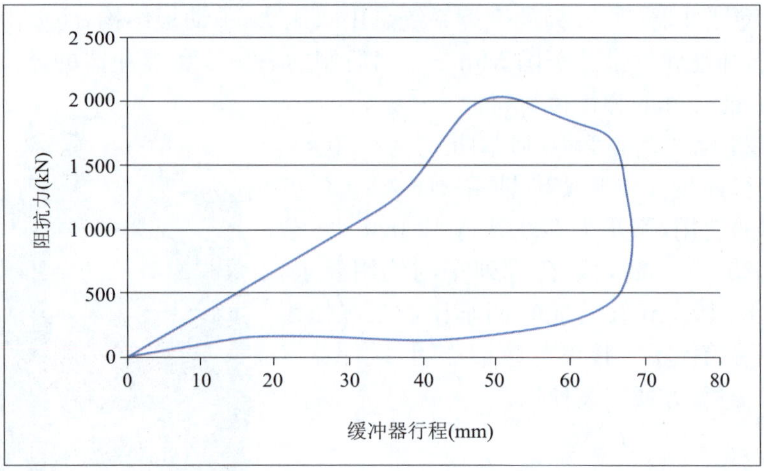

图 2.8　HN-1 型缓冲器特性曲线示意图

2.2.4　液气缓冲器

液气缓冲器是在液压缓冲器的基础上发展起来的新型缓冲器，相比液压缓冲器，液气缓冲器取消了原有的钢弹簧，利用气体的可压缩性实现复位，这样就从根本上消除了钢弹簧的疲劳现象，实现了无磨耗工作，提高了缓冲器的使用寿命。

液气缓冲器以液压油和氮气为缓冲介质，其缓冲过程中能量吸收率远大于以弹簧或橡胶作为缓冲介质的缓冲器。这是因为以弹簧或橡胶作为缓冲介质的缓冲器，弹簧或橡胶兼作复位元件，缓冲器接受的冲击能大部分转换为弹性能储存在介质中构成恢复能，所以吸收率较小，而以液压油和氮气为缓冲介质的液气缓冲器，复位元件为惰性气体，缓冲器接受的冲击能大部分通过节流小孔或缝隙的液阻作用转换成热能耗散于空气中，仅有一少部分冲击能变成弹性能储存在复位元件中，故其能量吸收率可达90%以上。

液气缓冲器具有容量大、性能稳定且便于调整等特点，可以实现大容量且能进行容量调节。其特性曲线接近于矩形。由于其容量大，性能稳定，在国外客车上应用比较成功，美国在需要大容量缓冲器的特种货车上也采用该种缓冲器。

我国研制的液气缓冲器结构和特性示意图如图 2.9、图 2.10 所示。该液气缓冲器在冲击试验时，对 70 t 级货车的冲击速度可大于 13 km/h，其性能指标明显高于 70 t级货车对缓冲器的要求。从各型缓冲器对比试验结果来看，液气缓冲器的各项性能参数重复性最好，在相同的冲击速度下，液气缓冲器与其他类型的缓冲器相比其车体纵向加速度最小，说明该类型缓冲器的纵向缓冲性能最优，柔和性最好，但该型缓冲器对密封效果和密封寿命有较高的要求，制造成本较高。

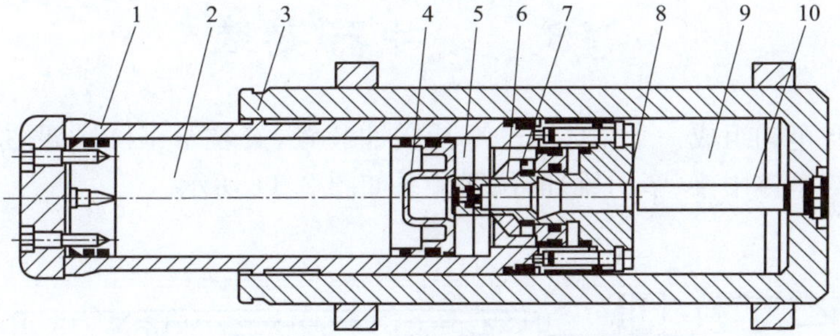

图 2.9　液气缓冲器结构示意图

1—柱塞；2—气腔；3—缸体；4—浮动活塞；5—油腔②；6—单向锥阀；7—锥阀节流孔；8—节流阻尼环；9—油腔①；10—节流阻尼棒

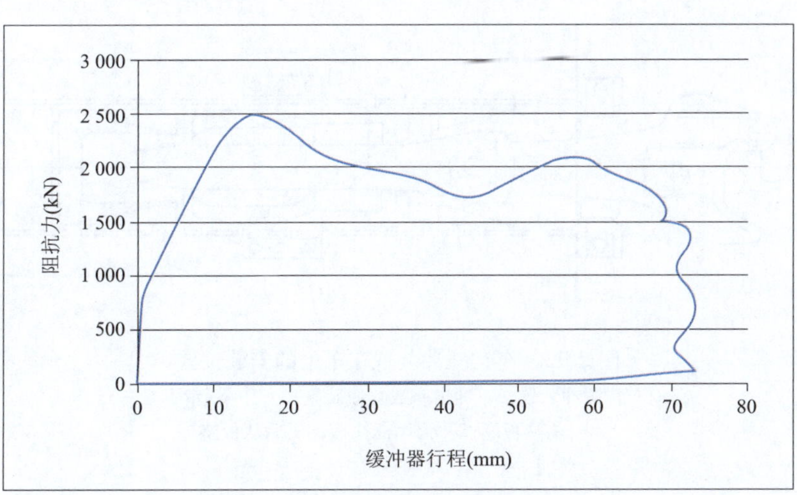

图 2.10　液气缓冲器特性曲线示意图

目前新造铁路货车装车较多的典型缓冲器技术参数见表 2.1。

表 2.1　典型缓冲器的技术参数

参数＼型号	MT-2	MT-3	HN-1	HM-1
额定阻抗力(kN)	≤2 270	≤2 000	≤2 450	≤2 450
最大阻抗力(kN)	2 270	2 000	2 450	2 450
额定行程(mm)	≤83	≤83	≤83	≤83
最大行程(mm)	83	83	83	83
正式容量(kJ)	≥50	≥45	≥80	80
初压力(kN)	≤250	≤250	≤250	≤250
吸收率(%)	≥80	≥80	≥80	≥80
额定冲击速度(km/h)	7	7	10	10

2.3　缓冲器安装

缓冲器与车钩组成一个整体——车钩缓冲装置，安装于车体底架两端的中梁(牵引梁)内，其与车体中梁(牵引梁)的位置关系如图 2.11 所示。

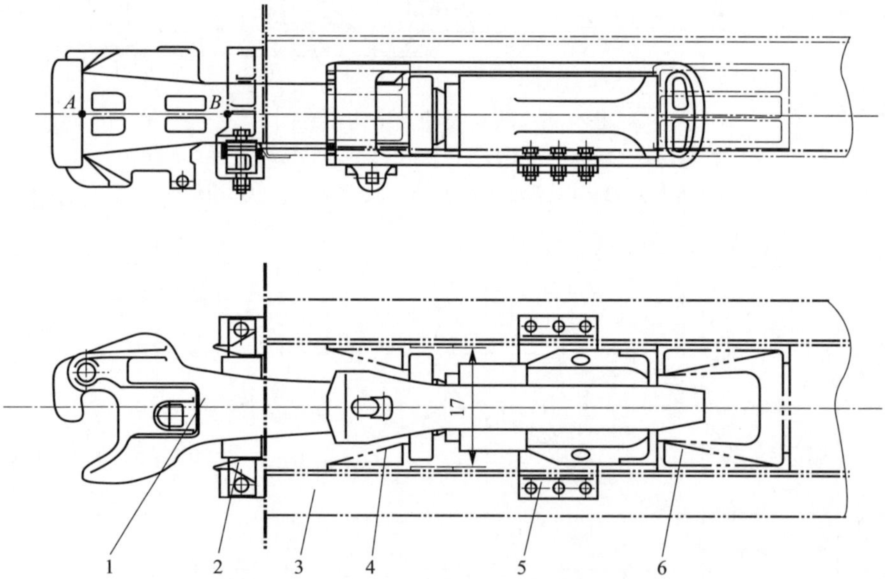

图 2.11　车钩缓冲装置在车上的安装位置

1—车钩缓冲装置；2—冲击座或复原装置；3—中梁(牵引梁)；
4—前从板座；5—钩尾框托板；6—后从板座

当车辆受牵拉时，作用力的传递过程为：车钩—钩尾框—缓冲器—前从板　前从板座—中梁(牵引梁)；当车辆受到冲击时，作用力的传递过程为：车钩—前从板—缓冲器—后从板座—中梁(牵引梁)。

车钩与缓冲器的组装如图 2.12 所示。由图可见，缓冲器安装于钩尾框内，前从板、后从板座在缓冲器两端且相对车体固定。

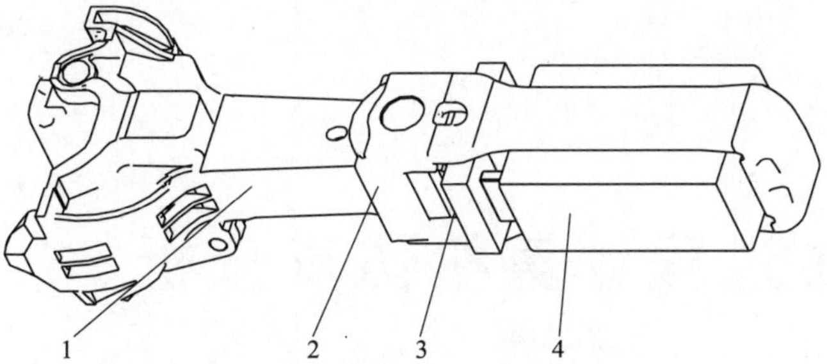

图 2.12　车钩与缓冲器组成

1—车钩；2—钩尾框；3—前从板；4—缓冲器

因此，无论车钩的运动方向是向前或是向后，作用力均通过缓冲器传递到车体上，在此过程中缓冲器始终处于被压缩状态，缓冲器的缓冲作用使车辆间的纵向冲击振动得到缓和和消减，从而改善运行条件，保护车辆及货物不受损坏。

3 车辆冲击过程计算机仿真分析

在第 1 章中，将参与冲击的车辆简化为弹性约束的质量离散系统，通过对该系统建立数学模型，构造运动微分方程组将车辆在冲击过程中的各参数联系起来。通过求解运动微分方程组的解析解可以确定车辆冲击过程中的冲击力。但是这种求解运动微分方程组解析解的方法在实际运用过程中存在着局限性：首先该方法只适合于少量车辆组成的系统，当车辆数量多到一定程度，这种方法几乎不可行；其次，实际运用中的缓冲器并非完全的线性缓冲器，而是由摩擦件或弹性元件等非线性部件组成的，对其刚度进行数学描述比较复杂。随着计算机技术的快速发展，可以通过对物理过程进行简化，建立数学模型，再用计算机模拟车辆冲击过程。通过简单的参数设置，计算分析单一因素改变时对整个系统的影响，而这些在实物试验中研究是非常困难的。

二阶常系数微分方程组(1-4)是冲击过程中描述各车辆运动的微分方程组，其中表示车辆间连接刚度的 K 和表示车辆质量的 M 为已知量，各车辆间的相对位移 q 为变量，因此可以利用初始条件中给定的初值，采用数值积分的方法对此类方程组在时域中计算数值解，求出每辆车在整个冲击过程中的位移、速度、车钩力和加速度等。

微分方程或方程组的数值求解可以运用欧拉法，龙格—库塔法、改进的欧拉法、线性多步法等多种方法，工程上对二阶常系数微分方程组初值问题的求解最常用的计算方法是龙格—库塔法，其具有精度高、程序简单和稳定的特点。对于车辆冲击过程仿真的计算采用定步长的四阶龙格—库塔法进行求解。

3.1 程序结构流程图

车辆冲击过程仿真计算程序流程图如图 3.1 所示。

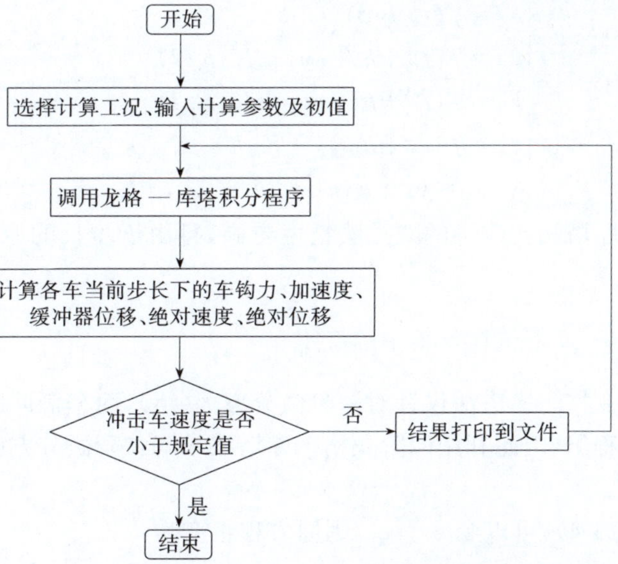

图 3.1　车辆冲击过程仿真计算程序流程图

3.2　龙格—库塔法

3.2.1　龙格—库塔法基本思路

对于具有初值的微分方程：

$$\begin{cases} \dot{y}=f(t,y),a\leqslant t\leqslant b \\ y(_{t0})=\eta \end{cases} \tag{3-1}$$

如已知 y_k，需要求 y_{k+1}，其中步长 $h=t_{k+1}-t_k$，则由微分中值定理得：

$$(y_{k+1}-y_k)/h=\dot{y}(t_k+\theta h),(0<\theta<1) \tag{3-2}$$

由此可得：

$$y_{k+1}=y_k+hf[t_k+\theta h,y(t_k+\theta h)] \tag{3-3}$$

其中 $f[t_k+\theta h,y(t_k+\theta h)]$ 为 y 在区间 $[t_k,t_{k+1}]$的平均斜率$[f(t_k,y_k)$为 y 在(t_k,y_k) 点上的斜率 $\dot{y}(t_k)]$。

如果在区间上多预报出几个点的斜率值，再将它们的线性组合作为平均斜率的近似值，则可构造出更高精度的计算形式。

3.2.2　四阶龙格—库塔法

在区间$[t_k,t_{k+1}]$上取 3 个点，且在每段中点处进行校正，则可得到阶段误差为 $O(h^5)$的计算公式：

$$\begin{cases} k_1=f(t_k,y_k) \\ k_2=f(t_k+h/2,y_k+K_1h/2) \\ k_3=f(t_k+h/2,y_k+K_2h/2) \\ k_4=f(t_k+h,y_k+K_3h) \\ y_{k+1}=y_k+h(k_1+2k_2+2k_3+k_4)/6 \end{cases} \tag{3-4}$$

四阶龙格—库塔法比改进的欧拉法精度更高，且由于步长的原因，两者的计算量大致相同。

3.2.3 四阶龙格—库塔法在计算中的应用

前面介绍的龙格—库塔法仅针对一阶微分方程(组)，而车辆冲击过程中的运动方程是二阶微分方程组，因此利用四阶龙格—库塔法求解二阶微分方程组时要先对方程组进行降阶处理。

对于方程组(1-4)，可以令 $z_i=\dot{q}_i$，则原方程组变为：

$$\left.\begin{aligned} &\dot{z}_1+(a_{11}+a_{12})q_1-a_{22}q_2=0 \\ &\dot{q}_1=z_1 \\ &\dot{z}_2+(a_{22}+a_{23})q_1-a_{12}q_1-a_{33}q_3=0 \\ &\dot{q}_2=z_2 \\ &\cdots\cdots \\ &\dot{z}_i+(a_{ii}+a_{i,i+1})q_i-a_{i-1,i}q_{i-1}-a_{i+1,i+1}q_{i+1}=0 \\ &\dot{q}_\mathrm{i}=z_i \\ &\cdots\cdots \\ &\dot{z}_{n-1}+(a_{n-1,n-1}+a_{n-1,n})q_{n-1}-a_{n-2、n-1}q_{n-2}=0 \\ &\dot{q}_{n-1}=z_{n-1} \end{aligned}\right\} \tag{3-5}$$

式(3-5)中 q_i 为两车间的相对位移，而 z_i 则为两车间的相对速度，通过对 q_i 和 z_i 赋予初值，可以利用式(3-4)对式(3-5)中的 q_i 和 z_i 采用龙格—库塔法进行求解，求出初始时刻后任意步长所对应的数值解。

3.3 数值积分中摩擦型缓冲器特性曲线处理

在用数值积分方法仿真模拟车辆的冲击过程中，需要将车辆间的连接约束，即缓冲器的刚度带入微分方程组中计算，而在计算程序中，缓冲器的刚度则是取自试验中获得的缓冲器位移和车钩力所构造的缓冲器特性曲线。为此，将试验过程中所采集的同一时刻缓冲器的位移与车钩力的数值绘制在一张图表上，其为一条封闭曲线，该曲线被称为缓冲器的特性曲线。利用特性曲线，可以找出缓冲器的位移与阻抗力之间的关系，即缓冲器刚度。

缓冲器的阻抗力在冲击试验过程中无法直接测得，但可以通过测试与缓冲器相连的车钩上的车钩力获取。由于缓冲器被安装在车体上，无论车钩的运动方向是向前或是向后，缓冲器总是被压缩的，缓冲器阻抗力的方向是单向的。然而车钩在运动过程中有拉伸和压缩两种状态，也就是说，车钩力有拉钩力和压钩力之分。但无论是拉钩力还是压钩力，其数值与缓冲器的阻抗力相同，只是车钩受力方向不同而已，因此在数值计算时，将缓冲器刚度与车辆间的相对位移联系起来，从而可以将拉钩力和压钩力区分开来。

一般情况下，冲击过程中车辆间的冲击力是通过测试车钩力的方式得到的，因此在很多研究报告或是试验报告中，都将冲击力直接用车钩力进行表述。

3.3.1　分段线性处理方式

典型的带有摩擦副的缓冲器，如 MT-2 和 HM-1 型缓冲器的特性曲线如图 2.3 和图 2.5 所示。以前进行数值积分仿真时，通常将这类缓冲器的特性曲线分成若干段线性曲线表示，即在由试验数据分析得出的缓冲器特性曲线的加载曲线和卸载曲线上选择若干个转折点，将加载曲线和卸载曲线分成若干段，并在由缓冲器位移和车钩力所形成的坐标系上将各线段用数学表达式表示出来。

对于带有摩擦副的缓冲器特性曲线，采用分段线性处理方式的优点是简单、快速，可以直接将其用数学方式表达出来，而且带入计算程序中所使用的代码也易于编写。

3.3.2　非线性处理方式

摩擦型缓冲器由于摩擦阻尼的作用，导致冲击过程中其位移与阻抗力构成的特性曲线呈现非线性，也就是说，在整个冲击过程中缓冲器的刚度变化是非线性的。需要在仿真计算程序中将摩擦型缓冲器的特性曲线分三个阶段进行处理。

(1)加载阶段

加载阶段是缓冲器位移增大，阻抗力也增大的阶段。对于加载阶段模型的建立，借鉴简化了的 Stribeck 摩擦曲线模型，该模型结合了库仑摩擦、黏滞摩擦和静摩擦的特性，保证了摩擦力变化的连续性。

加载阶段缓冲器阻抗力的描述如下：

$$f=f_o+f_c+(f_s-f_c)e^{-|v/v_s|} \tag{3-6}$$

式中　f——缓冲器加载时的阻抗力；

f_o——缓冲器初压力；

f_c——库仑摩擦力，即滑动摩擦力；

f_s——静摩擦力；

v——缓冲器摩擦件活动部件相对于固定部件的速度；

v_s——Stribeck 速度，即临界判断速度。

式(3-6)包含了滑动摩擦力和静摩擦力对缓冲器阻抗力的影响，同时利用临界判断速度来决定低速时特性曲线的陡度，利用指数衰减函数作为静摩擦到黏滞摩擦的过渡，能够很好地描述摩擦力的连续性。缓冲器初压力的不同会对冲击刚开始发生时的摩擦系数造成影响。计算时将初压力数值作为常量代入公式。

式(3-6)是与速度相关的函数,可以改写为:

$$f=k_1x+k_2xe^{-|v/v_s|} \tag{3-7}$$

式中 k_1——缓冲器加载时的线性刚度,即滑动摩擦时的刚度;

k_2——非线性刚度,即滑动、静摩擦同时作用下的刚度;

x——缓冲器的位移。

对于式(3-7)中的刚度 k_1、k_2,可以从试验曲线中得到,方法如下:

在一条经处理后具有代表性的缓冲器特性曲线上,将连续曲线分成若干折线段,每段曲线进行线性处理,如图 3.2 所示:

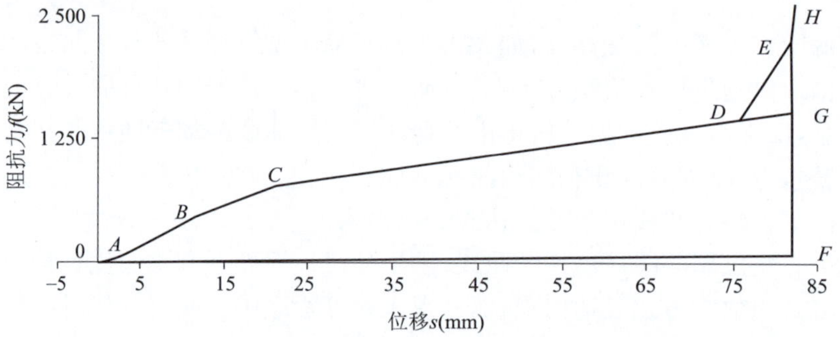

图 3.2 摩擦型缓冲器特性曲线在数值计算中的应用示意图

缓冲器在加载过程中阻抗力沿着 *OABCDE* 折线段变化(当缓冲器被压死后,将车体纵向刚度也纳入进来,即 EH 折线段),其中在折线段 *OABCD* 时,缓冲器处于滑动摩擦阶段,此时缓冲器刚度 k_1 的值就是这些折线段的斜率;当缓冲器运动相对速度逐渐降低,摩擦进入黏滞阶段,即折线段的 *DE* 段,当速度为零时,进入静摩擦阶段,此时缓冲器阻抗力最大,根据式(3-6),此时缓冲器的非线性刚度为:

$$k_2=(f_E-f_D)/(s_E-s_D) \tag{3-8}$$

临界判断速度 v_s 并不能直接在特性曲线中获得,在 Stribeck 曲线模型中,对 v_s 的定义为静摩擦力的负斜率段的切线与滑动摩擦力的交点,如图 3.3 所示。

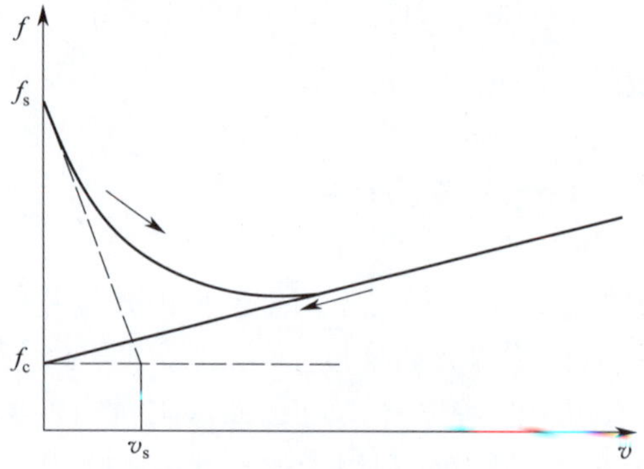

图 3.3 Stribeck 模型局部示意图

v_s 的数值可以通过对缓冲器特性曲线的“尖峰”进行量取，再代入式(3-7)中进行反算得出。

(2)卸载阶段

根据图 3.2，缓冲器在卸载时的刚度：

$$k_3 = f_F / s_F \tag{3-9}$$

缓冲器阻抗力为：$f = k_3 x$

在缓冲器特性的加载、卸载特性描述中，刚度 k_1、k_3 描述了缓冲器的磁滞特性，而 k_2 和 v_s 是对静摩擦段的刚度进行描述。

如果直接将上述缓冲器加载、卸载阶段的曲线进行连接，则在式(3-7)和式(3-9)代入仿真计算程序中时，输出的缓冲器特性曲线会在加载和卸载之间出现大量的非正常波动，而此时缓冲器的活动部件和固定部件之间的相对速度为零(即车辆间的相对速度为零)。为了消除波动，需要对零速区域进行专门处理。

(3)零速区域处理

从图 3.2 可以看出，当车辆间相对速度为零时，缓冲器阻抗力在 E 和 F 之间变化，且速度方向要产生突变，使得在该瞬时力的大小和方向具有不确定性。为了在数值积分中处理这种零速度的摩擦阻尼特性，使之在计算过程中不出现缓冲器阻抗力的来回突变，防止仿真计算输出特性曲线出现波动，可以借用描述车辆悬挂系统悬挂力的数学方程：

$$f_t = f_{envt} + (f_{t-\Delta t} - f_{envt}) e^{-|x_t - x_{t-\Delta t}|/\beta} \tag{3-10}$$

式中 f_t——当前时刻阻抗力；

f_{envt}——缓冲器特性曲线边界上的力；

$f_{t-\Delta t}$——上一时刻阻抗力；

x_t——当前时刻缓冲器位移；

$x_{t-\Delta t}$——上一时刻缓冲器位移；

β——几何控制参数，用于控制加载与卸载边界连线变化率。

在式(3-10)中，参数 β 用来控制加载段和卸载段连接曲线的陡度，而 f_{envt} 则可以通过式(3-7)和式(3-9)得到，即：

$$f_{envt} = \begin{cases} k_1 x + k_2 x e^{-|v/vs|} & x_t \geq x_{t-\Delta t} \\ k_3 x & x_t < x_{t-\Delta t} \end{cases} \tag{3-11}$$

至此，缓冲器特性曲线的加载、卸载阶段曲线可以在仿真计算程序中得到很好地连接。

3.4 计算机模拟结果

利用编制好的冲击数值仿真程序进行计算，同时将计算结果与第 2 章解析结果进行对比，以验证数值仿真程序的正确性。

3.4.1 两车冲击时速度的变化

假定冲击车与被冲击车质量都是 100 t,装用 MT-2 型缓冲器,冲击速度为 8 km/h,计算得到冲击车与被冲击车的速度变化情况如图 3.4 所示。

从图 3.4 中的计算结果可以看出,冲击车速度不断降低,被冲击车速度不断提高,到 1.11 m/s 时二者速度相同,这是冲击过程的第一阶段,接触变形量达到最大。第二阶段完成后,$u_1=0.78$ m/s,$u_2=1.44$ m/s,计算得出两个阶段冲击车的动量变化量 $I_1=M_1(v_0-v_1)=100\ 000\times(2.22-1.11)=111\ 000$ kg·m/s,$I_2=M_1(v_0-u_1)=100\ 000\times(1.11-0.78)=33\ 000$ kg·m/s,故恢复系数 $c=\dfrac{I_2}{I_1}=33\ 000/111\ 000=0.3$。

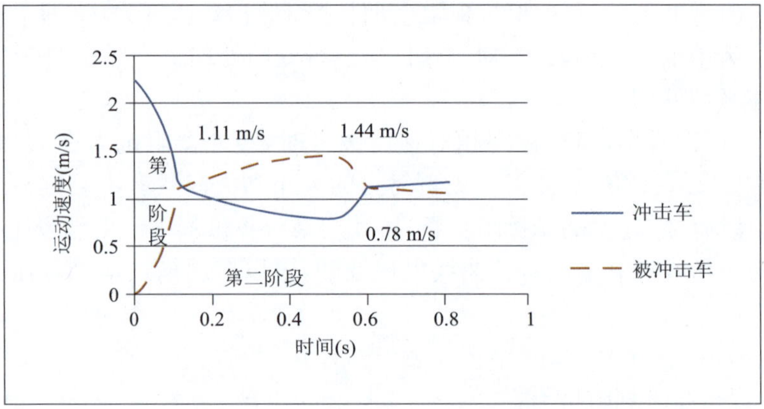

图 3.4　装 MT-2 型缓冲器时冲击车与被冲击车速度的变化

对于缓冲器为完全弹性体,在上述其他条件都不变的情况下,计算结果如图 3.5 所示。由图 3.5 可知,冲击是完全弹性的,没有能量损耗,能量只在两辆车中交换。这种情况下恢复系数 $c=1$。

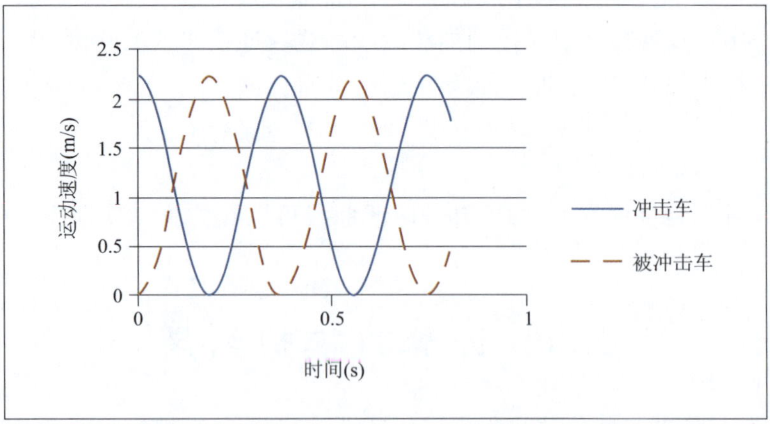

图 3.5　装完全弹性缓冲器时冲击车与被冲击车速度的变化

3.4.2 相同质量车辆互相冲击结果对比

假定车辆总质量为 85 t，车辆间连接的弹簧总刚度为 1.7×10^7 N/m，冲击速度 $v=2$ m/s，计算一辆车冲击一辆车、一辆车冲击二辆车和两辆车冲击两辆车的过程中，冲击力随时间变化的解析值，将结果绘成曲线(图 3.6～图 3.8)。由计算机仿真程序计算出上述同样条件下的结果，也绘制在图 3.6～图 3.8 中。

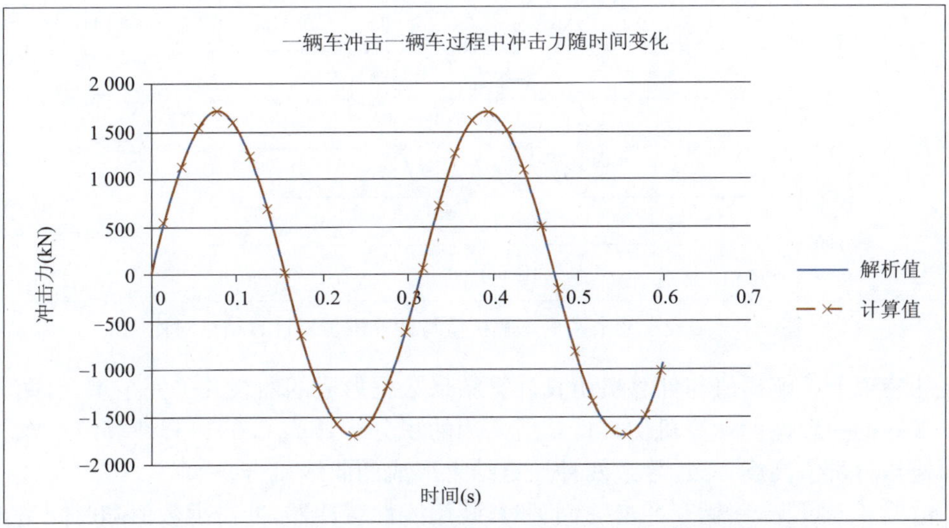

图 3.6 一辆车冲击一辆车解析值与计算机仿真计算结果对比

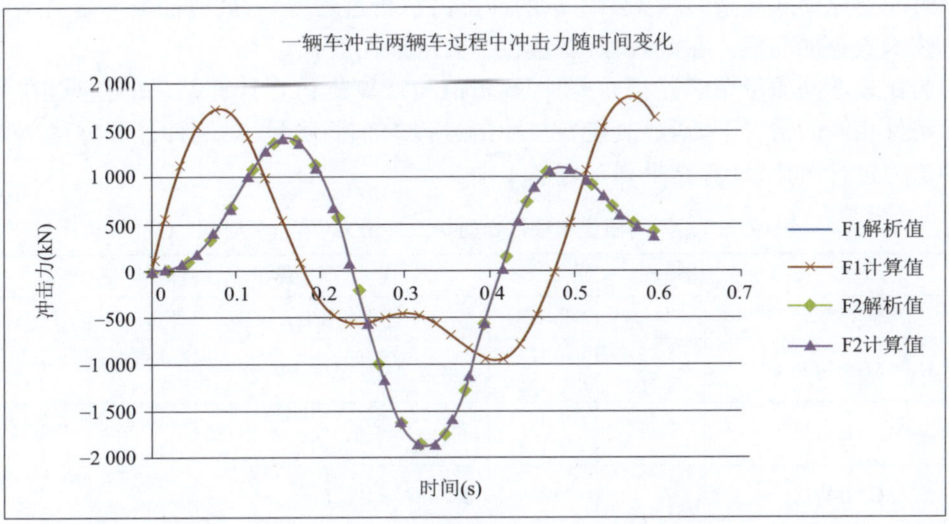

图 3.7 一辆车冲击两辆车解析值与计算机仿真计算结果对比

由图 3.6～图 3.8 可见，车组中最大冲击力均产生在直接冲击的两辆车之间的车

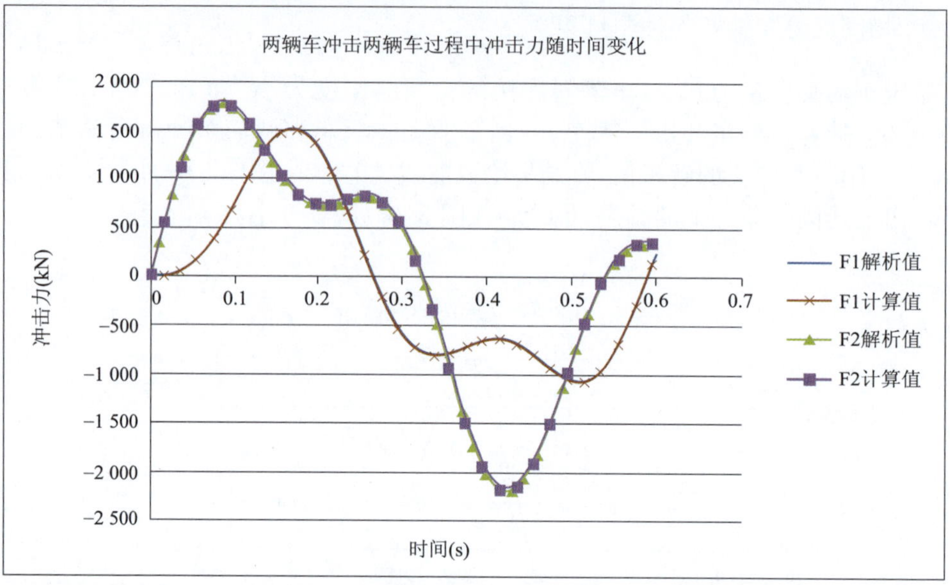

图 3.8　两辆车冲击两辆车解析值与计算机仿真计算结果对比

钩缓冲装置上。解析值与计算机仿真计算结果数据形成的曲线几乎完全重合，两者具有非常好的一致性。计算机仿真计算所采用的积分步长为 0.001，其计算结果在相同时间处与解析值高度一致，导致两种计算结果形成的曲线重合。

由图 3.6 可见，一辆车冲击一辆车时，装用线性缓冲器，冲击力数值随时间呈正弦曲线形式周期性变化，冲击力峰值不会衰减，能量不会得到耗散。

由图 3.7、图 3.8 可见，参与冲击的车辆超过两辆时，装用线性缓冲器，冲击力数值随时间变化型式复杂。根据第 1 章的冲击力解析过程可知，此时冲击力是由不同频率正弦函数叠加而成。在此过程，能量也不会得到耗散。

为比较不同质量车辆互相冲击时，解析值与计算机仿真计算结果的差异，在其他计算条件相同的情况下，通过改变参与冲击过程的车辆质量，对两种计算方法所得出的冲击力进行对比，计算结果列于表 3.1 中。

表 3.1　不同质量车辆冲击时最大冲击力(第一个周期)

一辆车冲击两辆车			两辆车冲击两辆车		
车辆质量(t)	F_1(kN)	F_2(kN)	车辆质量(t)	F_1(kN)	F_2(kN)
$M_1=M_2=M_3=85$	1 730 1 730	1 414 1 414	$M_1=M_2=M_3=M_4=85$	1 514 1 514	1 767 1 767
$M_1=M_2=126;M_3=85$	2 106 2 106	1 434 1 434	$M_1=M_4=85;M_2=M_3=126$	1 513 1 513	2 150 2 150
$M_1=M_2=85;M_3=0$	1 700 1 700	—	$M_1=M_4=126;M_2=M_3=85$	1 774 1 774	1 768 1 768
$M_1=M_2=126;M_3=0$	2 070 2 070	—	—	—	—

注：当 $M_3=0$ 时代表一辆车冲击一辆车。

计算中取 $K=1.7\times10^7$ N/m，$v=2$ m/s。

表 3.1 计算结果中第一行结果为解析值，第二行结果为计算机仿真计算结果。从这些结果可以看出，采用四阶龙格—库塔法编写的数值仿真程序，可以很好地模拟车辆冲击过程，计算结果与解析值得冲击力最大值都完全一致。

3.4.3 多种车辆冲击工况的仿真计算结果

由于求解微分方程组解析值的过程中都进行了简化假设，能够计算出精确解的情况仅仅局限在几种特殊工况，下面采用数值仿真程序对不同数量的运动车组冲击不同数量静止车组的多种工况进行计算，分析冲击力和冲击加速度在冲击过程中峰值，即最大值的基本规律。

3.4.3.1 冲击力大小与冲击速度的关系

计算条件：一辆冲击车以不同速度冲击一辆静止车辆，两车质量相同，均取 70 t 级货车，单车质量为 93.8 t，装用 MT-2 型缓冲器。

各冲击速度下的冲击力计算结果见表 3.2。根据计算结果绘制出冲击力与冲击速度的关系曲线，如图 3.9 所示。

表 3.2 冲击力随冲击速度的变化情况

冲击速度(km/h)	3	4	5	6	7	8	9
冲击力(kN)	876	1 034	1 187	1 362	1 536	1 718	1 918

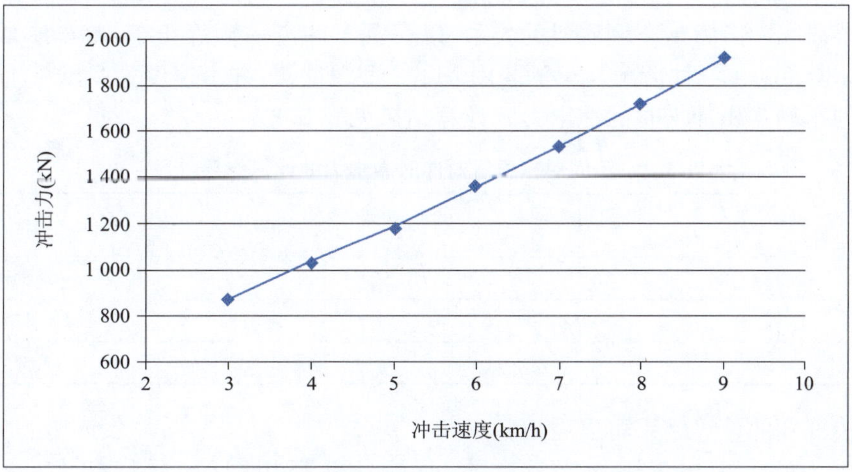

图 3.9 冲击力与冲击速度的关系（MT-2 型缓冲器）

从图 3.9 中可以看出，随着冲击速度的不断提高，冲击力也随之相应增大；MT-2 型缓冲器具有摩擦副，在冲击过程中并非线性缓冲器，冲击力与冲击速度不为线性关系。

3.4.3.2 冲击力大小与缓冲器刚度的关系

计算条件：一辆冲击车以不同速度冲击一辆静止车辆，两车质量相同，均取 70 t 级货车，单车质量为 93.8 t，装用线性缓冲器。线性缓冲器的总刚度分别为 1.1×10^{7} N/m、1.7×10^{7} N/m 和 2×10^{7} N/m 三种情况，计算车辆之间不同缓冲器刚度下的冲击力，结果如图 3.10 所示。

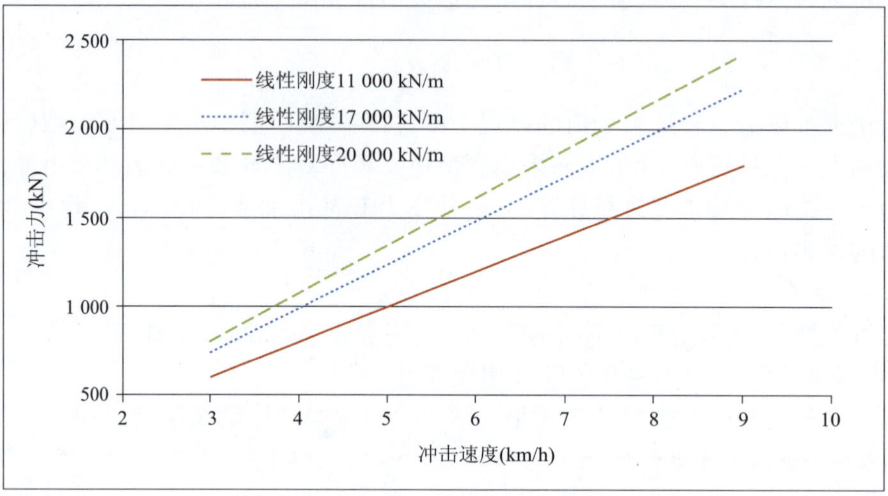

图 3.10　不同刚度的线性缓冲器对冲击力的影响

由图 3.10 中可以看出，当其他条件相同而缓冲器刚度不同时，在相同的冲击速度下，缓冲器刚度越大，冲击力越大。

3.4.3.3　冲击力与车辆质量的关系

为了研究冲击力与车辆质量的关系，以一辆车冲击一辆静止车，单车质量分别为 84 t、93.8 t、100 t 三种情况。车辆装用 MT-2 型缓冲器，冲击速度为 2 m/s，计算这三种质量的车辆互相冲击时的冲击力。计算结果见表 3.3。

表 3.3　不同单车质量对冲时冲击力的计算结果(kN)

被冲击车质量(t) 冲击车质量(t)	84	93.8	100
84	1 492	1 527	1 547
93.8	1 527	1 573	1 587
100	1 547	1 587	1 610

从表 3.3 的计算结果可以看出：

冲击力的大小与车辆的质量有关，其他条件都相同时，质量越大，冲击力也越大。

在其他条件都相同时，将冲击车与被冲击车位置互换，冲击力大小不受影响。

单车质量不同的两车辆冲击过程中所产生的冲击力，小于两相同的较大单车质量车辆冲击所产生的冲击力，而大于两相同的较小单车质量车辆冲击所产生的冲击力。

3.4.3.4 冲击力与车辆辆数的关系

在研究冲击力大小与参与冲击的车辆辆数之间的关系时，将冲击车、被冲击车的辆数从1辆到6辆进行不同形式组合，单车质量均取93.8 t，车辆之间缓冲器都是线性缓冲器，刚度均为1.7×10^{7} N/m，在冲击速度为2 m/s时，冲击力和冲击端相邻车辆的冲击加速度的计算结果见表3.4。

表3.4 不同辆数冲击车与被冲击车的冲击力和冲击加速度计算结果(线性缓冲器)

冲击车辆数	被冲击车辆数											
	1		2		3		4		5		6	
	F	*g*	*F*	*g*	*F*	*g*	*F*	*g*	*F*	*g*	*F*	*g*
1	1 786	1.94	1 818	1.98	1 818	1.98	1 818	1.98	1 818	1.98	1 818	1.98
2	1 818	1.98	1 857	1.60	1 857	1.60	1 857	1.60	1 857	1.60	1 857	1.60
3	1 818	1.98	1 857	1.60	1 857	1.60	1 857	1.60	1 857	1.60	1 857	1.60
4	1 818	1.98	1 857	1.60	1 857	1.60	1 857	1.60	1 857	1.60	1 857	1.60
5	1 818	1.98	1 857	1.60	1 857	1.60	1 857	1.60	1 857	1.60	1 857	1.60
6	1 818	1.98	1 857	1.60	1 857	1.60	1 857	1.60	1 857	1.60	1 857	1.60

注：1. *F*——冲击端冲击力，单位：kN；

2. *g*——冲击端相邻车辆冲击加速度，单位：9.81 m/s^2。

将上述计算条件中线性缓冲器改为MT-2型缓冲器，其他条件相同，对应的计算结果见表3.5。

表3.5 不同辆数冲击车与被冲击车的冲击力和冲击加速度计算结果(MT-2型缓冲器)

冲击车辆数	被冲击车辆数											
	1		2		3		4		5		6	
	F	*g*	*F*	*g*	*F*	*g*	*F*	*g*	*F*	*g*	*F*	*g*
1	1 573	1.71	1 620	1.76	1 620	1.76	1 620	1.76	1 620	1.76	1 620	1.76
2	1 620	1.76	1 697	1.11	1 697	1.11	1 697	1.11	1 697	1.11	1 697	1.11
3	1 620	1.76	1 697	1.11	1 697	1.11	1 697	1.11	1 697	1.11	1 697	1.11
4	1 620	1.76	1 697	1.11	1 697	1.11	1 697	1.11	1 697	1.11	1 697	1.11
5	1 620	1.76	1 697	1.11	1 697	1.11	1 697	1.11	1 697	1.11	1 697	1.11
6	1 620	1.76	1 697	1.11	1 697	1.11	1 697	1.11	1 697	1.11	1 697	1.11

注：1. *F*——冲击端冲击力，单位：kN；

2. *g*——冲击端相邻车辆冲击加速度，单位：9.81 m/s^2。

从表3.4和表3.5所列计算结果可以看出：

(1)一辆车冲击一辆车时产生的冲击力最小,一辆车冲击多辆车或多辆车冲击一辆车时,冲击端所产生的冲击力次之,多辆车之间的冲击,冲击端所产生的冲击力最大。

(2)多辆车之间的冲击,产生的加速度最小,且冲击端两侧车辆的冲击加速度相同,一辆车冲击一辆车时,产生的加速度次之,一辆车冲击多辆车或多辆车冲击一辆车时,冲击加速度最大。

(3)一辆车冲击多辆车或多辆车冲击一辆车时,冲击力和加速度的大小相同。

(4)多辆车之间冲击时,冲击车辆数的多少与被冲击车的辆数的多少对冲击力和最大冲击加速度没有影响。

(5)无论线性缓冲器还是 MT-2 型缓冲器,对计算结果的影响仅在于冲击力和加速度的数值,而车辆辆数对冲击力的变化规律并无影响。

3.4.3.5 车辆之间间隙对冲击力的影响

铁路货车所采用的车钩在实际运用过程中均存在有连挂间隙。对于新造车钩,13 号车钩的连挂间隙为 19.5 mm,13A 型车钩连挂间隙为 11.5 mm,17 型车钩连挂间隙为 9.5 mm。车钩在车辆的运用过程中会产生磨损,因此随着车钩的运用时间增长,其连挂间隙也会增大。

在前述的所有计算过程,都没有考虑车辆之间车钩连挂间隙的存在,即认为车辆间是无间隙连挂的。为了了解车钩间隙对冲击力的影响,对 3.4.3.4 节中的两组算例进行计算比较。所有条件都相同,只是车钩间隙不同。

(1)每辆车之间都处于车钩间隙的中间位置

设车钩之间的连挂间隙为±10 mm,且每辆车之间都处于间隙的中间位置。对于线性缓冲器,因为不考虑其行程的限制,为了便于与有阻尼的缓冲器进行对比,只考察最先达到峰值时的计算结果,见表 3.6。

表 3.6 不同辆数冲击车与被冲击车冲击时的计算结果(线性缓冲器)

冲击车辆数	被冲击车辆数											
	1		2		3		4		5		6	
	F	g	F	g	F	g	F	g	F	g	F	g
1	1 786	1.94	1 796	1.95	1 796	1.95	1 796	1.95	1 796	1.95	1 796	1.95
2	1 796	1.95	1 802	1.75	1 802	1.75	1 802	1.75	1 802	1.75	1 802	1.75
3	1 796	1.95	1 802	1.75	1 802	1.75	1 802	1.75	1 802	1.75	1 802	1.75
4	1 796	1.95	1 802	1.75	1 802	1.75	1 802	1.75	1 802	1.75	1 802	1.75
5	1 796	1.95	1 802	1.75	1 802	1.75	1 802	1.75	1 802	1.75	1 802	1.75
6	1 796	1.95	1 802	1.75	1 802	1.75	1 802	1.75	1 802	1.75	1 802	1.75

注:1. F——冲击端冲击力,单位:kN;

2. g——冲击端相邻车辆冲击加速度,单位:9.81 m/s^2。

将线性缓冲器改为 MT-2 型缓冲器,其他条件相同,计算结果见表 3.7。

表 3.7 不同辆数冲击车与被冲击车冲击时的计算结果(MT-2 型缓冲器)

冲击车辆数	被冲击车辆数											
	1		2		3		4		5		6	
	F	*g*	*F*	*g*	*F*	*g*	*F*	*g*	*F*	*g*	*F*	*g*
1	1 573	1.71	1 593	1.72	1 593	1.72	1 593	1.72	1 593	1.72	1 593	1.72
2	1 593	1.72	1 619	1.34	1 619	1.34	1 619	1.34	1 619	1.34	1 619	1.34
3	1 593	1.72	1 619	1.34	1 619	1.34	1 619	1.34	1 619	1.34	1 619	1.34
4	1 593	1.72	1 619	1.34	1 619	1.34	1 619	1.34	1 619	1.34	1 619	1.34
5	1 593	1.72	1 619	1.34	1 619	1.34	1 619	1.34	1 619	1.34	1 619	1.34
6	1 593	1.72	1 619	1.34	1 619	1.34	1 619	1.34	1 619	1.34	1 619	1.34

注:1. *F*——冲击端冲击力,单位:kN;

2. *g*——冲击端相邻车辆冲击加速度,单位:9.81 m/s^2。

从表 3.6 和表 3.7 所列计算结果可以看出,如果车钩之间存在±10 mm 的间隙,并且冲击车组和被冲击车组中每辆车之间都处于间隙的中间位置,则冲击力和冲击加速度有如下规律:

①单辆车之间冲击,一辆车冲击多辆车或多辆车冲击一辆车,多辆车之间冲击,产生的冲击力和加速度的差别均小于无间隙情况。

②一辆车冲击多辆车或多辆车冲击一辆车时,冲击力的大小相同。

③多辆车之间冲击时,冲击车与被冲击车的辆数对冲击力没有影响。

④对比表 3.4 和表 3.6 的计算结果可知,除单辆车之间的冲击外,当参与冲击的冲击车、被冲击车相同时,车钩间无连挂间隙要比有连挂间隙时的冲击力大,而冲击加速度则小。

(2)每辆车之间都处于车钩间隙的全拉伸位置

每辆车之间都处于车钩间隙的全拉伸位置,是指车钩连挂间隙、钩缓装配间隙以及车钩磨耗后产生的间隙均在两辆车之间的最大状态,并假设此时相邻车辆之间的间隙均为 40 mm,对于线性缓冲器,计算结果见表 3.8。

表 3.8 不同辆数冲击车与被冲击车冲击时的计算结果(线性缓冲器)

冲击车辆数	被冲击车辆数											
	1		2		3		4		5		6	
	F	*g*	*F*	*g*	*F*	*g*	*F*	*g*	*F*	*g*	*F*	*g*
1	1 786	1.94	1 793	1.95	1 793	1.95	1 793	1.95	1 793	1.95	1 793	1.95
2	1 793	1.95	1 793	1.95	1 793	1.95	1 793	1.95	1 793	1.95	1 793	1.95
3	1 793	1.95	1 793	1.95	1 793	1.95	1 793	1.95	1 793	1.95	1 793	1.95
4	1 793	1.95	1 793	1.95	1 793	1.95	1 793	1.95	1 793	1.95	1 793	1.95
5	1 793	1.95	1 793	1.95	1 793	1.95	1 793	1.95	1 793	1.95	1 793	1.95
6	1 793	1.95	1 793	1.95	1 793	1.95	1 793	1.95	1 793	1.95	1 793	1.95

注:1. *F*——冲击端冲击力,单位:kN;

2. *g*——冲击端相邻车辆冲击加速度,单位:9.81 m/s^2。

将线性缓冲器改为 MT-2 型缓冲器，其他条件相同，计算结果见表 3.9。

表 3.9　不同辆数冲击车与被冲击车冲击时的计算结果（MT-2 型缓冲器）

冲击车辆数	被冲击车辆数											
	1		2		3		4		5		6	
	F	*g*	*F*	*g*	*F*	*g*	*F*	*g*	*F*	*g*	*F*	*g*
1	1 573	1.71	1 581	1.72	1 581	1.72	1 581	1.72	1 581	1.72	1 581	1.72
2	1 581	1.72	1 581	1.72	1 581	1.72	1 581	1.72	1 581	1.72	1 581	1.72
3	1 581	1.72	1 581	1.72	1 581	1.72	1 581	1.72	1 581	1.72	1 581	1.72
4	1 581	1.72	1 581	1.72	1 581	1.72	1 581	1.72	1 581	1.72	1 581	1.72
5	1 581	1.72	1 581	1.72	1 581	1.72	1 581	1.72	1 581	1.72	1 581	1.72
6	1 581	1.72	1 581	1.72	1 581	1.72	1 581	1.72	1 581	1.72	1 581	1.72

注：1. *F*——冲击端冲击力，单位：kN；

2. *g*——冲击端相邻车辆冲击加速度，单位：9.81 m/s^2。

从表 3.8 和表 3.9 所列计算结果可以看出，当车辆间的间隙增大后，不同辆数冲击车与被冲击车产生的冲击力差别并不明显。对比表 3.6、表 3.7 与表 3.8、表 3.9 的计算结果可知，冲击车或被冲击车数量均大于一辆时，与车辆间的间隙处于中间状态相比，处于全拉伸位置时的冲击加速度显著增大。

(3)每辆车之间都处于车钩间隙的全压缩位置

当每辆车之间都处于车钩间隙的全压缩位置，即车辆间的间隙被消除。对于线性缓冲器和 MT-2 型缓冲器，计算结果见表 3.10 和表 3.11。

表 3.10　不同辆数冲击车与被冲击车冲击时的计算结果（线性缓冲器）

冲击车辆数	被冲击车辆数											
	1		2		3		4		5		6	
	F	*g*	*F*	*g*	*F*	*g*	*F*	*g*	*F*	*g*	*F*	*g*
1	1 786	1.94	1 818	1.98	1 818	1.98	1 818	1.98	1 818	1.98	1 818	1.98
2	1 818	1.98	1 857	1.60	1 857	1.60	1 857	1.60	1 857	1.60	1 857	1.60
3	1 818	1.98	1 857	1.60	1 857	1.60	1 857	1.60	1 857	1.60	1 857	1.60
4	1 818	1.98	1 857	1.60	1 857	1.60	1 857	1.60	1 857	1.60	1 857	1.60
5	1 818	1.98	1 857	1.60	1 857	1.60	1 857	1.60	1 857	1.60	1 857	1.60
6	1 818	1.98	1 857	1.60	1 857	1.60	1 857	1.60	1 857	1.60	1 857	1.60

注：1. *F*——冲击端冲击力，单位：kN；

2. *g*——冲击端相邻车辆冲击加速度，单位：9.81 m/s^2。

表 3.11　不同辆数冲击车与被冲击车冲击时的计算结果(MT-2 型缓冲器)

冲击车辆数	被冲击车辆数											
	1		2		3		4		5		6	
	F	*g*	*F*	*g*	*F*	*g*	*F*	*g*	*F*	*g*	*F*	*g*
1	1 573	1.71	1 620	1.76	1 620	1.76	1 620	1.76	1 620	1.76	1 620	1.76
2	1 620	1.76	1 697	1.11	1 697	1.11	1 697	1.11	1 697	1.11	1 697	1.11
3	1 620	1.76	1 697	1.11	1 697	1.11	1 697	1.11	1 697	1.11	1 697	1.11
4	1 620	1.76	1 697	1.11	1 697	1.11	1 697	1.11	1 697	1.11	1 697	1.11
5	1 620	1.76	1 697	1.11	1 697	1.11	1 697	1.11	1 697	1.11	1 697	1.11
6	1 620	1.76	1 697	1.11	1 697	1.11	1 697	1.11	1 697	1.11	1 697	1.11

注:1. F——冲击端冲击力,单位:kN;

2. g——冲击端相邻车辆冲击加速度,单位:9.81 m/s^2。

从表 3.10 和表 3.11 所列计算结果可以看出,当车辆间的车钩间隙处于全压缩状态,得出的冲击力和冲击加速度变化规律与车辆间无间隙时相一致。

对于车辆之间的车钩间隙分别处于中间位置、全拉伸位置和全压缩位置三种工况,从不同车辆编组数量的冲击仿真计算结果可以得出:

①一辆车冲击一辆车,无论间隙状态如何,冲击力和冲击加速度不变,它们都不受间隙状态的影响。

②车组之间冲击,车钩间隙在全压缩状态下的冲击力最大,车钩间隙在全拉伸状态下的冲击力最小,车钩间隙在中间位置时的冲击力居于二者之间。

③车组之间冲击,车钩间隙在全拉伸状态下的冲击加速度最大,车钩间隙在全压缩状态下的冲击加速度最小,车钩间隙在中间位置时的冲击加速度居于二者之间。

分析上述变化规律不难看出,当车组中车钩间隙处于全压缩或间隙很小时,由于被冲击的车辆后面还连挂有车辆,因此被冲击车辆的非冲击端的缓冲器可以很快地对冲击端产生的冲击力做出反应并提供阻抗力,从而在被冲击车与相邻车辆间也产生冲击力,对被冲击车辆造成挤压,导致冲击力增大;同时,由于被冲击车辆两端的冲击力方向相反,为了达到平衡状态所需要的惯性力就比车钩间隙处于中间位置或处于全拉伸状态时的惯性力小,被冲击车辆的加速度自然要比车钩间隙处于中间位置或处于全拉伸状态时的加速度小。

同样,当车组中车钩间隙处于全拉伸状态时,被冲击车辆的另一端缓冲器必须多“空走”一段时间,在消除掉车辆间的间隙后才能发挥作用,这就造成了车辆间车钩间隙越大,冲击加速度就越大。

3.5　仿真计算软件

前面所介绍的仿真计算是基于一维纵向动力学方法进行的。随着计算机技术的飞速发展,各种商业化的大型数值仿真计算软件逐渐被推广应用。使用这些软件进行分析具有以下优点：

(1)在车辆开发阶段通过数值仿真可以分析预测出车辆的基本性能参数，指导产品设计，避免不必要的设计失误，缩短开发周期。

(2)数值仿真过程不需要试验设备、试验场地和试验人员，节省大量的人力、物力、财力。

(3)避免了试验过程中随机因素的影响，数值仿真具有可重复性。

(4)能够得到数值仿真过程中几乎全部信息，不像试验那样受到测试仪器、传感器以及局部结构等条件的限制。

下面简单介绍几种广泛使用的仿真软件。

3.5.1 多体动力学分析软件

3.5.1.1 UM软件

俄罗斯布良斯克国立理工大学(Bryansk State Technical University) Dmitry Pogorelov教授研发的Universal Mechanism(简称UM)软件是目前俄罗斯最为通用的机械动力学/运动学仿真分析软件之一，在轨道车辆行业拥有大量的用户。UM软件具有高效易用的前后处理功能并支持并行计算技术，模型修改非常方便、计算速度较快。UM软件开发了汽车模块、铁道车辆(包括机车、客车和货车)模块、列车模块、疲劳分析模块及优化模块等功能强大的专业模块，还设有与CAD软件、有限元软件及控制软件的接口。与其他车辆动力学仿真分析软件相比，UM软件的突出特点是功能强大、适用性强，其子系统建模技术、刚柔耦合系统建模技术、强大的轮轨关系处理功能(如实时绘制轮轨两点接触作用力的曲线等)都使UM软件具有良好的应用前景。UM4中的道砟模型经过升级后，可以研究罐车的液固耦合振动问题，还可以研究运煤敞车、粮食漏斗车等散装物运输货车的压力分布。UM5已经考虑车桥耦合振动问题。UM软件中的列车模块既可以建立车辆具有单自由度的列车模型，也可以建立车辆具有全自由度的列车模型。

目前UM软件仍在不断升级中，UM6、UM7版本均已推出。

3.5.1.2 SIMPACK软件

SIMPACK软件是德国INTEC Gmbh公司开发的针对机械/机电系统运动学/动力学仿真分析的多体动力学分析软件包。它最初是继基于频域求解技术的MEDYNA软件后，德国航空航天局于1985年开发的基于时域数值积分技术和相对坐标系递归算法的、以多体系统计算动力学为基础，包含多个专业模块和专业领域的虚拟样机开发系统软件。该软件首次将多刚体动力学和有限元技术结合起来，开创了多体系统动力学由多刚体向刚柔多体耦合系统的发展，并成功地将控制系统和多体计算技术结合，发展了实时仿真技术。1993年，SIMPACK软件从德国航空航天局分离出来，由INTEC公司负责SIMPACK多体动力学软件的开发和市场运作，并于1996年推出Wheel/Rail模块。SIMPACK软件可以用来仿真任何虚拟的机械/机电系统，在三维可视化环境中，利用多体系统的各种基本要素组建复杂多体系统，并自动形成其动力学方程，利用各种内置的高效率求解方式，可以进行静力学、准静态分析、运动学、频域模态、时域积分分析等，还有强大的动画与前、后处理功能等。

3.5.1.3 ADAMS 软件

ADAMS 软件是世界上应用最广泛的机械系统仿真软件，由 Mechanical Dynamics 公司的 Chance、Orlandea 等人于 1981 年最初推出的这一软件，能完成包括运动学、约束反力求解、特征值、频域分析、静力学、准静力学分析以及完全非线性和线性动力学分析，具有可视化的二维和三维建模能力，可包括刚体和柔体结构，具有组装、分析、动态显示不同模型或一个模型在某一过程变化中的能力。它采用先进的数值分析技术和强有力的求解器，使计算快速、准确。其最初的版本只针对通用机械系统仿真分析，后期才增加了包含轮轨关系的铁路模块，即 VI-Rail。

3.5.2 有限元分析软件

3.5.2.1 LS-DYNA

LS-DYNA 是世界上著名的通用显式动力分析程序，能够模拟真实世界的各种复杂问题，特别适合求解各种二维、三维非线性结构的高速碰撞、爆炸和金属成型等非线性动力冲击问题，同时可以求解传热、流体及流固耦合问题。在工程应用领域被广泛认可为最佳的分析软件包之一。

LS-DYNA 是功能齐全的几何非线性（大位移、大转动、大应变）、材料非线性（160 多种材料动态模型）和接触非线性（40 多种接触类型）程序，它以拉格朗日算法为主，兼有 ALE 和 Euler 算法，以显式求解为主，兼有隐式求解功能，以非线性动力分析为主，兼有静力分析功能（如动力分析前的预应力计算和薄板冲压成形后的回弹计算），是军用和民用相结合的通用非线性结构分析有限元程序。

3.5.2.2 PAM-CRASH 软件

PAM-CRASH 软件是由法国 ESI 集团开发的一款专用于碰撞分析的显式非线性有限元数值仿真软件，可以求解各种三维非弹性结构的高速碰撞、爆炸和模压等大变形动力响应问题。目前，PAM-CRASH 软件已经成为国际著名的非线性动力分析程序，在众多研究领域有着广泛的应用。PAM-CRASH 程序的单元类型众多，有近百种金属和非金属材料模型可供选用，并可考虑材料失效、损伤、各向异性、黏性、蠕变、与温度相关、与应变率相关等性质。其全自动接触分析功能也非常强大，有二十多种选择，可以用于求解各类接触问题。该软件应用范围广泛，除了可用于航空航天领域、汽车领域和海洋运输领域外，还可应用于铁路领域。

3.6 仿真分析计算举例

日本的小林正美于 1974 在《QUARTERLY REPORTS》发表的论文《货车冲击过程的计算机模拟》，是较早且较为系统介绍车辆冲击模拟计算的文献之一。

3.6.1 模拟计算简介

将参与冲击的车辆视为具有一定质量的质点，质点采用弹性约束连接，其车辆运动简图与图 1.3 一致。采用龙格—库塔法进行数值积分计算。计算了一辆车冲击一辆车和多辆车冲击多辆车的不同工况,考虑了车钩间隙和车辆制动情况的影响。

参与冲击车辆的运动微分方程与式 1-3 类似,方程中增加了制动阻力。

计算模拟的车辆均为 TOKI25000 型敞车,车辆自重 16.5 t,载重 36 t。在各工况下计算车辆均为满载重车,装用缓冲器型式为 RD19A 型橡胶缓冲器,该型缓冲器特性曲线如图 3.11 所示。

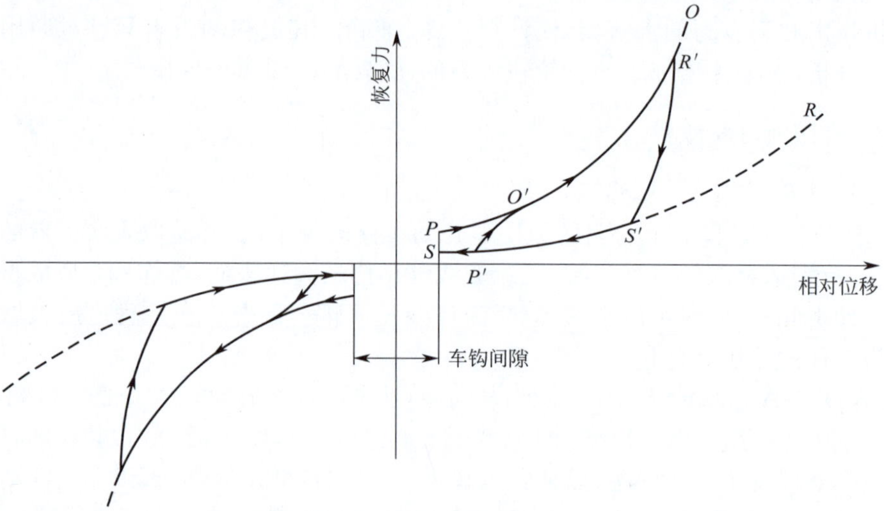

图 3.11　缓冲器特性曲线图

3.6.2　计算结果

3.6.2.1　一辆车冲击一辆车时的冲击力

一辆车冲击一辆车时,分别计算被冲击车处于不制动、制动阻力系数 $\mu_{Bi}=0.15$ 和 $\mu_{Bi}=0.30$ 等 3 种制动情况下的冲击力。

制动阻力为车辆总重乘以制动阻力系数。当 $\mu_{Bi}=0.15$,制动阻力 $R_{Bi}=7.9$ t;当 $\mu_{Bi}=0.30$,制动阻力 $R_{Bi}=15.8$ t。

在上述条件下,不同冲击速度的计算结果如图 3.12 所示。

计算结果显示,被冲击车不制动,冲击车冲击速度为 8 km/h 时,冲击力达到 96.4 t。当被冲击车施行制动时,冲击力增加,相当于在非制动状态时提高冲击速度。

当冲击速度为 5～7 km/h 时,冲击力增加量等于制动阻力的幅值。

3.6.2.2　车组数量对冲击力的影响

冲击车组和被冲击车组的数量与每个连接处的冲击力大小的关系是研究多辆车之间冲击的主要目的所在。

在下列条件下,进行了一冲五到五冲一不同组合的冲击模拟计算:

(a)冲击速度 $v_i=8$ km/h。

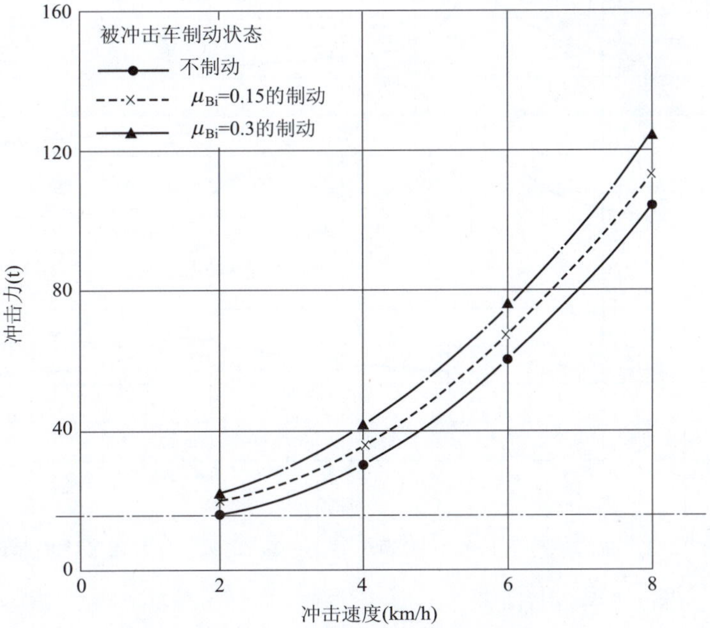

图 3.12 单车冲击时各速度级下的冲击力

(b)所有连接处的车钩间隙为 $C_{Ci}=\pm10$ mm,并且全部居中。

(c)冲击车组内各车无相对速度。

(d)所有车的制动力都为 0。

图 3.13 是四辆车冲击二辆车的冲击过程中各连接处的冲击力、各车的加速度随时间变化的情况。

图 3.14 是不同冲击车数量与不同被冲击车数量变化时,对应的每个连接处的冲击力变化情况。

从图 3.14 所示结果中可见,在相同给定条件下有关车组辆数对车钩力的影响趋势如下:

(1)在冲击车、被冲击车的各种辆数组合情况下,最大冲击力都出现在直接发生冲击的连接处,其中三辆车冲击三辆车时出现了最大冲击力 101.9 t。

大部分其他组合情况下,最大冲击力都在 100 t 左右,比单辆车冲击时的 96.4 t 稍大一些。

正如图 3.14 所示,由于车钩间隙的存在,冲击处的冲击压缩过程和其他连接处的冲击压缩过程不是重叠的,所以才会有上述趋势。

因此,只要冲击条件与上述情况差别不很大,无论冲击车或被冲击车有多少辆,其趋势是一致的。

(2)如果冲击车组的组成与被冲击车组互换,则产生的冲击力也对应发生相同的变化。

(3)每个连接处产生的最大冲击力,从直接冲击处的最大值依次迅速衰减。所以,

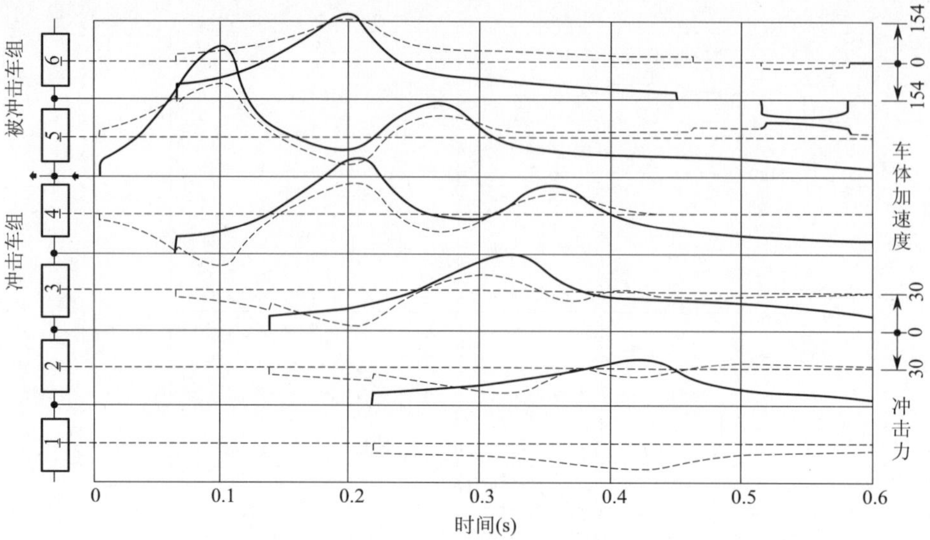

图 3.13　冲击速度 8 km/h、四辆车冲击二辆车的冲击力和车体加速度

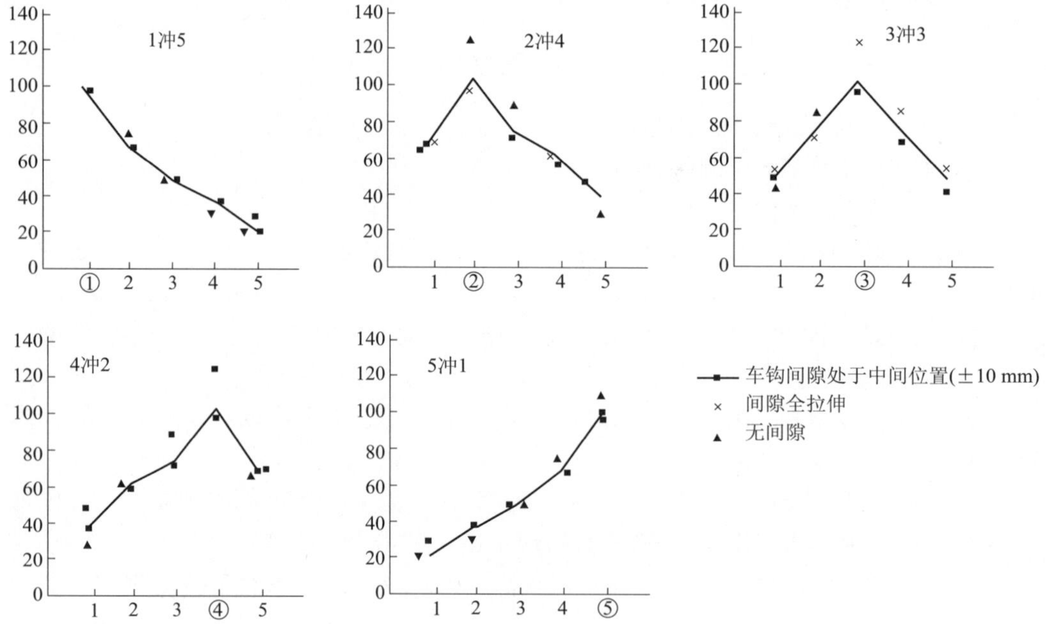

图 3.14　不同车钩间隙车组冲击的冲击力

注：1. 冲击速度均为 8 km/h；

2. 所有车辆无制动；

3. 图中横坐标为车辆连接处序号，其中带圈数字表示冲击端，纵坐标代表冲击力，单位为 t。

可不再研究与冲击处相邻的其他各处的冲击力。

3.6.2.3　车钩间隙初始状态的影响

车组之间发生冲击时，每个车组内各车钩间隙的初始状态通常是不相同的，而不同的车钩间隙的初始状态对冲击力是有影响的。下面对其进行模拟计算：

(a)每组车的车辆都处于全拉伸状态；

(b) 每组车的车辆都处于全压缩状态，即无间隙状态。

其他条件与 3.6.2.2 节完全相同。

相应的计算结果如图 3.14 所示。

由图 3.14 可以发现下列不同规律：

(1)在每组车的车辆都处于全拉伸条件下，直接冲击处的第一个冲击压缩过程不会与相邻的连接处发生重叠，所以冲击力基本与单车冲击单车时相同，车组内的辆数与冲击力几乎不相关。

(2)在每组车的车辆都处于全压缩条件下，所有连接处几乎被同时压缩，但是每辆车是被缓冲器隔离开的个体，直接冲击处的冲击力最大值没有超过 120 t。因为冲击能量的大部分被直接冲击处及与之相邻的缓冲器吸收，所以其他连接处的车钩力就小于车钩间隙处于中间状态时的冲击力。

3.6.2.4 制动力的影响

对所有被冲击车辆施行制动时的情况进行了冲击模拟计算，在计算过程中设定了 2 种制动条件，即 $\mu_{Bi}=0.15$、$\mu_{Bi}=0.30$，并计算了单车冲击单车的情况。图 3.15 是上述条件下对应的计算结果。

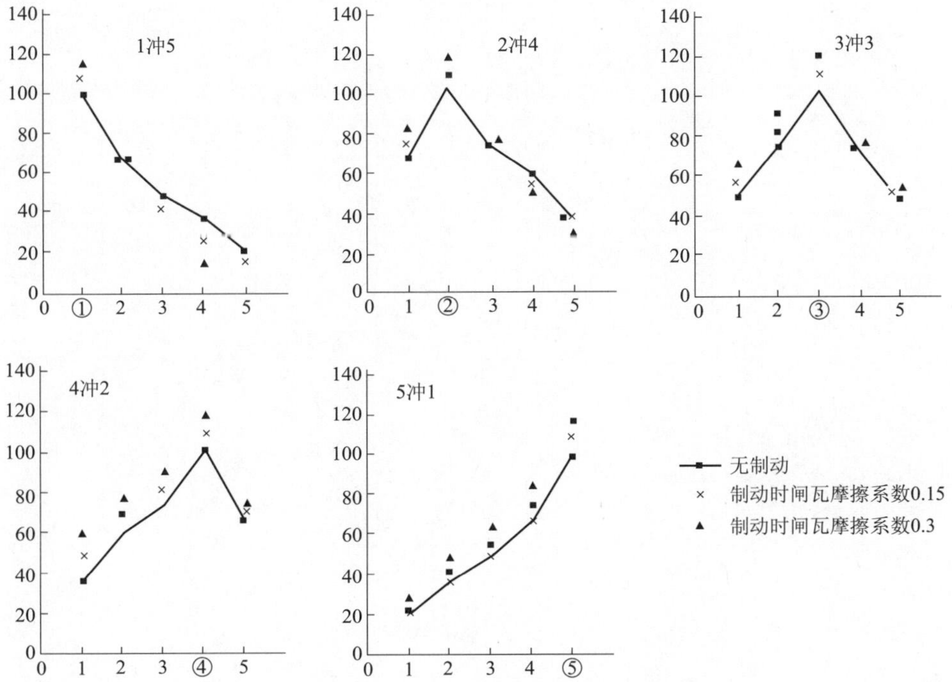

图 3.15 不同制动条件下车组之间冲击的冲击力

注：所有车钩间隙均为±10 mm，并且全部居中，其他条件与图 3.14 对应的条件相同。

这里可以看到，被冲击车制动力对冲击力的影响是其最大值增加，但是只对直接冲击处和冲击车组中车钩连接处的冲击力有增大的影响；对于被冲击车组内的车钩连接处的冲击力最大值，比没有考虑制动力的情况下有所减少。

在 $\mu_{Bi}=0.15$ 时，冲击力增加了大约 10 t，而当 $\mu_{Bi}=0.30$ 时，冲击力增加了大约 20 t，这些结果与单车冲击的情况基本相同。

在车组冲击车组以及在被冲击车组考虑制动的情况下，最大冲击力幅值没有大幅增加。

4 货车冲击试验方法

4.1 概　　述

铁路货车冲击试验一般在专用冲击试验线路上进行，早期的冲击试验线路为平直线路，近年来则采用带坡道的线路，包括斜坡部分和平直道部分。坡顶设有牵引设备，可以将冲击车沿斜坡牵引到一定高度。释放冲击车使之自由溜放，到平直道后具有一定速度，对静止的被试验车辆进行冲击，从而模拟调车工况。

铁路货车冲击试验一般分为两种，除了针对整个车辆的冲击试验外，一般还针对缓冲器制定较为详细的缓冲器冲击试验方法和要求。

早期的冲击试验方法、动态信号采集、数据处理设备和处理方法等与现在相比存在很大差别，如原来冲击试验在平直线路上进行，现在都是将冲击车牵引到坡道上或抬高冲击车所在线路呈坡道状，使冲击车自由溜放发生冲击，原来数据采集记录用动态应变仪、光线示波器，现在基本都是动态应变仪与计算机结合；原来动态数据采集时即进行信号的滤波，现在可以用比较高的采样频率采集信号，在处理数据时再进行滤波。本章只针对现行的试验方法、数据采集系统进行分析介绍，不再涉及光线示波器等已经不再使用的仪器设备及与之相关的方法。

4.2 冲击试验标准

我国与冲击试验有关的标准主要有三个，分别是 TB/T 1335—1996《铁道车辆强度设计及试验鉴定规范》、TB/T 2369—2010《铁道车辆冲击试验方法》、TB/T 1961—2006《机车车辆缓冲器》。由于三个标准制定时间跨度较大，在试验方法的规定、动态信号采集系统的技术要求、信号采集要求、信号处理等要求略存在差异，设备也略有不同，下面分别予以简介。

4.2.1 车辆冲击试验

4.2.1.1 TB/T 1335—1996 的要求

铁路行业标准 TB/T 1335—1996《铁道车辆强度设计及试验鉴定规范》中对车辆冲击试验的规定如下：

(1)车辆状态

冲击试验为冲击车冲击受试车，并且要求受试车处于非制动静止状态、装有设计时所采用的缓冲装置；冲击车和受试车均应具有实际运用技术状态并装载到标记载重，冲击车的垂向静载重应与受试车相近且货车不应小于 80 t。

(2)测试参数及滤波频率

在冲击试验过程中需要测试的参数有：车辆结构重要部位处的应力、车体冲击加速度、车钩力、实际冲击速度、缓冲器位移等。

采用电阻应变计测量应力时的滤波频率不小于 100 Hz，测量加速度的滤波频率不小于 32 Hz，测量车钩力的滤波频率不小于 100 Hz。

(3)冲击速度及试验终止条件

冲击车冲击速度从 3 km/h 开始，每次递增 1～2 km/h，直至车钩力达到货车 2 250 kN、客车 1 180 kN，或冲击速度达到 8 km/h 为止，以先达到者为准。先达到规定速度值时，按相应速度下的车钩力评价车辆的冲击强度。

(4)结果评定

①冲击试验后受试车仍应具有良好的运用技术状态，车体不得产生残余变形，不得有任何车辆零部件发生损伤；

②将冲击试验所得到的应力与垂向静载荷下的应力合成(对于装运散粒货物的车辆还应加上第二工况侧压力应力)，其值应不大于各部件所用材质第二工况下的许用应力。

4.2.1.2 TB/T 2369—2010 的要求

TB/T 2369—2010《铁道车辆冲击试验方法》中对车辆冲击试验的规定如下：

(1)车辆状态

冲击试验是用一辆冲击车向一辆停在平直线路上处于非制动状态的受试车冲撞。另用一辆或数辆处于制动状态的车辆(阻挡车)停在受试车后面(非直接受冲击的一端)约 1 m 处，以限制冲击后受试车的移动距离。

冲击车获得速度的方式是让其从斜坡上适当高度处靠重力作用自由溜下斜坡。

受试车应装载到标记载重。所装货物应有代表性并符合装载要求。

受试车为货车时，应选用一辆装有 MT-2 型缓冲器的货车作为冲击车，均匀装载到总重 $92_{-1}^{\ 0}$ t。

一般用途的客、货车均可作为阻挡车，并尽可能装载到标记载重。

(2)测试参数

试验时测试的参数有：车钩力、车辆部件动应力、缓冲器位移、车体加速度和冲击速度。

(3)冲击速度及试验终止条件

试验的冲击速度从 3 km/h 开始，每级升高 1 km/h，每级的冲击次数不少于 3 次，当车钩力接近或稍超过表 4.1(在 TB/T 2369—2010 中为表 5.6)的规定值时或当冲击速度客车达到 7 km/h、货车达到 12 km/h 时即可停止冲击。在冲击试验过程中应对受试车结构及车辆设备进行系统的观察，停止冲击后详细检查和记录。

表 4.1　车钩力　　单位：kN

车　　种		车钩力
一般用途客车		1 180
一般用途货车	轴重 21 t	2 250
	轴重 23 t	2 500
	轴重≥25 t	设计规定的纵向力值
专用车辆		设计规定的纵向力值

(4)试验数据处理

在对冲击试验数据进行处理时，车钩力及车辆部件动应力的滤波截止频率取 100 Hz，加速度取 20 Hz。在每冲击一次所记录的各参数随时间的变化历程中，每个测试项只取一个最大值作为测量值。

对于测试应力与静强度试验应力合成则采用如下办法：对一般用途客、货车，先将最后达到的车钩力或冲击速度级三次测试项数据平均，再将车体各主要部件的动应力按该级车钩力与动应力的比例关系换算为车钩力等于表 4.1 的规定值时相应的动应力值，然后与垂直静载重下产生的静应力合成。对于装运散装货物的车辆，还应加上第二工况散粒货物侧压力作用下的应力。当受试车为罐车时，还应加上内压载荷作用下的应力。合成应力的结果应小于 TB/T 1335 规定的金属零部件许用应力值，客车按第一工况，货车按第二工况。

4.2.2　缓冲器试验要求

在标准 TB/T 1961—2006《机车车辆缓冲器》中对缓冲器试验的要求如下：

(1)车辆状态

进行缓冲器冲击试验时，冲击车和被冲击车应选 4E 轴敞车，两车均用碎石、干砂或煤炭装载到 $100_{-2}^{\ 0}$ t。被冲击车装有被试缓冲器，冲击车应装用经标定合格的 MT-2 型缓冲器。

(2)测试参数

试验过程需要测试的参数包括：车钩力、缓冲器位移、冲击速度、加速度。

(3)试验方法

在测点、传感器与测量仪器连接及调试后，应对各测量参数进行初始标定。然后，冲击车以不大于 3 km/h 的速度试冲三次，检查分析各测点工作是否正常，经调整正常后方可进行正式试验。

试验时被冲击车停在平直的线路上，并处于非制动状态。在距被冲击车非直接冲击端约 1 m 处停放一辆或数辆制动状态的阻挡车，并在车下轨道上适当位置安放不少于两对铁鞋，以限制被冲击车受冲击后的移动距离。冲击车以一定的速度(应通过在经标定的斜坡上溜放获得速度，速度误差为±0.2 km/h) 向被冲击车冲撞，同时测量和记录冲击过程中发生的冲击力、缓冲器位移、冲击速度(冲击前及冲击后)及加速度等参数；必要时，还应测量车体关键部位的应力及加速度等参数。

试验中，应对缓冲器和车辆结构及车辆设备进行全面检查并做记录。试验后，应对缓冲器进行分解检查。

(4)额定冲击速度的测定

冲击速度从 3 km/h 开始，每挡以 1 km/h 的增量增速，当车钩力达到缓冲器额定阻抗力的 90%或缓冲器位移差 5 mm 压死时，改以 0.5 km/h 的增量增速，直至车钩力达到缓冲器额定阻抗力为止。每挡速度冲击三次，取其平均值。额定冲击速度应从最靠近的大于和小于额定阻抗力的两点，按线性内插法计算求得。当车钩力尚未达到缓冲器额定阻抗力而缓冲器已压死时，则以压死时的速度作为额定冲击速度。

(5)最大冲击速度的测定

当阻抗力和行程二者之一未达到最大值时，继续以 0.5 km/h 的增量增速，直至车钩力达到最大阻抗力时为止。最大冲击速度应从最靠近的大于和小于最大阻抗力的两点，按线性内插法计算求得。当车钩力尚未达到上述两种力值而缓冲器已压死时，则以压死时的速度作为最大冲击速度。每挡速度的冲击次数及取值方法与额定冲击速度测定相同。

(6)试验标定

在停止冲击后应对各测量参数进行标定，确认测量仪器及传感器工作状态正常后方可结束试验。

4.3 国外冲击试验标准

铁路货车冲击试验是各个国家、地区或铁路行业组织在进行新造车辆鉴定时都需要进行的试验，但各国、地区或行业组织所制定的标准中对冲击试验的具体内容和侧重点却有所差别。

对国外铁路货车的冲击试验标准，下面主要介绍北美铁道协会(AAR)、欧盟以及苏联等国家和地区对冲击试验的要求。

4.3.1 AAR 标准

AAR 标准是北美铁道协会制定的铁路行业标准，该标准所涵盖的车辆轴重大，是目前开行重载运输的国家中普遍采用的标准。关于 AAR 标准中具体的试验要求条款见附录 1.1。

4.3.1.1 车辆冲击试验

AAR 标准在其 C-Ⅱ分册[M-1001]的第 11 章“新造货车运用性能的试验和分析”中,对车辆的冲击试验提出了一般要求,并将车辆的冲击试验分为单车冲击试验和动挤压试验;AAR 标准在其 C-Ⅱ分册[M-1001]的第 6 章“通用设计与试验要求-罐车”中,又单独地对罐车的单车冲击试验和动挤压试验作了规定。

1. 单车冲击试验

(1)AAR 标准 C-Ⅱ分册[M-1001]的第 11 章“新造货车运用性能的试验和分析”对车辆的单车冲击试验要求:

单车冲击试验时,重载的被试车向由三辆载重为 63.5 t(最好 90.7 t)的满载车辆组成的停留车组进行冲击。停留车组的冲击端应装用 M-901E 型缓冲器,最后一辆车的手制动机应在制动位(冲击端的对面)。

车辆之间的间隙应消除,但缓冲器不应被压缩。除最后一辆车使用手制动外,不得存在其他约束。

应在直道上用冲击车进行一系列的冲击。应从 6 英里/h(9.6 km/h) 或以下开始,速度增量为 2 英里/h(3.2 km/h),进行连续的冲击,直到车钩力达到 AAR 标准 C-Ⅱ分册[M-1001]的第 4 章的 4.1.10 条款(具体条款要求见附录 1.2)中所指定的车辆的设计车钩力或冲击速度达到 14 英里/h(22.5 km/h),以先达到者为准。当冲击速度为 6 英里/h(9.6 km/h)或以下时,任何一次冲击的车钩力均不应超过 1 250 000 磅(5 560 kN)。

两单元或多单元组成的单元车组也必须经受上述的冲击试验,对于两单元车组,前方单元应是空车,对于三单元或以上的单元车组,前方两车节应是空车。

(2)AAR 标准 C-Ⅱ分册[M-1001]的第 6 章“通用设计与试验要求-罐车”对罐车的单车冲击试验要求:

冲击试验时,试验车至少必须装载达到其轴数和车轴尺寸所规定的最大轨道总重,必须安装为其设计的缓冲器和缓冲装置。非试验车必须安装符合 AAR 规范M-901 要求的缓冲器。无论是被冲击车还是冲击车均必须安装车钩力测量装置。试验车受到一辆 63.5 t 载重、装载达到 AAR 规范 M-1001 中 2.1.5.17 节规定的允许总重的冲击车冲击。冲击速度增量 2 英里/h(3.2 km/h),直到车钩力增至 1 250 000 磅(5 560 kN)。冲击车应装载高密度物质以保证低重心,防止货物移动。每次试验中和试验后必须目检试验车。车辆出现要求车间修理的任何永久变形可作为不批准该设计的充足理由。如车辆工程委员会提出要求,试验中在重要部位布置应变片。重要部位由应力分布或其他批准的方法决定。必须记录车钩力和冲击速度。

从 AAR 标准 C-Ⅱ分册[M-1001]的第 11 章和第 6 章对单车冲击试验的试验要求来看,AAR 对于罐车与其他车辆的相同以及不同之处见表 4.2。

表 4.2 罐车与其他车辆单车冲击试验要求差异

	罐车要求	其他车辆
冲击车	1 辆载重 63.5 t 满足规定总重的车且保证低重心	试验车
被冲击车	试验车	3 辆载重为 63.5 t(最好 90.7 t)的满载车辆组成的车组
冲击试验开始速度	无	6 英里/h(9.6 km/h) 或以下
试验截止条件	车钩力达到 1 250 000 磅(5 560 kN)	达到车辆的设计车钩力或冲击速度达到 14 英里/h(22.5 km/h)
其他要求	冲击车和被冲击车均必须安装车钩力测量装置,重要部位布置应变片	当冲击速度为 6 英里/h(9.6 km/h)或以下时,任何一次冲击的车钩力均不应超过 1 250 000 磅(5 560 kN)。对于两单元车组,前方单元车组应是空车,对于三单元或以上的单元车组前方两辆车应是空车

2. 动挤压试验

(1)AAR 标准 C-Ⅱ分册[M-1001]的第 11 章“新造货车运用性能的试验和分析”中规定,对车辆的动挤压试验不是强制性试验,由车辆工程委员会决定是否进行本试验。

试验过程中机车应提供足够的动力,使得被试车在以不低于 5 英里/h(8 km/h)的速度下承受 100 千磅(445 kN),200 千磅(890 kN)和 300 千磅(1 335 kN)的纵向力,同时要保证有足够的反力来平衡该载荷。试验过程中,被试车应该从平直道通过 30 英里/h(50 km/h)道岔,和从平直道进入一个不小于 5°的曲线。

(2)AAR 标准 C-Ⅱ分册[M-1001]的第 6 章“通用设计与试验要求—罐车”中规定,对罐车的动挤压试验不是强制性试验,由车辆工程委员会决定是否进行本试验。

罐车的动挤压试验时,试验车后面至少连挂 3 辆车。4 辆冲击车各至少装载到 177 000 磅(80.3 t)的总重。所有的静止车在消除车间间隙后由制动机制动。缓冲器必须无预压缩。静止试验车必须位于平直线路上。冲击车连挂编组用于反复冲击。每次冲击,静止车有必要时必须调整恢复原来的状态。以 2 英里/h(3.2 km/h)冲击速度步长增值进行系列冲击,直到车钩力达到 1 250 000 磅(5 560 kN)。每次试验中和试验后必须目检试验车。车辆出现需要车间修理的任何永久损坏可作为不批准该设计的充足理由。如果车辆工程委员会提出要求,试验中在重要部位安装应变片并记录应变。重要部位用应力脆漆或其他批准的方法确定。必须记录车钩力和冲击速度。

从 AAR 标准 C-Ⅱ分册[M-1001]的第 11 章和第 6 章对动挤压试验的试验要求来看,AAR 对于罐车和其他车辆的相同以及不同之处见表 4.3。

表 4.3 罐车与其他车辆动挤压试验要求差异

	罐车要求	其他车辆
线路	平直道	平直道、30 英里/h(50 km/h)道岔,不小于 5°的曲线

续上表

	罐车要求	其他车辆
试验方法	试验车后面至少连挂3辆车。4辆冲击车连挂编组用于反复冲击。直到车钩力达到1 250 000磅(5 560 kN)	使用机车使得被试车在以不低于5英里/h(8 km/h)的速度承受445 kN，890 kN和1 335 kN的纵向力，被试车应该从平直道通过30英里/h(50 km/h)道岔，从平直道进入一条不小于5°曲线
考核标准	被试车始终保持轮轨接触，则被试车通过试验	需要车间修理的任何永久损坏可作为不批准该设计的充足理由

4.3.1.2 缓冲器冲击试验

AAR标准在其M-901G-92(详见附录1.3)中对于由冲击试验评定的货车用认可缓冲器的试验方法做出了规定。

缓冲器冲击试验所用的冲击车与被冲击车以及试验要求见表4.4。

表4.4 缓冲器冲击试验要求

项目	要　求
冲击车	标记载重63.5 t的有盖漏斗车，装载干沙至总重99.8 t
被冲击车	装有被试缓冲器，标记载重63.5 t的有盖漏斗车，装载干沙至总重99.8 t
额定冲击速度试验	从4英里/h(6.5 km/h)速度开始，步长为0.5英里/h(0.8 km/h)，直到反作用力大于450 000磅(2 002 kN)但不到500 000磅(2 225 kN)。然后以0.25英里/h(0.4 km/h)步长进行冲击，直到反作用力达到或超过500 000磅(2 225 kN)。额定速度从最靠近的大于和小于500 000磅(2 225 kN)的两点，按照线性内插值法计算到0.1英里/h(0.16 km/h)以内。额定冲击速度不小于5英里/h(8 km/h)认为合格
最大冲击速度	以0.25英里/h(0.4 km/h)的步长，继续进行冲击速度试验，直到反作用力达到800 000磅(3 560 kN)或速度达到12英里/h(19.3 km/h)。最大冲击速度按照线性内插值法从最靠近的大于和小于800 000磅(3 560 kN)的两点计算到0.1英里/h(0.16 km/h)以内
其他要求	反作用力为500 000磅(2 225 kN)时，额定冲击速度不得降低到5英里/h(8 km/h)以下；最终额定冲击速度，应为耐久性和坚固性试验前后所得到的额定冲击速度的平均值；每套缓冲器应承受12英里/h(19.3 km/h)的冲击速度试验一次，或反作用力1 000 000磅(4 450 kN)，以先达到者为准

4.3.2 俄罗斯标准

4.3.2.1 车辆冲击试验

苏联在标准ГОСТ 24.050.37-84《客车和货车强度试验与走行性能试验方法》中对车辆冲击试验提出了要求，该部分的具体要求详见附录2.1。

冲击试验时，试验车应当装载有代表性的货物，货物分布应适当，装车后经过称重。对于罐车，允许用水代替货物，如所运液态货物的密度大于水的密度时，应将罐体装满，然后对试验结果进行修正(按比例换算)，以保证设计货物的实际装载质量。若货物密度低于水的密度时，则应通过计算确定罐体装水的高度，以保证模拟货物的等效性。

冲击试验可以在试验车有阻挡车或自由状态下进行。可以利用3～4辆重车编成总重不少于300 t的车组作阻挡，此时各车均须制动，并用专用止挡(铁鞋)限制其移动。

任何类型的车辆均应按照全部计算载荷进行冲击试验，必要时，还应进行装有全部附属装备的空车冲击试验。

车辆冲击通过冲击车辆撞击试验车而实现。对于交通部所属铁路的四轴货车，冲击车的质量建议为 90^{+5}_{-0} t，客车为 55^{+5}_{-0} t。

冲击速度从 2～3 km/h 开始，至试验大纲规定的最高速度为止，速度间隔可取为 1～2 km/h。

每个速度级至少应当做 5 次冲击试验。

最大冲击速度根据技术规范的要求在试验大纲内规定。假如对最大冲击速度无特殊要求时，则四轴车可取为 12 km/h。最大冲击力不得超过标准《交通部 1 520 mm 轨距铁路（非自行）车辆计算和设计规范》规定的计算值（具体要求见附录 2.2）的 10%。

进行冲击试验时必须测量并记录：车钩所承受的冲击力；冲击前一瞬间冲击车的速度；车辆构件的动应力；车体、转向架和结构其他部件（必要时）的纵向加速度；缓冲器位移（必要时）等。

对于干线货车，在达到产生 2 500 kN 冲击力的冲击速度之后，每三次冲击就检查一次车辆。试验结束之后，须对车辆结构进行仔细检查，并记录所发现的一切损坏之处。

应按《交通部 1 520 mm 轨距铁路（非自行）车辆计算和设计规范》第一工况的车钩力和垂直总静载荷产生的合成应力进行车辆构件强度的评价，其值不应超过结构材料的屈服极限。

评价试验结果时，也应考虑车辆目视检查的数据、可能发生损坏的特点、车体承载金属结构的构件和墙板丧失稳定性，以及车内、车下设备的固结状态等。

货车在以 3 000 kN 以内的冲击力作冲击试验时，车辆不得出现任何损坏。对于车辆及其设备在更高冲击力作用下发生的损坏应作出记录，并从保证技术规范文件所规定的运营条件下工作能力的角度加以分析。

4.3.2.2 *缓冲器试验要求*

俄罗斯在标准《交通部 1 520 mm 轨距铁路（非自行）车辆计算和设计规范》中规定了缓冲器的试验要求，该部分的具体要求详见附录 2.2。

对于新设计的货车缓冲器应满足以下要求：

单辆四轴货车在以 2.5 m/s(9 km/h)的速度调车冲击以及由此类车辆编成的万吨列车（含列车头部的机车），在平直道退行和起动时的纵向力应不超过 2 000 kN，且不超过该力的概率不得小于 0.95；缓冲器全行程时的准静态压缩力应不小于 1 500 kN；车辆冲击速度达 3.0 m/s(10.8 km/h)时缓冲器的最大动压缩力应不大于 3 000 kN；3 个磨合缓冲器动力行程的个别离散值（车辆冲击时的缓冲器工作稳定性指标）应不超过 300 kN；缓冲器的初始压缩力（预紧力）应在 100～400 kN 范围内，而缓冲器初始状态的复原力应不小于 20 kN；缓冲器的结构工作行程应不小于 90 mm，不大于

120 mm；不可逆能量吸收系数建议不小于 0.7。缓冲器要求的最小容量按式(4-1)确定：

$$Э=\frac{mv^2}{8} \tag{4-1}$$

式中 $Э$——最小容量，kJ；

m——车辆总质量，t；

v——冲击速度，取 $v=2.5$ m/s(9 km/h)。

装运特别贵重、易碎以及危险货物的车辆，建议在有根据的情况下装用更有效的缓冲装置，包括活动中梁或工作行程为 200～400 mm，能保证车辆冲击速度 2.5 m/s (9 km/h)时的动力值不大于 1 500 kN 或加速度不大于 2 g 的车端缓冲器。

新一代货车应装用表 4.5 所列型式尺寸系列的缓冲器。

表 4.5 缓冲器的型式尺寸系列

额定指标名称	缓冲器额定指标标准值级别			
	T0	T1	T2	T3
结构行程(mm)	70～110	90～120	90～120	120
静力容量(kJ)，不小于	20	20	40	60
额定容量[a](kJ)，不小于	40	70	100	140
最大容量[b](kJ)，不小于	50	90	130	190

注：T0——现有型号的摩擦缓冲器，在特殊情况下使用(例如：在将要修理的车辆上)；

T1——具有稳定摩擦和提高耐磨性的摩擦缓冲器，在运输危险货物的车辆上不应采用；

T2——弹性胶泥式、混合式(液压摩擦式)、具有改善性能(充满度系数 Π≥0.5)的摩擦式缓冲器，用于运输危险货物(石油、石油产品、化学物品)的罐车；

T3——液压式和弹性胶泥式缓冲器，用于运输高危险等级货物(液化气体、有毒物质)的车辆；

[a] 当力为 2 000 kN 时；

[b] 当力为 3 000 kN 或全结构行程时。

4.3.3 欧洲标准

标准 EN 12663-2:2010《铁路应用——铁路车辆车体结构要求 第 2 部分：货车》中对铁路车辆的冲击试验提出了要求，该部分具体要求详见附录 3。

试验车在空车和重车状态下都要进行冲击试验。

冲击试验在平直轨道上，用一辆冲击车冲击一辆未施加制动的静止被冲击车(试验车可以是冲击车也可以是被冲击车)。

从保护货物的角度，在空车和重车的冲击试验中均应测试货物中心区域的加速度。

冲击试验时，与试验车配对使用的车辆应该为总重 80 t 的四轴重车。

仅推荐使用摩擦弹簧式缓冲器(如 Ringfeder 缓冲器)或丁基橡胶缓冲器。

如果被试车为装运 RID2 类危险品的罐车，则被试车的侧缓冲器应属于 A 类。

4.3.3.1 空车冲击

实施试验直至速度增至 12 km/h。应在冲击速度为 8 km/h 至 12 km/h 时记录加速度曲线$\ddot{x}=f(v)$。对于那些正常冲击试验时可能会损坏车上特殊设备的某些车辆，冲击速度可以限制到 7 km/h。

缓冲器高度差可以在 50 mm 以内。

如果是冷藏车的冲击试验，则冷藏车也应装有全部冷藏箱或相应载荷。

如果机械保温车在试验中装有机械设备，则应确认其在试验中和试验后仍具有正确的功能。

4.3.3.2　重车冲击

重车试验时，被试车应装载最大允许载荷。应尽可能保证冲击车和被冲击车的缓冲器具有相同的高度，并且在试验开始前和结束后均应测试缓冲器高度。

缓冲器高度差可以在 50 mm 以内。

对于有盖车辆、敞车、隔温保温车、机械保温车：可用砂袋或其他适合的载荷完全占据其可用体积。对于带有悬挂货物的隔温保温车或机械保温车，试验仅需满足特定的要求。

对于高速敞车：保证车辆重心和车辆装运最大可能载荷时的重心一致，符合 UIC 标准的碎石或其他类型载荷。

对于运输特种货物的特种货车(重力卸货车辆、钢卷运输车等)：装载这些车辆正常装运的货物，也可以装载具有同样特性的载荷。

对于罐车：在可能的情况下，车辆装用其正常装运的货物或水。

当罐车所装运的货物密度与水相比具有较大差别时，应当考虑以下情况：

(1)如果货物的密度比水的密度(取 1 t/m^3)大的多，则导致充装的总载荷(m，单位为 t)小于最大总载荷(M，单位为 t)，在这种情况下，冲击车实际的冲击速度应乘以系数 K：

$$K=\sqrt{\frac{M(80+m)}{m(80+M)}} \tag{4-2}$$

(2)如果货物的密度比水的密度小得多，则在这种情况下可以不考虑由于液体移动所造成的次要影响，仅考虑第一部分的信号即可。

对于没有装用长行程缓冲器的直线列车用的集装箱车，带有旋转锁座/固定锁座的车辆，以及汽车运输车，冲击速度可以限制到 7 km/h。

4.3.3.3　试验程序

冲击试验分为预备试验和正式试验。

考虑到试验安排、测量以及评估方式的特点和要求，预备试验应通过增加冲击速度并尽可能多地粘贴应变片以确定以下各项：

(1)冲击速度与缓冲器受力所确定的变化曲线；

(2)应变片的位置要体现出最大应力且能够反映任何的残余应变；

(3)试验车的两个缓冲器在冲击速度大约为 9 km/h，且冲击 3 次时的工作图表；

(4)在 8～12 km/h 时的加速度曲线$\ddot{x}=f(v)$；

预备试验一直进行到冲击速度达到极限值 12 km/h，或每个缓冲器受力达到极限值 1 500 kN(对于特殊的缓冲器可以降低该极限值,详见附录 3)时为止。

正式试验是在冲击速度或缓冲器受力达到极限值时,在此极限值下进行 40 次同样的冲击。如果残余应变稳定发展且低于规定的限值,可以减少冲击次数。除非在技术规范中有说明,特别是对驼峰溜放调车、推送以及冲击其他车辆有限制要求的车辆,冲击速度可以限定在 7 km/h。

4.3.3.4　车辆的特殊工况

(1)对于底架压缩强度为 1 200 kN 的 F-Ⅱ型车的特殊工况:

考虑到没有装用长行程缓冲器的汽车运输车和联运车辆,预备试验应在以下两种装载条件和速度下进行:

7 km/h,最大载重;12 km/h,空车条件。

根据缓冲器力值的测试,试验程序见表 4.6。

表 4.6　试验程序

最大冲击速度	单个缓冲器力值(kN)	后续动作
7 km/h(重车) 或 12 km/h(空车)	$F<600$[a]	不进行正式试验
	$660\leqslant F<900$[b]	当底架出现残余应力时,在最不利载荷、速度条件下进行 40 次冲击的正式试验
	$F>900$[b]	为车辆装用更高性能的缓冲器并重复预备试验

注:[a]车辆一端的两个单独缓冲器的最大值和最小值偏差允许为±100 kN,但总的缓冲器力值不应超过 1 200 kN;

[b]车辆一端的两个单独缓冲器的最大值和最小值偏差允许为±100 kN,但总的缓冲器力值不应超过 1 800 kN。

对于需要进行 40 次冲击的正式试验,在每 5 次冲击后应进行以下测试:

冲击时刻的应力;使用应变桥路测量冲击后的残余应变;冲击后的货物尺寸在长度上的变化量。

(2)装有自动车钩货车的特殊工况:

对于 F-Ⅰ型车冲击速度要达到 12 km/h,F-Ⅱ型车冲击速度可以限定在 7 km/h。

(3)根据 RID(国际铁路联运危险品规则)要求装有耐撞击缓冲器的罐车:

应当对耐撞击缓冲器结构进行测试,以表明在载荷的峰值下,能量吸收单元能够被转移进入该结构,而无任何塑性变形和任何明显的结构塌陷。

按照 EN 12663-2:2010《铁路应用——铁路车辆车体结构要求　第 2 部分:货车》6.3 要求的静态试验和在 12 km/h 的冲击试验是等价的。

4.3.3.5　结果评估

各种不同的冲击试验均不能造成任何明显的永久变形。记录在转向架与底架、底架与车体以及悬挂连接部位的危险点处产生的应力。

带有侧缓冲器的车辆其试验结果应当满足以下条件:

——在预备冲击和 40 次系列冲击中积累的残余应变应小于 2‰,并且应当在系列冲击的第 30 冲之前稳定。当这些结构有特殊条款规定时,此要求不适用。

——重要尺寸的变化不会削弱车辆操作安全。

4.4 测试项目与试验方法

在车辆的冲击试验或是缓冲器冲击试验时，一般要对冲击车的冲击速度、被冲击车的车钩力、缓冲器位移、车辆加速度甚至车辆主要部位的动应力进行测量和记录。

图 4.1 典型的冲击试验线

4.4.1 测试仪器

冲击试验过程中各参数的测量是在动态条件下进行的，因此在选择测试仪器时必须选择动态数据采集记录仪。

动态数据采集设备将冲击过程中各传感器对冲击的响应信号（应变信号或电压信号）通过信号放大器放大，再通过 AD 转换器（模拟信号—数字信号转换器）将采集到的模拟信号转化为数字信号后保存在电脑中，然后可利用动态数据分析软件对所采集的数据根据标准的要求进行分析、处理。

在 EN 12663 以及 TB/T 2369 中均提到仪器采样频率的要求，且均要求采样频率为 1 000 Hz。

4.4.2 冲击速度

为了保证冲击车的冲击速度测量准确，速度测量应尽量接近冲击车与被冲击车发生冲击时刻。冲击车的冲击速度测量一般用钢轨贴片法，即在线路一侧钢轨的下部相距 500 mm 的位置分别贴上应变片，应变片的方向与钢轨长度方向一致，两个应变片应尽量都位于相邻两枕木之间，车轮通过钢轨时，钢轨产生垂向弯曲，底部产生拉伸应力，车轮经过应变片位置时产生最大应力，采用半桥测量方法，将两个应变片分别作为温度补偿片和工作片，冲击车的前轮对通过两个应变片时产生的波形如图 4.2 所示，将其两个峰值出现的时间差从图形中读取出来后，即可通过两个应变片的距离 500 mm 除以该时间差从而得到冲击速度。

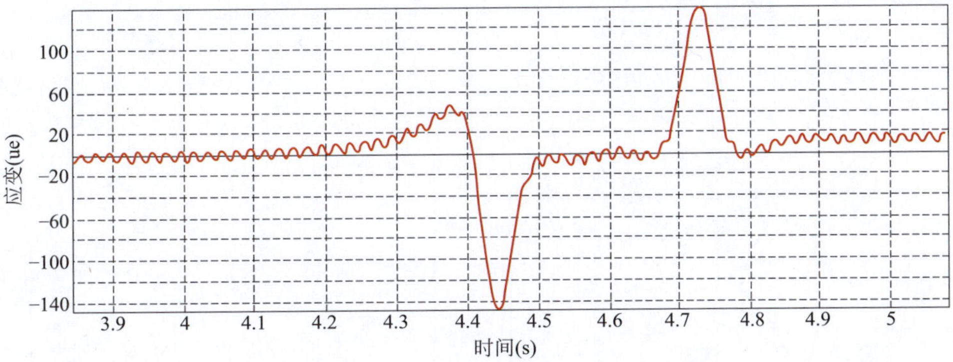

图 4.2 钢轨贴片法测量冲击车运行速度实测信号

钢轨贴片法从 20 世纪 60 年代一直沿用至今，其特点是简单、可靠，但因为在试验过程中，冲击速度的结果计算必须经过信号记录停止保存、回放速度测量信号、量取两个峰值之间的时间间隔，经过计算才能得到速度的具体结果，在现场试验中该过程比较慢。而采用在冲击车上安装速度传感器的测速方式则可以比较快速的得出速度值，且速度信号与其他传感器的信号可以同时被采集下来。

4.4.3 车钩力

车钩力用应变法测量，将试验车冲击端的车钩卸下，在钩身上贴上应变片组成电桥，然后在压力机上进行静标定，得出压力与应变的对应关系后将其装回原位使用。试验时，可根据钩身上测得的应变值求出车钩力。

在钩身上粘贴应变片时，工作片应位于钩身轴线上，所有工作片和补偿片应对称于车钩钩身的横向、垂向轴平面，如图 4.3 所示。

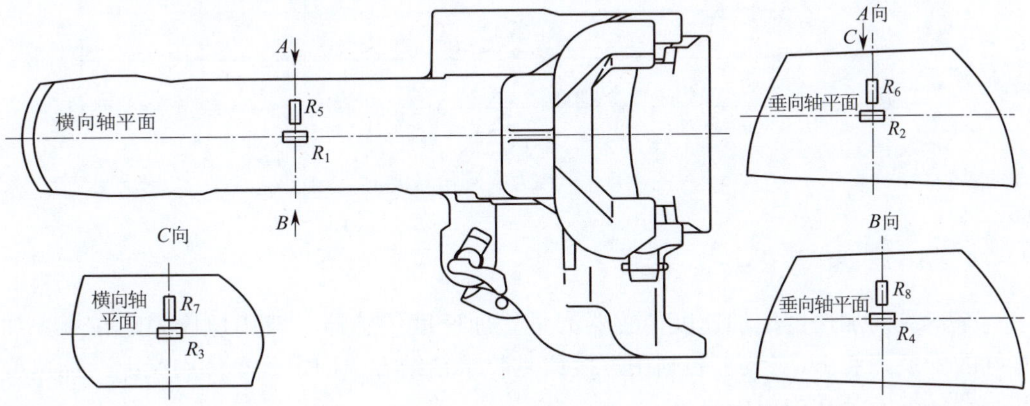

图 4.3 测力车钩贴片示意图

其中：R_1、R_2、R_3、R_4 为工作片，沿车钩纵向中心线方向粘贴；R_5、R_6、R_7、R_8 为补偿片，垂直于工作片粘贴，组成电桥如图 4.4(a)所示。

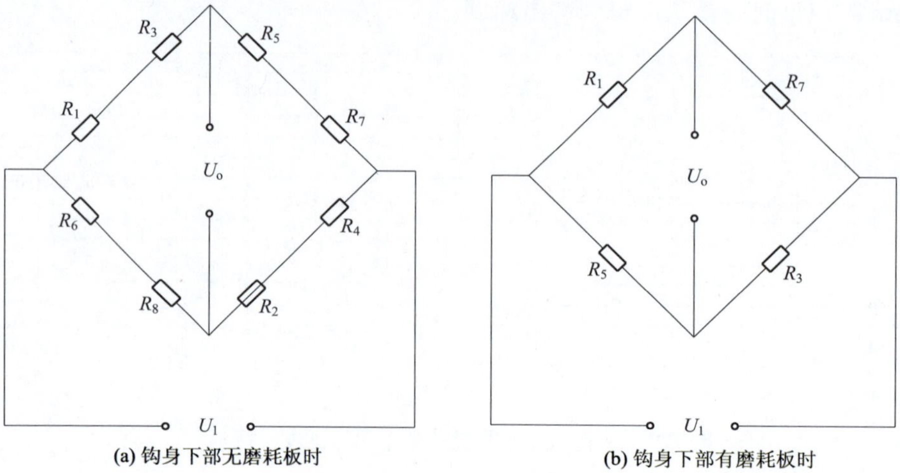

图 4.4　测力车钩的组桥方法

其中：U_i 为输入电压；U_o 为输出电压。

若车钩钩身下部焊有磨耗板，则工作片 R_4 和补偿片 R_8 无法粘贴，粘贴钩身侧面的工作片 R_1、R_3 和补偿片 R_5、R_7。此时组成电桥如图 4.4(b)所示。

冲击试验时实际测到的车钩力信号波形如图 4.5 所示。

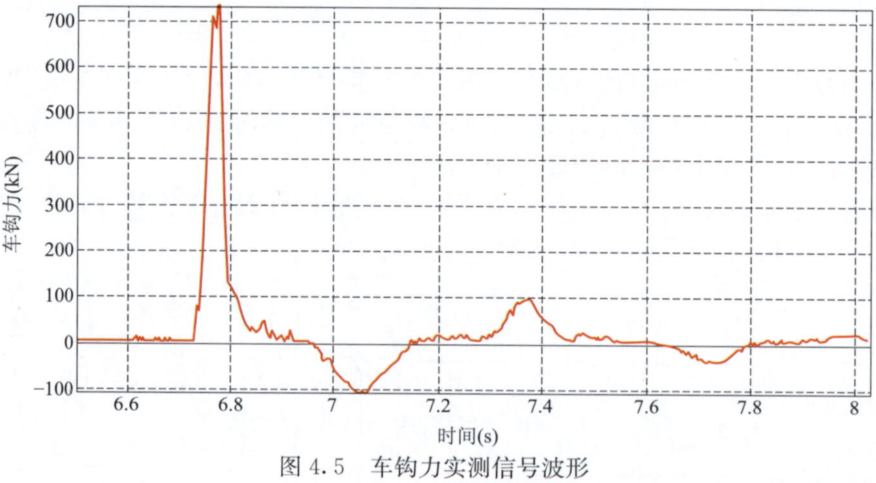

图 4.5　车钩力实测信号波形

4.4.4　加 速 度

车辆纵向加速度用加速度传感器测量。加速度传感器一般用螺栓固定在事先加工好的安装工装上，安装工装则用焊接或是胶水粘结方式固定到车体中梁上。加速度传感器一般安装在中梁中央。

目前冲击试验中所用的加速度传感器均为应变式加速度传感器。当冲击发生后，传感器内的惯性体在被测加速度作用下产生与之成正比的惯性力，使与惯性体相连的弹性应力元件在惯性力的作用下发生变形，此时传感器内的敏感元件则会将此变形转换为电信号传输到测试仪器中。由于加速度传感器的工作特性，因此在冲击试验过程中，应确保加速度传感器被牢固安装在被测车辆上，即传感器与被测车辆间的连接刚度要足够大。目前的单轴应变式加速度传感器通常可以把质量控制在 50 g 以内，质量和尺寸都非常小。而车辆冲击试验过程中，由于车辆无论是空车还是重车，其总质量远远大于传感器质量，因此无需考虑加速度传感器质量对车辆振动模式的影响。

在我国现行铁道车辆标准中，对冲击试验中车辆加速度的测量方法和限定值都没有具体规定。事实上，加速度的大小与冲击力的大小有关，同时与车体结构、装载货物车辆总体重心高度、货物与车体结合的牢固程度等因素有关。通常，加速度传感器的量程应不小于 $20g$。

另外，动态测量结果都涉及采样频率和低通滤波数据处理，低通滤波频率高低对加速度的大小影响非常明显，图 4.6、图 4.7 分别为未滤波及滤波后的同一个实测信号的波形。

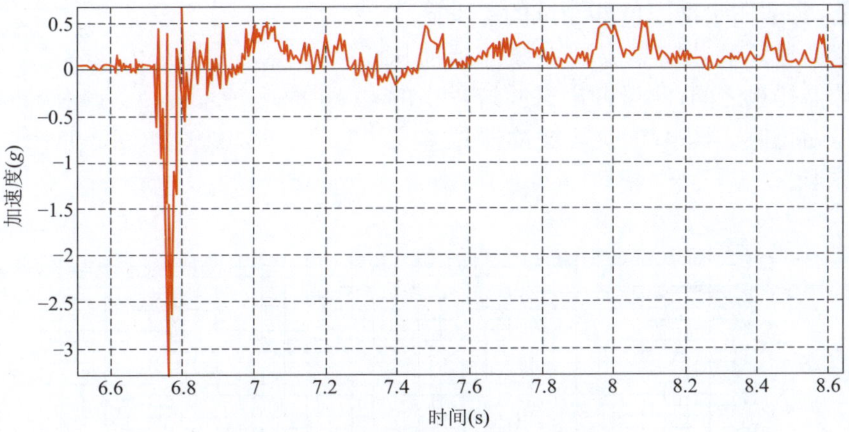

图 4.6　加速度实测波形（未滤波）

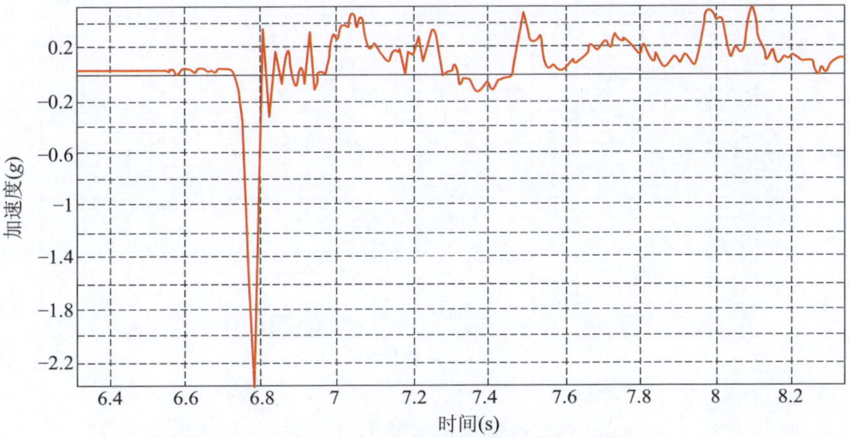

图 4.7　加速度波形（32 Hz 低通滤波后）

4.4.5 动应力

车体上的动应力采用电阻应变片测量。根据静强度试验结果，选择静强度试验中应力较大的测点，以及车体主要部件形状突变部位进行动应力测量。

应变采用半桥单臂电桥测量，待测点粘贴的应变片为工作应变片，相邻桥臂上的应变片为补偿应变片被粘贴在测点周围不受力、环境温度相同、材质、厚度等基本相同的温度补偿块上。该桥路具有温度补偿功能，同时可以消除导线的温度影响。其桥路如图 4.8 所示。

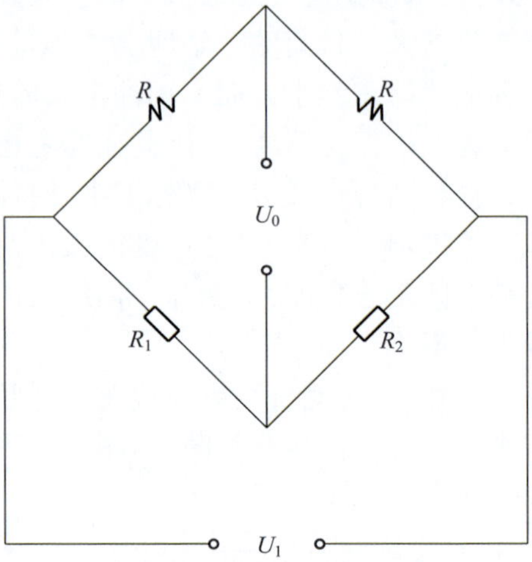

图 4.8 动应力测试桥路

其中 R_1 为工作应变片，R_2 为补偿应变片，R 为测试仪器的固定电阻。

4.4.6 缓冲器位移

缓冲器位移采用位移传感器测量。在冲击试验前，将适用于动态位移测试的差动式位移传感器通过工装或支架安装在缓冲器前从板与缓冲器托板之间，测量冲击试验过程中的缓冲器压缩位移。图 4.9 为某缓冲器位移实测信号波形。

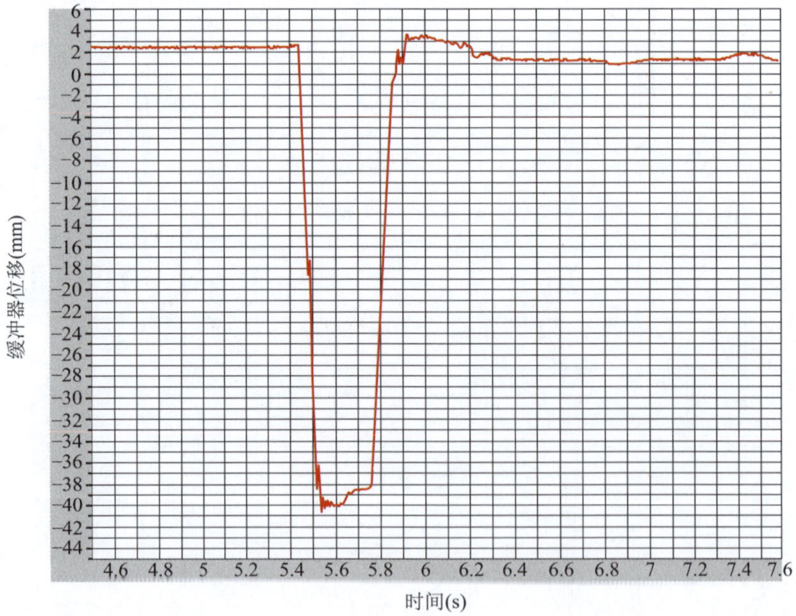

图 4.9 缓冲器位移实测信号波形(100 Hz 低通滤波后)

4.5 数据采集与处理

4.5.1 采集及记录

目前可用于冲击试验过程中动态信号采集、记录的测试仪器非常多:有动态信号实时分析系统 DSPS(16 通道),M3 INTIGRA 动态数据采集系统(32 通道)、MX840A(8 通道)等,各测试仪器都采用计算机采集和记录动态信号。虽然各仪器所采集的数据文件格式不同,但都可以转化为 Excel 等通用数据处理软件识别的 ASCⅡ 文件格式。

测试仪器和计算机能够处理的信号是离散信号,传感器输出信号一般都是连续的模拟信号。冲击试验过程中,动态测试仪器将所采集的模拟信号通过每隔一定时间间隔从连续信号中抽取瞬时值的方法,把连续的模拟信号变为离散信号,实现 A/D 转换。转换后的信号是由若干个横坐标为采集时刻、纵坐标为参数幅值的点组成。点的数量越多,则曲线在连接过程中越平滑,也越接近于真实值,点的数量与测试之前所设定的采样频率有关。

4.5.2 滤 波

在动态数据的分析和处理中,低通滤波是其中非常重要的一个环节。铁路车辆的冲击过程是一个具有明确时间起、止点的非周期过程,该过程具有确定的脉冲持续时间。从前面所列举的车钩力、加速度以及缓冲器位移的测试数据信号在时域的分布情况看,各数据具有单次性、非周期性以及幅值平均值不为零的脉冲特性,当将这类测试信号通过傅里叶变换后放到频域中时,又具有连续性和非收敛性特征。也就是说,这类信号在频域中表现为具有无限带宽的连续频谱。

在实际的车辆冲击过程中,除了有传感器测量的真实信号外,机械、电、噪声等高频噪声信号也会被测试仪器一同采集,这些高频噪声信号叠加在真实信号上,影响了真实信号的准确判断。因此需要对仪器所采集的信号进行低通滤波处理,将高频噪声干扰信号滤除。

4.5.2.1 滤 波 器

在对数据进行低通滤波前,需要选择低通滤波器。低通滤波器的种类有巴特沃斯滤波器、切比雪夫滤波器、贝塞尔滤波器和椭圆滤波器等。工程上用到的滤波器主要有巴特沃斯滤波器和切比雪夫滤波器两种。由于各种滤波器采用不同的传递函数,因此其频响特性也不同。

巴特沃斯滤波器的幅度平方函数为:

$$|H(\mathrm{j}\omega)|^2=A(\omega^2)=\frac{1}{1+\left(\frac{\omega}{\omega_c}\right)^{2n}} \tag{4-3}$$

式中 $n=1、2、3\cdots$——滤波器阶数;

ω_c——3 dB 带宽。

切比雪夫滤波器幅度平方函数为：

$$|H(\omega)|^2=A(\omega^2)=\frac{1}{1+\varepsilon^2 C_n^2\left(\frac{\omega}{\omega_c}\right)} \tag{4-4}$$

式中　$n=1、2、3\cdots$——滤波器阶数；

$C_n\left(\frac{\omega}{\omega_c}\right)$——切比雪夫多项式，多项式定义为：

$$C_n(x)=\begin{cases}\cos(n\cos^{-1}x),|x|\leqslant 1\\ ch(nch^{-1}x),|x|\geqslant 1\end{cases}; \tag{4-5}$$

ω_c——通带截止角频率，是被通带波纹所限制的最高频率，并不等于 3dB 带宽；

ε——小于 1 的正数，表示通带内幅度波动的程度。

利用各种滤波器的幅度平方函数，可以绘制出各种滤波器的幅度——频率响应曲线示意图。图 4.10 分别是巴特沃斯滤波器、切比雪夫滤波器以及椭圆滤波器在同阶次下的幅频响应曲线示意图，通过该示意图可以发现各滤波器的主要区别。

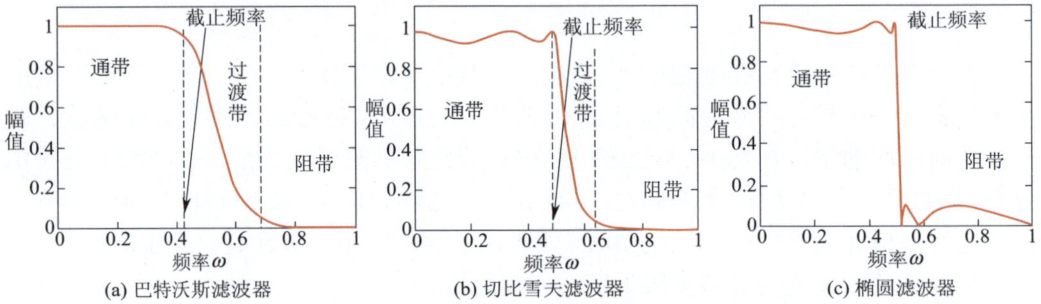

图 4.10　各型同阶滤波器幅频特性曲线示意图

从图 4.10 可以看出：巴特沃斯滤波器在通带内具有最大平坦幅度特性，曲线最为光滑，而且在正频率范围内，随频率升高而单调下降。切比雪夫滤波器在过渡带比巴特沃斯滤波器的幅值衰减快，但频响特性不够平坦，在通带内存在幅度波动。椭圆滤波器则在截止频率处能够迅速衰减从而得到最窄的过渡带，但是在通带和阻带范围内的曲线均存在波动。各滤波器的阶次越高，其幅频特性曲线就越接近矩形，也就越接近于理想滤波器的特性曲线。

铁路车辆冲击试验所获取的动态数据，如果希望滤波后的数据不存在幅值波动，应该选择巴特沃斯滤波器，该滤波器的过渡带可以通过提高阶次的方法变窄，即增加幅值衰减速度。一般对于工程应用而言，四阶巴特沃斯滤波器是比较适用的。

4.5.2.2　滤波截止频率

滤波截止频率是滤波器的一个非常重要的参数。截止频率设置过高，会有部分高频噪声干扰信号掺杂在正常信号中影响数值结果；截止频率设置过低，会造成部分真实信号缺失，影响测试结果的准确性。铁路货车冲击试验一般采用低通滤波器，并需要确定冲击试验各测试参数的低通滤波截止频率。当信号频率低于这个截止频率时，信号得以通过；当信号频率高于这个截止频率时，信号输出将被大幅衰减，这个截止频率即被定义为通带和阻带的界限。

从尚未进行滤波处理的冲击加速度实测波形（图 4.6）可以看出，信号在时域中表现出较多毛刺，这些毛刺在加速度数值中具有较大值，但是其所占据的时间却非常短，这样的毛刺在频域中就表现为高频，但是幅值较小。

由于冲击试验过程中的动态数据信号均为非周期信号，因此，对这样的信号进行能量在频域上分布情况的分析，即能量密度谱分析后，就可以得到类似于图 4.11 所示的能量谱。

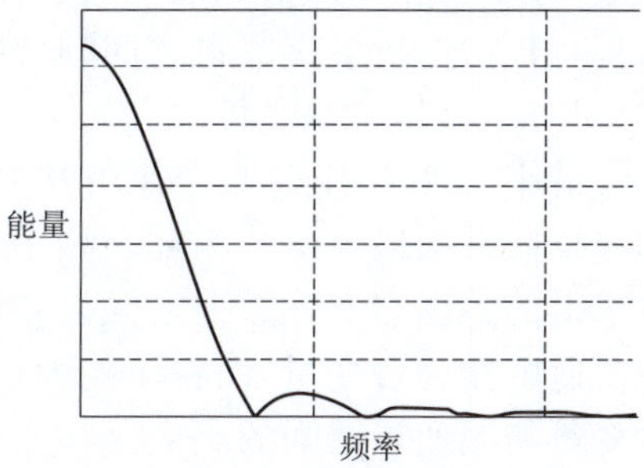

图 4.11　冲击信号能量谱示意图

从图 4.11 可以看出，信号能量大部分都集中在低频部分，在时域图形上就是那些数值不高但持续时间较长的信号。带有毛刺部分的信号，虽然在时域上的数值较大，但持续时间很短，因此占整个信号能量的比重很小。

在国内、外的一些冲击标准中，均对动态数据信号的滤波截止频率提出了要求，见表 4.7。

表 4.7　各标准对滤波截止频率的要求

	EN 12663[a]	TB/T 1335	TB/T 2369
车钩力	≥100 Hz	≥100 Hz	100 Hz
加速度	32 Hz	≥32 Hz	20 Hz
动应力	≥100 Hz	≥100 Hz	100 Hz
滤波器要求	4 阶巴特沃斯，在限定频率处，衰减≥24 dB/倍频程，至－3 dB	/	4 阶巴特沃斯，带宽内精度±1 dB，带宽外衰减 24 dB/倍频程，至－60 dB

注：[a] 需要注意的是，标准 EN 12663 中所说的限定频率并非滤波截止频率，而是滤波器阻带开始点的频率，从图 4.10 可以看出，滤波截止频率要低于阻带开始点频率。当然如果滤波器的幅频特性曲线越接近于矩形，过渡带越窄，则该限制频率就越接近截止频率。

4.5.3　峰值确定

在每冲击一次所记录的各参数随时间的变化历程中，每个测试项目只取一个最大峰值作为测量值。该最大峰值应在经滤波处理后的数据中选取。

4.5.4　数据处理

冲击试验所得到的数据为各测试参数在多次不同冲击速度等级下所确定的峰值。对于被测量参数而言，存在有较多的影响因素，尤其是缓冲器等非线性影响因素，导致即使在同样的冲击条件下得到的测量值也会不同，有时甚至存在不小的差异。

由于在冲击试验过程中有缓冲器等非线性因素的存在，导致了测试过程中的车钩力、加速度、动应力等测量值的离散性。为了真实解释数据、评判数据或者根据这些数据做出预测、判断，或给下一步工作提供依据，则需要对这些数据进行分析、处理、寻找反映数据变化的规律。

要找到冲击测量数据的变化规律，最好的方式就是建立冲击速度与各测量参数的函数关系，估算待测量的最佳值。在处理此类数据的时候，最经常用到的数据处理方法是对数据进行最小二乘法回归分析。

4.5.4.1　数据回归分析

最小二乘法(又称最小平方法)是一种数学优化技术。它通过最小化误差的平方和寻找数据的最佳函数匹配。利用最小二乘法可以简便地求得未知的数据，并使得这些求得的数据与实际数据之间误差的平方和最小。在对测试数据进行回归分析时，以冲击速度作为自变量，而将车钩力、加速度、位移、动应力等测试参数作为因变量，建立自变量与因变量之间的函数。在实际数据处理中，冲击试验各测试量与冲击速度的函数关系很接近于二次多项式函数。即拟合函数的图形是平面上的一条抛物线。假设二次多项式函数(以车钩力为例)记为：

$$F=a_0+a_1v+a_2v^2 \tag{4-6}$$

式中　F——车钩力；

v——冲击速度；

a_0、a_1 和 a_2——待定系数。

确定二次曲线使所有数据对应的点尽可能地靠近这条曲线。一般来讲，实测数据点将不会全部落在这条曲线上，如果冲击试验数据有 n 组，恰好第 k 组的数据落在曲线上，则这个点(v_k，f_k)的坐标满足二次曲线的方程，即：

$$f_k=a_0+a_1v_k+a_2v_k^2 \tag{4-7}$$

如果这个点不在曲线上，则它的坐标不满足曲线方程，存在着误差(残差)：

$$e_k=F_k-f_k=a_0+a_1v_k+a_2v_k^2-f_k \tag{4-8}$$

于是全部点处的总误差用残差平方和表示：

$$E=\sum_{k=1}^{n}e_k^2=\sum_{k=1}^{n}[a_0+a_1v_k+a_2v_k^2-f_k]^2 \tag{4-9}$$

这是关于 a_0、a_1 和 a_2 的一个三元函数，合理的做法是选取 a_0、a_1 和 a_2，使得这个函数取极小值。令：

$$\frac{\partial E}{\partial a_0}=0,\frac{\partial E}{\partial a_1}=0,\frac{\partial E}{\partial a_2}=0 \tag{4-10}$$

则可以得到：

$$\begin{cases}\sum_{k=1}^{n}2[(a_0+a_1v_k+a_2v_k^2)-f_k]=0\\ \sum_{k=1}^{n}2[(a_0+a_1v_k+a_2v_k^2)-f_k]v_k=0\\ \sum_{k=1}^{n}2[(a_0+a_1v_k+a_2v_k^2)-f_k]v_k^2=0\end{cases} \tag{4-11}$$

该方程组可写成：

$$\begin{cases} na_0+\sum\limits_{k=1}^{n}a_1v_k+\sum\limits_{k=1}^{n}a_2v_k^2=\sum\limits_{k=1}^{n}f_k \\ \sum\limits_{k=1}^{n}v_ka_0+\sum\limits_{k=1}^{n}a_1v_k^2+\sum\limits_{k=1}^{n}a_2v_k^3=\sum\limits_{k=1}^{n}v_kf_k \\ \sum\limits_{k=1}^{n}v_k^2a_0+\sum\limits_{k=1}^{n}a_1v_k^3+\sum\limits_{k=1}^{n}a_2v_k^4=\sum\limits_{k=1}^{n}v_kf_k \end{cases} \tag{4-12}$$

通过求解该方程组可以求出待定系数 a_0、a_1 和 a_2。

根据此方法可以得出车钩力 F 与冲击速度 v 的拟合回归方程 $F(v)$，并绘制出曲线，如图 4.12 所示。

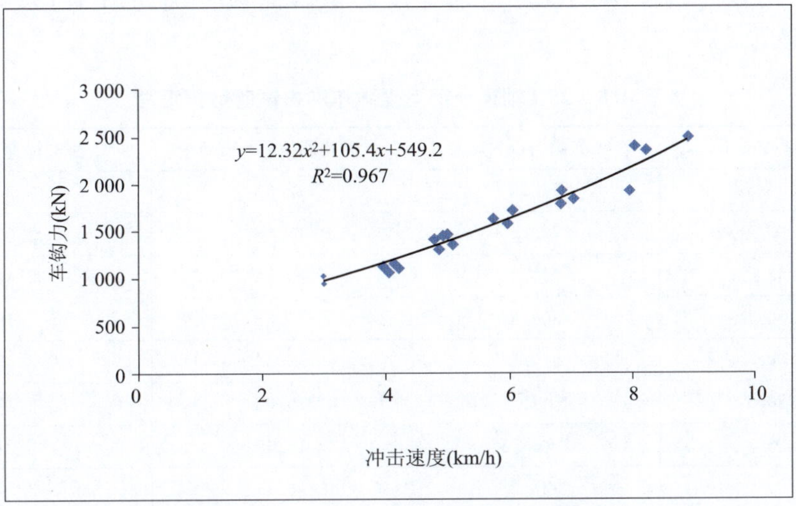

图 4.12 冲击速度与车钩力拟合关系图

为了估计回归方程的精度，用剩余标准差来进一步计算数据点偏离拟合曲线的大小，剩余标准差反映了回归方程与各数据点的拟合程度。

剩余标准差：
$$\sigma_s=\sqrt{\frac{E}{n-2}}=\sqrt{\frac{(1+R^2)S_{yy}}{n-2}} \tag{4-13}$$

相关系数：
$$R=\frac{S_{xy}}{\sqrt{S_{xx}S_{yy}}} \tag{4-14}$$

式中 $S_{yy}=\sum\limits_{k=1}^{n}f_k^2-\dfrac{\left(\sum\limits_{k=1}^{n}f_k\right)^2}{n}$；$S_{xy}=\sum\limits_{k=1}^{n}v_kf_k-\dfrac{\sum\limits_{k=1}^{n}v_k\sum\limits_{k=1}^{n}f_k}{n}$；

$S_{xx}=\sum\limits_{k=1}^{n}v_k^2-\dfrac{\left(\sum\limits_{k=1}^{n}v_k\right)^2}{n}$。

相关系数 $0\leqslant|R|\leqslant1$：

当$|R|=1$时,各测试数据点与拟合曲线完全重合,剩余标准差$\sigma_s=0$;

当$|R|<1$时,各测试数据点与拟合曲线不完全重合,测试数据点将落在拟合曲线两旁,相关系数越接近于1,则说明测试数据与拟合曲线相关性越好,数据用该函数描述的回归性越强。

表4.8中列出了25 t轴重全钢运煤敞车冲击试验中,不同冲击速度下车钩力、缓冲器位移和冲击加速度的测试结果峰值。

根据试验结果,对车钩力、缓冲器位移以及冲击加速度等参数进行回归统计分析并绘制拟合曲线。根据回归方程,将各参数的数据拟合至冲击速度为8 km/h,此时,缓冲器位移的拟合值为70.5 mm,小于Mark 50型缓冲器的最大行程,说明缓冲器还没有被压死,此时车钩力拟合值为1 814.9 kN,车体冲击加速度拟合值为4.26g。

车钩力、缓冲器位移以及冲击加速度的拟合曲线分别如图4.13、图4.14和图4.15所示。

表4.8　25 t轴重全钢运煤敞车冲击试验数据汇总

冲击速度(km/h)	车钩力(kN)	缓冲器位移(mm)	冲击加速度(g)
2.71	750.5	12.83	2.30
3.03	705.6	13.68	2.57
3.43	911.4	19.34	2.42
3.54	804.2	16.63	2.16
4.00	910.8	15.73	2.82
4.20	1 081.1	15.02	3.13
4.25	1 133.3	15.49	3.01
4.29	937.3	16.11	3.54
5.12	1 217.6	18.77	3.27
5.43	1 311.3	16.62	3.65
5.68	1 352.0	27.35	3.26
6.03	1 436.5	39.04	3.57
6.17	1 330.1	39.36	3.66
6.97	1 440.9	68.50	3.58
7.11	1 728.4	66.54	3.86
7.20	1 605.1	64.20	3.70
7.25	1 955.2	63.95	3.42
7.55	1 689.2	71.70	4.02
8.18	1 848.2	72.30	4.09
8.18	1 857.6	72.33	4.56
8.31	1 923.2	72.86	4.02
8.50	1 905.8	78.99	4.61

续上表

冲击速度(km/h)	车钩力(kN)	缓冲器位移(mm)	冲击加速度(g)
9.08	2 156.0	79.66	4.60
9.31	2 385.4	79.42	4.83
9.39	2 555.3	78.84	4.66

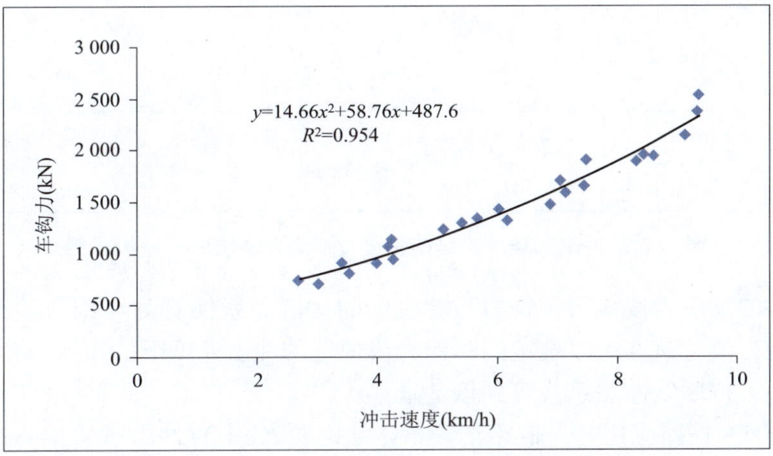

图 4.13　车钩力测试结果进行最小二乘法回归分析示例

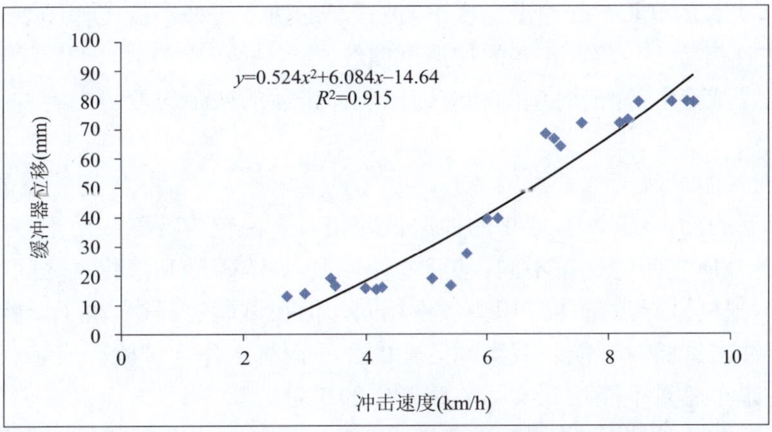

图 4.14　缓冲器测试位移结果进行最小二乘法回归分析示例

4.5.4.2　各标准对数据处理要求

在试验标准 TB/T 2369—2010《铁道车辆冲击试验方法》和 EN 12663《铁路应用——铁路车辆车体结构要求》中，对冲击试验滤波后的动态数据如何处理做出了明确规定。

TB/T 2369—2010《铁道车辆冲击试验方法》中对动态数据处理要求如下："对一般用途客、货车，先将最后达到的车钩力或冲击速度级三次测试项数据平均，再将车体

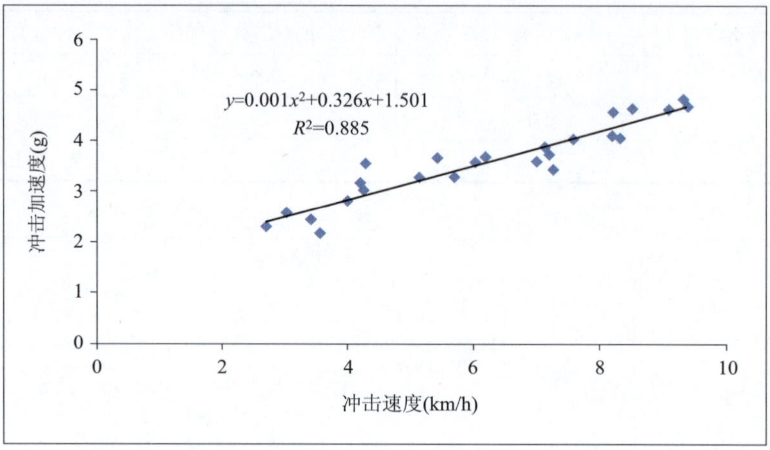

图 4.15　冲击加速度测试结果进行最小二乘法回归分析示例

各主要部件的动应力按该级车钩力与动应力的比例关系换算为车钩力等于规定值时相应的动应力值。”该方法以规定的车钩力或规定的冲击速度下的车钩力为基准，并将测试的动应力按照线性关系换算到该基准。

EN 12663《铁路应用——铁路车辆车体结构要求》中对冲击试验预备试验中的动态数据处理要求：

1. 冲击速度与缓冲器受力变化的函数曲线；
2. 在 3 次大约 9 km/h 冲击速度下，被试车的两个缓冲器的工作图表；
3. 冲击速度为 8～12 km/h 的加速度曲线。

而在正式试验中，冲击时刻的动应力以及冲击后的残余应变等内容并无具体数据处理要求。

4.5.4.3　对罐车数据处理要求

在各车型的冲击试验中，罐车的冲击试验相对来说较为特殊。由于各型罐车所装介质不同，各介质之间的比重不同，甚至差异较大，如浓硫酸和液化气之间的比重就存在很大差异，这样就导致罐体容积会各不相同。但在试验过程中，由于试验条件所限，往往在进行冲击试验时不能装载实际运输的介质而将水作为试验介质装载，因此导致冲击试验时罐车总重不能达到实际装载要求的质量。

对于罐车的此种情况，苏联标准 ГОСТ 24.050.37-84《客车和货车强度试验与走行性能试验方法》和 EN 12663《铁路应用——铁路车辆车体结构要求》中均作出了数据处理要求。

苏联标准 ГОСТ 24.050.37-84《客车和货车强度试验与走行性能试验方法》允许用水代替货物，如所运液态货物的密度大于水的密度时，应将罐体装满，然后对试验结果进行修正(按比例换算)；若货物密度低于水的密度时，则应通过计算确定罐体装水的高度。该种方法简单地以车辆总重为基准，通过被试验车辆装载水的总重与装载实际介质的总重之间的线性比例对冲击测试参数进行换算。

EN 12663《铁路应用——铁路车辆车体结构要求》也允许用水代替货物，当所装运货物的密度比水大得多的时候，则导致充装的总载荷(m，单位 t)小于要求的最大总载荷(M，单位 t)，在这种情况下，冲击车实际的冲击速度应乘以系数 K：

$$K=\sqrt{\frac{M(80+m)}{m(80+M)}} \tag{4-15}$$

如果货物的密度比水小得多，则可以不考虑由于液体移动所造成的次要影响。这种方法以冲击车的冲击速度为基础，不对其他测试参数进行换算，仅对冲击速度进行线性换算处理。

5

货车冲击试验结果分析

5.1　货车冲击试验结果

本章通过对近几年进行的缓冲器、新型车辆冲击试验的试验结果进行分析，得出了车钩力、冲击加速度和缓冲器位移与冲击速度的关系。

根据以往冲击试验的经验和国外的研究结果，货车的装载加固对其车钩力的大小是有影响的。例如，罐车罐体内装水，在不完全装满罐体总容积的情况下，液体在冲击过程中由于液固耦合会对车钩力产生影响。因此在分析数据时，按照不同类型的车辆进行了分类，以便减少装载加固因素的影响。

冲击试验过程中，因为车钩力作用点与车辆重心的高度不一致，被冲击车辆在受到冲击力作用瞬间，会产生点头运动，引起前、后转向架垂向载荷增加或减小，这与理论计算有一定的差异。

前面已经分析，缓冲器的性能直接影响冲击力的大小，特别是弹簧摩擦缓冲器。落锤试验及冲击试验证明，即便是同样的锤高或同一车辆、同样的冲击速度，弹簧摩擦缓冲器所产生的冲击力并不相同，有时差别还比较大，这是摩擦型缓冲器的特点。

表 5.1～表 5.6 为近几年进行的货车冲击试验数据汇总表，其中表 5.1～表 5.3 为总重 100t 敞车冲击试验结果，表 5.4～表 5.6 为罐车的冲击试验结果。

表 5.1　总重 100 t 敞车冲击试验车钩力统计值(kN)

(MT-2 型或 MARK 50 型缓冲器，冲击车与被冲击车总重均为 100 t)

序号	冲击速度(km/h)	3	4	5	6	7	8	9	10
1	25 t 轴重运煤敞车	966	1 252	1 537	1 832	2 109	2 395	2 680	2 966
2	25 t 轴重铝合金敞车	761	875	990	1 105	1 220	1 335	1 450	1 565
3	25 t 轴重铝合金敞车	748	877	1 005	1 134	1 262	1 390	1 519	1 647
4	25 t 轴重铝合金敞车	900	1 029	1 159	1 288	1 417	1 547	1 676	1 806
5	25 t 轴重铝合金敞车	622	719	815	912	1 008	1 105	1 201	1 298

续上表

序号	冲击速度(km/h)	3	4	5	6	7	8	9	10
6	25 t 轴重全钢敞车	717	955	1 193	1 431	1 669	1 906	2 144	2 382
7	载重 80 t 运煤敞车	463	720	978	1 235	1 493	1 750	2 007	2 265
8	载重 80 t 运煤敞车	841	1 029	1 217	1 404	1 592	1 780	1 968	2 155
9	25 t 轴重通用敞车	698	891	1 084	1 276	1 469	1 662	1 855	2 048
10	70 t 级通用敞车	561	763	965	1 167	1 368	1 570	1 772	1 974
11	80 t 不锈钢运煤敞车	521	709	896	1 084	1 271	1 459	1 646	1 834
12	75 t 矿料钢材专用车	791	957	1 123	1 290	1 456	1 623	1 789	1 955
13	C_{80B}不锈钢运煤敞车	886	996	1 106	1 216	1 326	1 435	1 545	1 655
14	平均值	716	898	1 080	1 263	1 445	1 627	1 809	1 991
15	标准差	153	161	188	230	274	325	377	432

注:表中序号 4 的数据为三辆车冲击一辆车的统计数据。其余数据都是单辆车冲击单辆车的结果。

表 5.2 总重 100 t 敞车冲击试验加速度统计值(*g*)

(MT-2 型或 MARK 50 型缓冲器,冲击车与被冲击车总重均为 100 t)

序号	冲击速度(km/h)	3	4	5	6	7	8	9	10
1	25 t 轴重运煤敞车	1.33	1.75	2.17	2.59	3.01	3.43	3.85	4.27
2	25 t 轴重铝合金敞车	1.65	1.86	2.08	2.29	2.51	2.72	2.94	3.15
3	25 t 轴重铝合金敞车	0.93	1.28	1.63	1.98	2.32	2.67	3.02	3.37
4	25 t 轴重铝合金敞车	1.46	1.71	1.97	2.22	2.47	2.72	2.98	3.23
5	25 t 轴重铝合金敞车	1.10	1.28	1.46	1.64	1.82	2.00	2.18	2.36
6	25 t 轴重全钢敞车	2.49	2.83	3.17	3.51	3.85	4.19	4.53	4.87
7	载重 80 t 运煤敞车	0.37	0.80	1.96	3.13	4.30	5.46	6.63	7.80
8	载重 80 t 运煤敞车	1.00	1.40	1.80	2.10	2.50	2.90	3.20	3.60
9	25 t 轴重通用敞车	0.90	1.30	1.60	2.00	2.40	2.70	3.10	3.50
10	70 t 级通用敞车	0.69	1.03	1.37	1.71	2.05	2.38	2.72	3.06
11	80 t 不锈钢运煤敞车	0.68	0.96	1.23	1.51	1.78	2.06	2.33	2.61
12	75 t 矿料钢材专用车	0.94	1.15	1.35	1.55	1.76	1.96	2.16	2.37
13	C_{80B}不锈钢运煤敞车	0.84	0.96	1.08	1.20	1.32	1.44	1.56	1.68
14	平均值	1.11	1.41	1.76	2.11	2.47	2.82	3.17	3.53
15	标准差	0.54	0.54	0.54	0.66	0.84	1.06	1.29	1.53

注:表中序号 4 的数据为三辆车冲击一辆车的统计数据。其余数据都是单辆车冲击单辆车的结果。

表 5.3 总重 100 t 敞车冲击试验缓冲器位移统计值(mm)

(MT-2 型或 MARK 50 型缓冲器,冲击车与被冲击车总重均为 100 t)

序号	冲击速度(km/h)	3	4	5	6	7	8	9	10
1	25 t 轴重运煤敞车	8.1	22.0	35.8	49.7	63.6	77.5	91.4	105.3

续上表

序号	冲击速度(km/h)	3	4	5	6	7	8	9	10
2	25 t 轴重铝合金敞车	9.0	21.2	33.3	45.5	57.6	69.8	81.9	94.1
3	25 t 轴重铝合金敞车	13.5	24.1	34.7	45.4	56.0	66.6	77.3	87.9
4	25 t 轴重铝合金敞车	17.3	28.2	39.1	50.0	60.9	71.7	82.6	93.5
5	25 t 轴重铝合金敞车	21.9	30.7	39.6	48.4	57.3	66.2	75.0	83.9
6	25 t 轴重全钢敞车	15.5	18.0	30.5	43.0	55.4	67.9	80.4	92.9
7	载重 80 t 运煤敞车	9.2	20.1	31.0	41.9	52.8	63.7	74.6	85.5
8	载重 80 t 运煤敞车	13.7	16.4	27.0	38.6	50.3	61.9	73.5	85.2
9	25 t 轴重通用敞车	14.6	26.1	37.7	49.2	60.7	72.3	83.8	95.4
10	70 t 级通用敞车	14.7	23.5	32.3	41.1	49.9	58.7	67.5	76.3
11	80 t 不锈钢运煤敞车	24.0	30.3	36.5	42.7	48.9	55.2	61.4	67.6
12	75 t 矿料钢材专用车	14.9	24.3	33.8	43.2	52.7	62.2	71.6	81.1
13	C_{80B}不锈钢运煤敞车	11.3	20.4	29.5	38.7	47.8	56.9	66.0	75.1
14	平均值	14.4	23.5	33.9	44.4	54.9	65.4	75.9	86.4
15	标准差	4.70	4.45	3.82	3.98	5.01	6.51	8.22	10.05

注:表中序号 4 的数据为三辆车冲击一辆车的统计数据。其余数据都是单辆车击单辆车的结果。

表 5.4 罐车冲击试验车钩力统计值(kN)

序号	冲击速度(km/h)	3	4	5	6	7	8	9	10	冲击车总重(t)	被冲击车总重(t)
1	保温罐车	581	665	749	834	918	1 002	1 087	1 171	82	84
2	黄磷罐式集装箱车	443	622	801	980	1 159	1 338	1 517	1 696	82	65
3	70 t 级轻油罐车	661	806	951	1 097	1 242	1 387	1 532	1 677	100	100
4	70 t 级黏油罐车	606	741	875	1 010	1 144	1 279	1 413	1 547	100	100
5	70 t 级氧化铝粉罐车	400	619	838	1 057	1 275	1 494	1 713	1 932	100	100
6	70 t 级浓硫酸罐车	797	903	1 009	1 114	1 220	1 325	1 431	1 537	93	63
7	70 t 级散装水泥罐车	725	843	960	1 078	1 195	1 312	1 430	1 547	100	94
8	23 t 轴重二甲苯罐车	254	451	649	847	1 044	1 242	1 440	1 637	100	92
9	70 t 级煤焦油罐车	193	343	493	643	793	943	1 093	1 243	100	80
10	70 t 级醇类罐车	611	748	884	1 020	1 156	1 292	1 428	1 565	94	94
11	23 t 轴重精细化工罐车	254	558	861	1 164	1 468	1 771	2 075	2 378	94	90
12	70 t 级黄磷罐车	576	746	917	1 088	1 258	1 429	1 600	1 770	100	76
13	平均值	508	670	832	994	1 156	1 318	1 480	1 642		
14	标准差	197	163	145	149	175	214	260	311		

注:1. 表中序号 1 的冲击车与被冲击车、序号 2 的冲击车都装用 MT-3 型缓冲器。序号 12 的被冲击车装用 HN-1 型缓冲器。其余装用 MT-2 型缓冲器。

2. 表中序号 1 的冲击车为 G_{70}型罐车,其余都是 C_{70}型敞车。

表 5.5 罐车冲击试验加速度统计值(g)

序号	冲击速度(km/h)	3	4	5	6	7	8	9	10	冲击车总重(t)	被冲击车总重(t)
1	保温罐车	0.82	0.91	1.00	1.09	1.19	1.28	1.37	1.46	82	84
2	黄磷罐式集装箱车	1.34	1.55	1.77	1.99	2.21	2.42	2.64	2.86	82	65
3	70 t级轻油罐车	0.94	1.15	1.35	1.55	1.76	1.96	2.16	2.37	100	100
4	70 t级黏油罐车	0.53	0.66	0.78	0.91	1.04	1.16	1.29	1.42	100	100
5	70 t级氧化铝粉罐车	0.53	0.77	1.02	1.26	1.50	1.75	1.99	2.24	100	100
6	70 t级浓硫酸罐车	0.90	0.95	1.00	1.05	1.10	1.15	1.21	1.26	93	63
7	70 t级散装水泥罐车	1.49	1.59	1.68	1.78	1.87	1.97	2.06	2.16	100	94
8	23 t轴重二甲苯罐车	1.80	2.02	2.24	2.46	2.68	2.90	3.12	3.34	100	92
9	70 t级煤焦油罐车	1.36	1.67	1.98	2.29	2.60	2.91	3.22	3.53	100	80
10	70 t级醇类罐车	0.72	0.85	0.98	1.11	1.24	1.37	1.49	1.62	94	94
11	23 t轴重精细化工罐车	0.8	0.49	0.90	1.31	1.72	2.13	2.54	2.95	94	90
12	70 t级黄磷罐车	1.20	1.33	1.47	1.61	1.74	1.88	2.02	2.15	100	76
13	平均值	1.04	1.39	1.62	1.84	2.07	2.29	2.51	2.74		
14	标准差	0.40	0.47	0.48	0.51	0.55	0.61	0.68	0.76		

注:1. 表中序号 1 的冲击车与被冲击车、序号 2 的冲击车都装用 MT-3 型缓冲器。序号 12 的被冲击车装用 HN-1 型缓冲器。其余装用 MT-2 型缓冲器。

2. 表中序号 1 的冲击车为 G_{70} 型罐车,其余都是 C_{70} 型敞车。

表 5.6 罐车冲击试验缓冲器位移统计值(mm)

序号	速度(km/h)	3	4	5	6	7	8	9	10	冲击车总重(t)	被冲击车总重(t)
1	保温罐车	5.9	16.2	26.4	36.7	47.0	57.2	67.5	77.8	82	84
2	黄磷罐式集装箱	13.2	21.4	29.5	37.6	45.8	53.9	62.0	70.2	82	65
3	70 t级轻油罐车	14.9	24.3	33.8	43.2	52.7	62.2	71.6	81.1	100	100
4	70 t级黏油罐车	13.2	21.2	29.3	37.3	45.3	53.4	61.4	69.5	100	100
5	70 t级氧化铝粉罐车	20.7	30.0	39.3	48.6	57.9	67.2	76.5	—	100	100
6	70 t级浓硫酸罐车	19.1	29.5	39.8	50.1	60.4	70.8	81.8	—	93	63
7	70 t级散装水泥罐车	14.5	23.4	32.4	41.3	50.3	59.2	68.2	77.2	100	94
8	23 t轴重二甲苯罐车	14.6	25.6	36.6	47.5	58.5	69.5	80.5	—	100	92
9	70 t级煤焦油罐车	14.8	27.1	39.5	51.8	64.1	76.5	88.8	—	100	80
10	70 t级醇类罐车	7.2	17.2	27.2	37.3	47.3	57.3	67.3	77.3	94	94
11	23 t轴重精细化工罐车	39.1	48.8	58.5	68.2	77.9	87.6	97.3	—	94	90
12	70 t级黄磷罐车	21.1	27.6	34.0	40.5	46.9	53.3	59.8	66.2	100	76
13	平均值	19.8	31.2	42.6	54.0	65.4	76.8	88.3	—		
14	标准差	8.47	8.42	8.63	9.09	9.77	10.64	11.68	—		

注:1. 表中序号 1 的冲击车与被冲击车、序号 2 的冲击车装用 MT-3 型缓冲器。序号 12 的被冲击车装用 HN-1 型缓冲器。其余装用 MT-2 型缓冲器。

2. 表中序号 1 的冲击车为 G_{70} 型罐车,其余都是 C_{70} 型敞车。

3. 对应 10 km/h 冲击速度结果中划"/"为超过缓冲器额定行程,统计结果无意义。

表5.1～表5.6中，针对各速度级计算了平均值，该平均值可以反映对应冲击速度条件下，车辆冲击过程中的最大车钩力、加速度、缓冲器位移的统计平均值，同时还计算了同速度级的标准差，以反映试验结果平均值的离散程度。标准差是方差的算术平方根，在对测试结果分布程度进行概率统计时经常会被用到，能够反映数据的离散程度。标准差越大，代表大部分的数值与其平均值之间差异较大；反之则代表这些数值较接近平均值。

从表5.1和表5.4中可以看出，冲击过程中冲击速度越大，车钩力越大，车钩力标准差越大。各冲击速度下，车钩力标准差在车钩力平均值的15%～25%之间，大多数在20%左右，而在车钩力的正态分布中，距车钩力平均值一个标准差范围内的车钩力占所有数值的68.26%。与敞车相比，在同样的冲击速度下，罐车的车钩力明显小，主要原因是受罐车罐体总容积的影响，以往试验中也发现，如果罐体内部水未装满，车钩力也比敞车的小。

从表5.2和表5.5中可以看出，冲击过程中冲击速度越大，加速度越大，加速度标准差越大。各冲击速度下，加速度标准差在加速度平均值的27%～48%之间，敞车大多数在40%左右，罐车大多数在28%左右，比例要高于车钩力。与敞车相比，在同样的冲击速度下，罐车的加速度也小。

从表5.3和表5.6中可以看出，冲击过程中冲击速度越大，缓冲器位移越大，缓冲器位移标准差越大。各冲击速度下，缓冲器位移标准差在位移平均值的9%～51%之间，敞车大多数在10%左右，罐车大多数在20%左右，比例要低于车钩力。与敞车相比，在同样的冲击速度下，罐车的缓冲器位移要大。

冲击试验过程中，车钩力、加速度以及缓冲器位移均随着冲击速度的增大而增大，同时标准差也增大，即数据的离散程度加大；标准差与平均值的比值越大，在相同平均值时的离散程度越大。

5.2 冲击试验结果影响因素

从表5.1～表5.6可以看出，在不同冲击速度下，装用不同型式缓冲器、不同车辆质量、编组数量情况下，获得的车钩力、冲击加速度以及缓冲器位移等试验结果具有较大差异性和离散性。下面根据试验结果，对冲击速度、被冲击车质量、编组数量、缓冲器形式以及车辆实施制动等影响因素进行分析。

5.2.1 冲击速度的影响

冲击速度是冲击车与被冲击车发生冲击前的瞬时速度。对于给定的冲击车，冲击速度的数值决定了其动量和动能，它是冲击试验的直接输入条件。从试验数据可以看出，冲击速度增大，车钩力、缓冲器位移以及加速度等测试结果也越大，但冲击速度与车钩力、缓冲器位移以及加速度的关系是非线性的。

采用C_{70E}型通用敞车要就冲击速度影响的冲击试验条件见表5.7所示。

表 5.7 C_{70E}型通用敞车冲击试验条件

试验序号		1
试验时间		2011.5.10
试验地点		齐齐哈尔
冲击速度获取方式		冲击试验线
冲击车情况	车型	C_{80}型敞车
	总重(t)	94,装载散煤
	装用缓冲器	MT-2 型
被冲击车情况	车型	C_{70E}型敞车
	总重(t)	94,装载散煤
	装用缓冲器	HM-1 型

通过对表 5.7 条件下的冲击试验数据进行回归拟合处理,使得拟合的数据与实际数据之间误差的平方和最小。得到车钩力、缓冲器位移以及加速度与冲击速度关系如图 5.1～图 5.3 所示。图中列出了各试验数据的拟合方程,R 为回归系数,其值越接近于 1,拟合程度越好,拟合的数据与实际数据的误差越小。

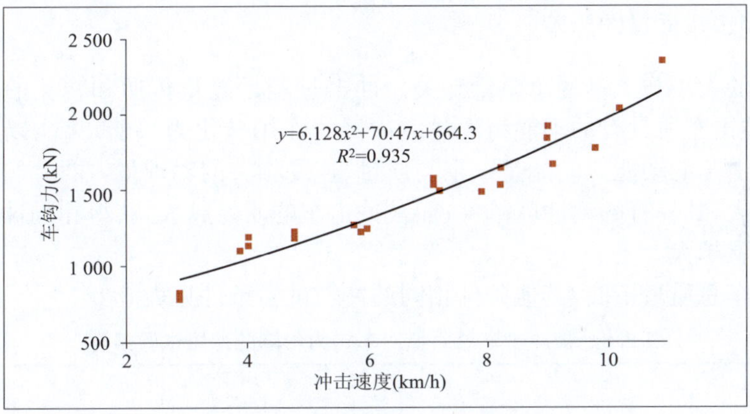

图 5.1 冲击速度与车钩力关系

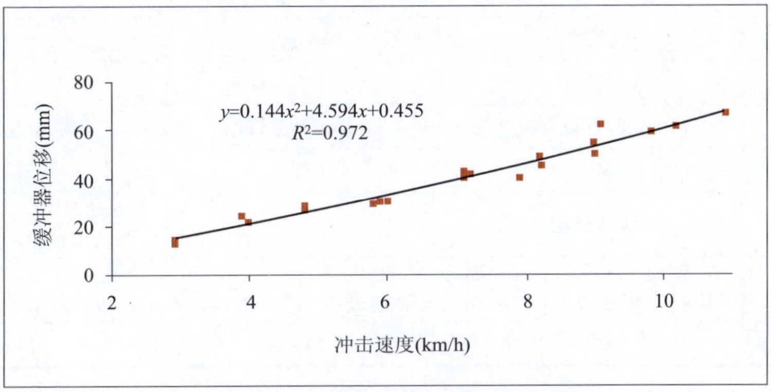

图 5.2 冲击速度与缓冲器位移的关系

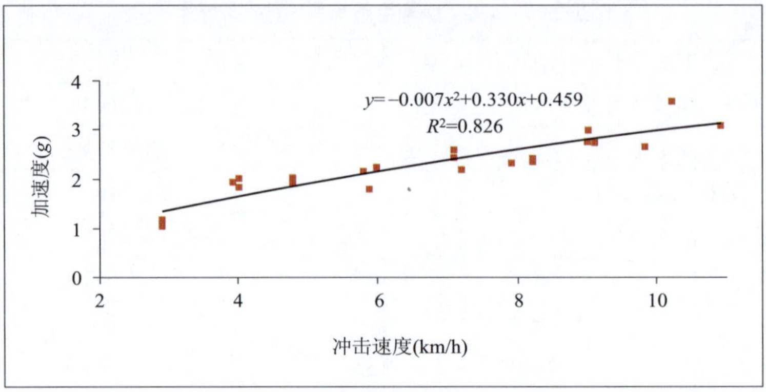

图 5.3　冲击速度与加速度的关系

从图 5.1～图 5.3 可以看出，车钩力、缓冲器位移以及加速度均随着冲击速度的增大而增大，在各冲击速度下，试验值均在拟合曲线上下波动。以二次多项式的型式对试验数据进行回归拟合处理，车钩力、缓冲器位移以及加速度的相关系数 R 的平方值分别为 0.935、0.972 和 0.826，相关系数分别为 0.967、0.986 和 0.909，与 1 较为接近，即拟合的数据与试验数据具有最小的误差。

5.2.2　被冲击车质量的影响

冲击力的大小与车辆的总质量有关。冲击过程是能量传递和转化的过程。在冲击过程中，冲击车所具有的动能将通过缓冲器的作用转化为热能、势能以及冲击后冲击车和被冲击车的动能。动能是一个与质量、速度相关的物理量，在相同速度下，冲击车的质量越大，其具有的动能就越大；而被冲击车的质量越大，获得相同冲击后的速度所需的动能就越大。

被冲击车总质量不同，其他条件相同的冲击试验条件见表 5.8。

表 5.8　被冲击车总质量对车钩力影响的冲击试验条件

<table>
<tr><td colspan="2">试验序号</td><td colspan="3">2</td><td colspan="2">3</td><td colspan="2">4</td></tr>
<tr><td colspan="2">试验时间</td><td colspan="3">2006 年 4 月 23 日</td><td colspan="2">2011 年 6 月 25 日</td><td colspan="2">2009 年 8 月 30 日</td></tr>
<tr><td colspan="2">试验地点</td><td colspan="3">青岛</td><td colspan="2">齐齐哈尔</td><td colspan="2">齐齐哈尔</td></tr>
<tr><td colspan="2">速度获取方式</td><td colspan="3">机车推送</td><td colspan="2">机车推送</td><td colspan="2">冲击试验线</td></tr>
<tr><td rowspan="3">冲击车</td><td>车型</td><td colspan="3">K_{M70}型漏斗车</td><td colspan="2">C_{80}</td><td colspan="2">C_{80}，双车</td></tr>
<tr><td>总重(t)</td><td colspan="3">93.6，装载散煤</td><td colspan="2">100，装散煤</td><td colspan="2">每辆 100，装载散煤</td></tr>
<tr><td>缓冲器</td><td colspan="3">MT-2</td><td colspan="2">MT-2</td><td colspan="2">MT-2</td></tr>
<tr><td rowspan="3">被冲击车</td><td>车型</td><td colspan="3">70t 级浓硫酸罐车</td><td colspan="2">C_{80}</td><td colspan="2">6 轴双层集装箱车组(两车一组，牵引杆连接)</td></tr>
<tr><td>总重(t)</td><td>62，装满水</td><td>58.9，装水 92%</td><td>54.2，装水 80%</td><td>100，满载散煤</td><td>20，空车</td><td>135.75(满载)/每车</td><td>31.75(空载)/每车</td></tr>
<tr><td>缓冲器类型</td><td colspan="3">MT-2</td><td colspan="2">MT-2</td><td colspan="2">MT-2</td></tr>
</table>

通过对表 5.8 条件下的冲击试验数据进行回归拟合处理，得到不同质量的被冲击

车车钩力与冲击速度的关系，如图 5.4～图 5.6 所示。

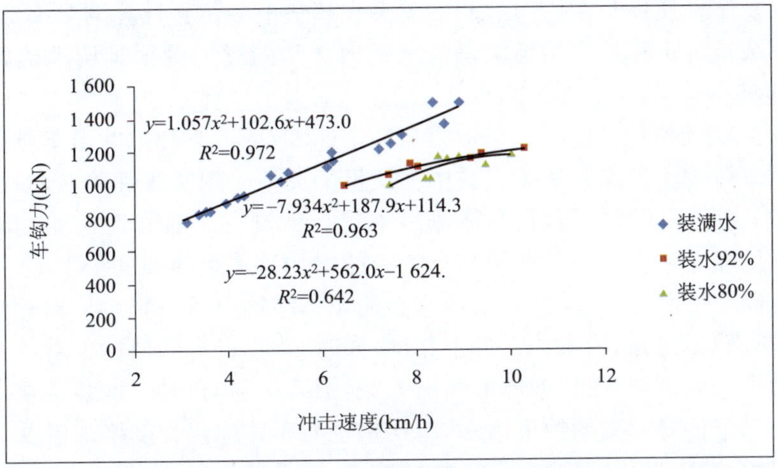

图 5.4　70 t 级浓硫酸罐车在装载不同容积水的情况下车钩力比较

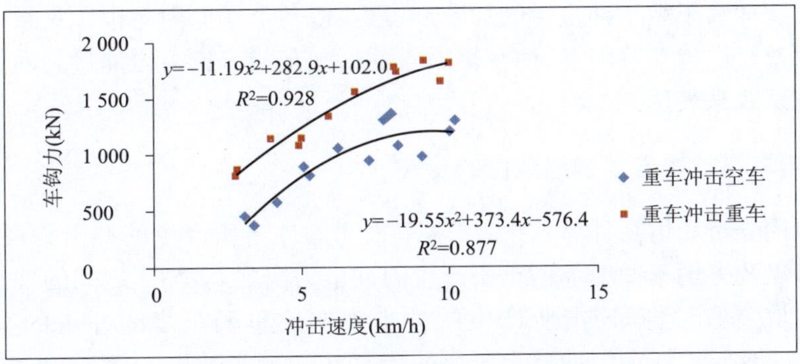

图 5.5　C_{80} 型敞车重车冲击重车以及重车冲击空车时车钩力比较

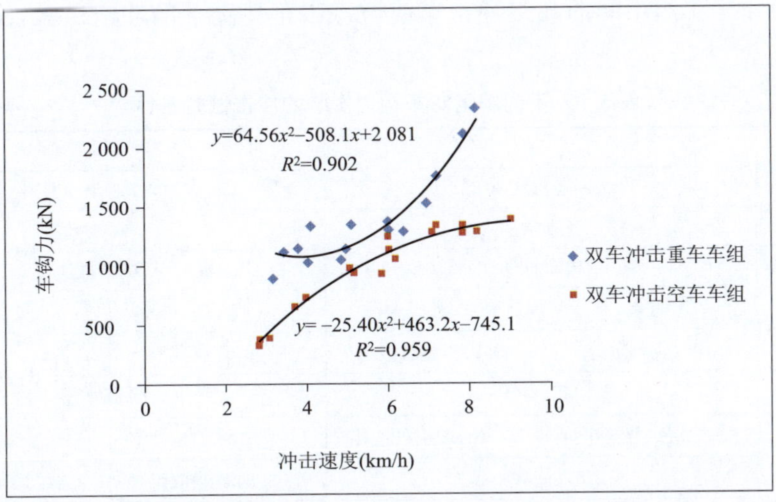

图 5.6　6 轴双层集装箱平车车组在冲击重车和空车时的车钩力比较

从图 5.4～图 5.6 可以明显看出，在其他条件都相同时，被冲击车的总质量越大，车钩力越大。车辆质量与车钩力之间的关系在趋势上与仿真计算结果一致。

冲击车或被冲击车的质量增加量与车钩力之间的增加量很难用准确的关系来表达，主要原因是：

在理论上，车辆冲击过程中，车钩力与冲击速度、冲击车和被冲击车质量以及包括钩缓装置的车体刚度等因素相关。其中与质量的关系呈现非线性关系，而且由于缓冲器的影响，当装用不同缓冲器时，车体刚度本身也就具有了非线性特性。这些非线性因素增大了描述车辆质量的增加量与车钩力的增加量关系的难度。

对于不同车型而言，试验过程中各车型的车体结构以及所装载货物的介质有所不同，造成了车辆对货物的约束关系各不相同；同时，货物自身的特性也对冲击过程产生的车钩力大小造成影响，比如液体的黏滞系数，散装货物与车体、散装货物自身的摩擦系数等等。当车辆对货物的约束增多，所运货物与车体连接程度增加以及货物的流动性减弱，即参与冲击过程的有效质量增加时，车钩力增加的现象就越明显。因此，罐车、集装箱平车在冲击试验过程中所表现出的车钩力基本小于敞车冲击时的车钩力，而冲击加速度却大于敞车冲击时的加速度，这些都与上述原因有很大关系。为此车体结构特性以及介质特性等因素，使车辆质量的增加量与车钩力增加量之间的关系难以用统一的关系式来表达。

5.2.3 冲击车与被冲击车编组数量的影响

根据理论分析和仿真计算结果，单辆车之间的冲击所产生的冲击力最小，单辆车冲击多辆车以及多辆车冲击单辆车所产生的冲击力次之，多辆车之间的冲击所产生的冲击力最大，多辆车之间冲击所产生的冲击力要比单辆车之间冲击的车钩力约大 3%。根据试验结果看，在缓冲器未压死的情况下，3 辆车冲击一辆车时的车钩力要比单辆车冲击时的车钩力大 9%～20%左右。

以下列举了编组不同的几组冲击车或被冲击车情况下的冲击试验，编组情况见表 5.9。

表 5.9 不同编组对车钩力影响的冲击试验条件

<table>
<tr><td colspan="2">试验序号</td><td colspan="2">5</td><td colspan="2">6</td></tr>
<tr><td colspan="2">试验时间</td><td colspan="2">2009 年 8 月 30 日</td><td colspan="2">2009 年 1 月</td></tr>
<tr><td colspan="2">试验地点</td><td colspan="2">齐齐哈尔</td><td colspan="2">齐齐哈尔</td></tr>
<tr><td colspan="2">速度获取方式</td><td colspan="2">机车推送</td><td colspan="2">机车推送</td></tr>
<tr><td rowspan="3">冲击车</td><td>车型</td><td>1 辆 C_{80}</td><td>2 辆 C_{80}</td><td>1 辆 C_{70}</td><td>6 辆 C_{70}</td></tr>
<tr><td>总重(t)</td><td>100，装载散煤</td><td>各 100，装载散煤</td><td>93.8，装载散煤</td><td>各 93.8，装载散煤</td></tr>
<tr><td>缓冲器</td><td colspan="2">MT-2 型</td><td colspan="2">MT-2 型</td></tr>
<tr><td rowspan="3">被冲击车</td><td>车型</td><td colspan="2">6 轴双层集装箱车组(两车一组，牵引杆连接)</td><td>1 辆 C_{70}</td><td>6 辆 C_{70}</td></tr>
<tr><td>总重(t)</td><td colspan="2">135.75，(满载)/每车</td><td>93.8，装载散煤</td><td>各 93.8，装载散煤</td></tr>
<tr><td>缓冲器</td><td colspan="2">MT-2 型</td><td colspan="2">MT-2 型</td></tr>
</table>

续上表

试验序号		7		8	
试验时间		2009 年 4 月		2011 年 5 月	
试验地点		太原		齐齐哈尔	
速度获取方式		机车推送		机车推送	
冲击车	车型	1 辆 KM_{70}	5 辆 C_{64}+1 辆 KM_{70}	1 辆 C_{80}	3 辆 C_{80}
	总重(t)	93.8	5×84+93.8	各 100,装散煤	
	缓冲器	MT-2 型		MT-2 型	
被冲击车	车型	1 辆 C_{70}	1 辆 C_{70}+5 辆 C_{64}	1 辆 C_{80}	3 辆 C_{80}
	总重(t)	93.8	93.8+5×84	各 100,装散煤	
	缓冲器	MT-2 型		MT-2 型	

在表 5.9 所列的冲击试验条件下,对各种不同编组情况冲击试验数据进行回归处理,得到其车钩力与冲击速度的关系,如图 5.7～图 5.9 所示。

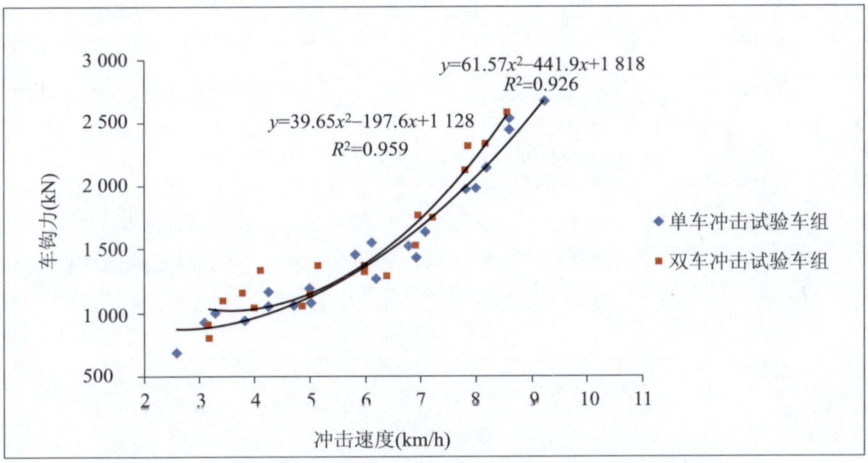

图 5.7 单车、双车冲击 6 轴双层集装箱车组试验时车钩力

从图 5.7～图 5.9 可以看出,在车辆编组不同、相同冲击速度条件下,多车冲击时的车钩力要略大于单车冲击的车钩力,这与仿真计算情况相符。

从 3.4.3.4 的仿真计算结果看,单辆车之间冲击产生的冲击力最小,单辆车冲击多辆车或多辆车冲击单辆车,产生的冲击力次之;多辆车之间冲击,产生的冲击力最大,而且单辆车冲击多辆车或多辆车冲击单辆车时,冲击力的大小相同。

多辆车冲击时的车钩力比单辆车冲击时的车钩力大的原因在于:车辆冲击过程中,参与冲击的车辆之间发生了相对位移,同时相对速度也发生了改变。对于单辆车之间的冲击,参与冲击的车辆只是一辆冲击车和被冲击车,在冲击方向没有其他纵向约束,因而相对位移与相对速度的改变仅仅是两辆单车;而多辆车之间冲击,除了直接发生冲击的冲击车和被冲击车之间的相对位移和相对速度发生改变外,由于与冲击车

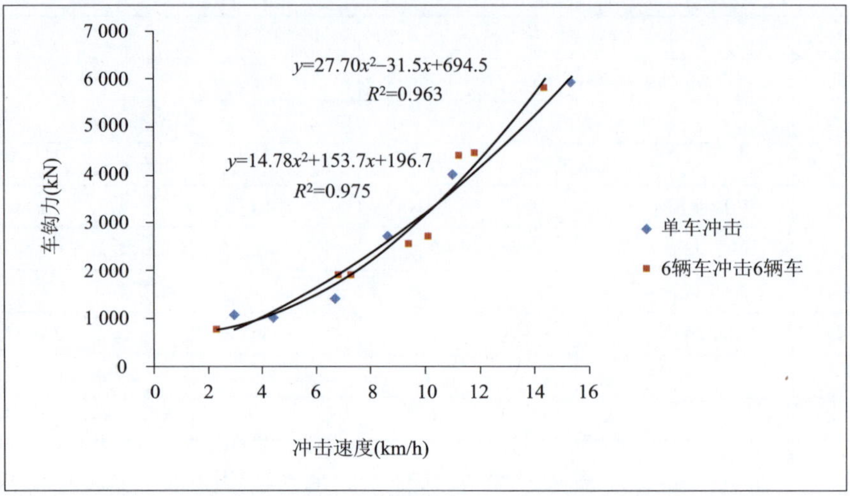

图 5.8　单车、多车冲击时 C_{70} 型敞车的车钩力

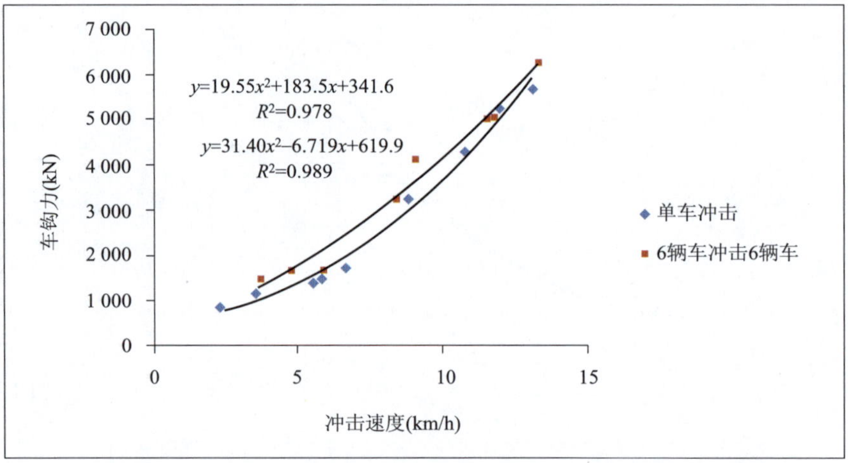

图 5.9　单车、多车冲击时 KM_{70} 型漏斗车的车钩力

和被冲击车相邻的车辆为了保持其原有运动状态，这些相邻车辆相对于冲击车或被冲击车也发生了相对位移和相对速度的改变，这时相邻车辆的缓冲器也将提供阻抗力，这可视为冲击车或被冲击车在多车冲击时的纵向刚度增加了。从车辆冲击的理论解析式中可以看出，刚度增加，冲击力也随之增加，而且这种增加是非线性的。因此，多辆车冲击时的冲击力比单辆车冲击时的冲击力大。

图 5.10 为表 5.9 所列的 3 辆 C_{80} 型敞车冲击 3 辆 C_{80} 型敞车试验时，在 4 km/h 冲击速度下，冲击端车钩力以及与被冲击车相邻车辆的车钩力在同一时刻的时域波形。

从图 5.11 可以看出，在车辆冲击过程中，由于受车辆间缓冲器的影响，车钩力的峰值是沿着远离冲击端的方向逐渐衰减传递的。冲击端的车钩力在冲击发生后 0.066 s 达到最大值，此时与被冲击车相邻车辆处的车钩力为冲击端车钩力的 16%左

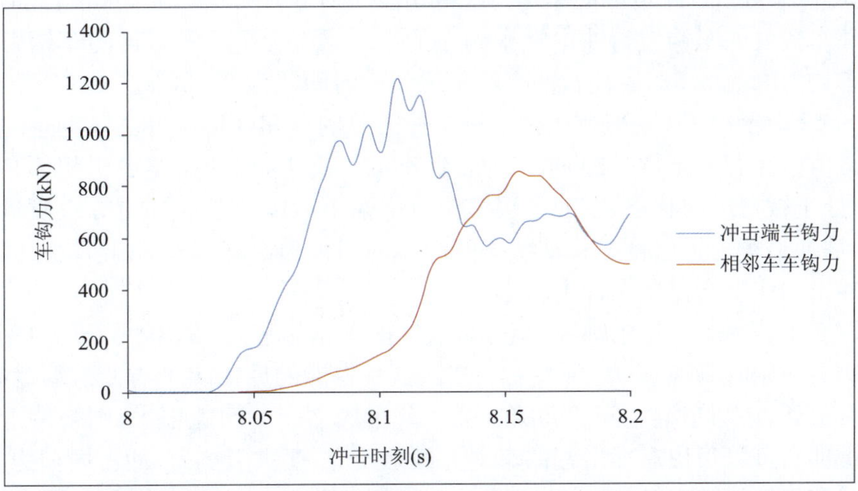

图 5.10　3 辆 C_{80} 型敞车冲击 3 辆 C_{80} 型敞车同一时刻冲击端车钩力与相邻车辆车钩力比较

右，而相邻车辆的车钩力峰值为冲击端车钩力峰值的 69%左右，两个峰值之间的时间差为 0.056 s。由此可以认为，随着冲击车或被冲击车编组数量的增加，编组数量对冲击端车钩力的影响会减小。

从 3.4.3.4 的仿真计算的结果来看，当被冲击车或冲击车编组的数量达到或超过 3 辆以后，再增加车辆数量对冲击端冲击力的影响可以忽略不计，同时也可以看出，多辆车之间的冲击和单辆车之间的冲击所产生的冲击力的差别并不很大。

在表 5.9 所列的 2 辆 C_{80} 型敞车冲击 6 轴双层集装箱车组时的冲击端车钩力与相邻车辆车钩力也具有类似的情况，其冲击速度为 5 km/h 时的车钩力如图 5.11 所示。

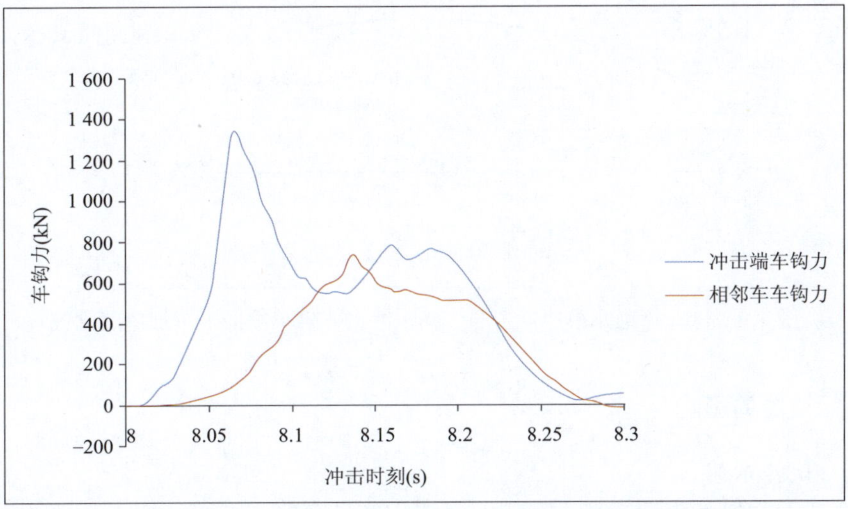

图 5.11　2 辆 C_{80} 型敞车冲击 6 轴双层集装箱车组同一时刻冲击端车钩力与相邻车辆车钩力比较

从图 5.11 中可以看出，在 2 辆 C_{80} 型敞车冲击 6 轴双层集装箱车组试验中，当冲击速度为 5 km/h 时，冲击端的车钩力在冲击发生后 0.071 s 达到最大值，此时与被冲击车相邻车辆处的车钩力为冲击端车钩力的 12%左右，而相邻车辆的车钩力峰值为冲击端车钩力峰值的 52%左右，两个峰值之间的时间差为 0.055 s。

图 5.12 中示出了 C_{80} 型敞车在单辆车冲击单辆车和 3 辆车冲击 3 辆车时的加速度比较。值得注意的是，在被冲击车为多辆车的情况下，被冲击车由于相邻车辆的影响，实际处于被挤压的状态，在冲击端车钩力增幅不大以及参与冲击有效质量相同的情况下，被冲击车为了保持原运动状态而产生的惯性力会比单车冲击时小，因此被冲击车的冲击加速度会比单车冲击时小。

从图 5.10 和图 5.11 中都可以看出，被冲击车相邻车辆的车钩力开始时刻均比冲击端车钩力开始时刻晚 0.013 s 左右。造成这一迟滞的原因除了与冲击端缓冲器、车体刚度有关外，还与车辆之间的间隙有关。若车辆之间的间隙很小，则被冲击车非冲击端的缓冲器可以很快对冲击端的车钩力做出反应，提供阻抗力，冲击端车钩力增大；若车辆间存在的间隙变大，被冲击车非冲击端缓冲器必须“空走”一段时间，将间隙消除后发挥作用，冲击加速度将会增大。根据 3.4.3.5 节仿真计算的结果，车辆间的间隙增大后，车钩力的变化不明显，而冲击加速度显著增大；当车辆间间隙最小时，车钩力最大，加速度最小，当车辆间间隙最大时，车钩力最小，加速度最大。

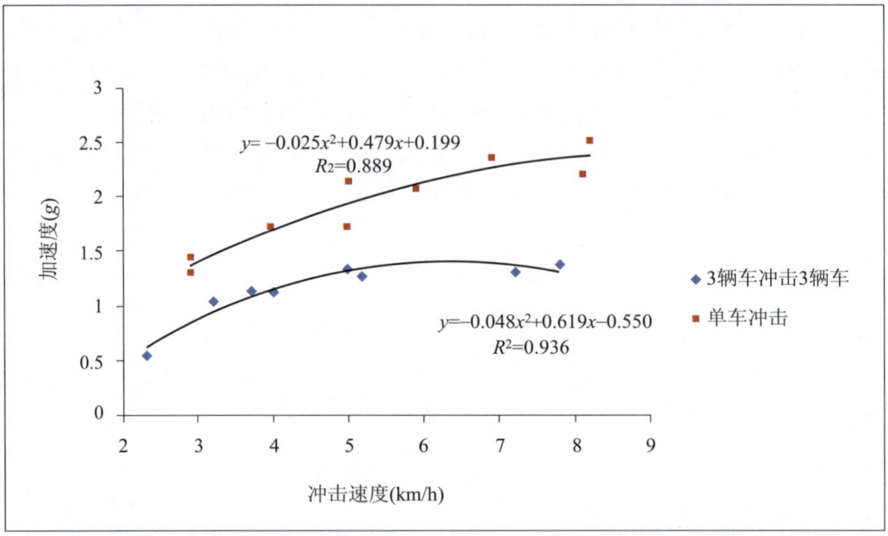

图 5.12　C_{80} 型敞车单车冲击与 3 辆车冲击 3 辆车被冲击车加速度比较

5.2.4　缓冲器的影响

5.2.4.1　试验示例

缓冲器在车辆冲击过程中起缓和冲击作用力，同时吸收冲击能量的作用，是影响车辆冲击过程的重要因素之一。缓冲器对车辆冲击过程中车钩力的影响在前面的仿真计算和冲击试验结果中均得到了验证。下面研究不同缓冲器对车辆冲击过程的影响，试验条件见表 5.10。

表 5.10　不同缓冲器冲击试验条件

试验序号		9		
试验时间		2005.10		
试验地点		南车二七车辆有限公司		
速度获取方式		冲击试验线		
冲击车情况	车型	冲击专用车		
	总重(t)	93，散装沙石		
	缓冲器	液气	刚性体	MT-2
被冲击车情况	车型	C_{76}		
	总重(t)	93，散装沙石		
	缓冲器	液气	液气	MT-2

将其他试验条件相同，而装用不同缓冲器时的冲击速度与车钩力、加速度以及缓冲器位移的关系拟合图线如图 5.13～图 5.15 所示。

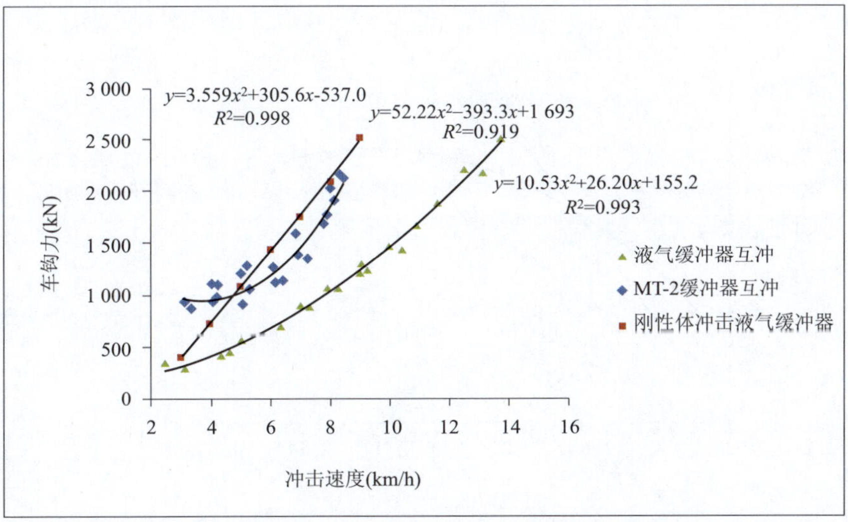

图 5.13　装用液气缓冲器、MT-2 型缓冲器车钩力对比

从图 5.13 中可以明显看出，无论是装用液气缓冲器还是 MT-2 型缓冲器，车钩力的试验结果均具有一定的离散性，而且摩擦型的 MT-2 型缓冲器对应的试验结果离散性要比液气缓冲器更大一些；在各冲击速度下，装用液气缓冲器的车钩力比装用 MT-2 缓冲器的车钩力明显要小。从图 5.14 和图 5.15 可以看出，装用不同缓冲器时，其缓冲器的位移和加速度也表现出了明显的差异；由图 5.13 和图 5.14 可见，采用刚性体冲击液气缓冲器时，车钩力及加速度均比液气缓冲器冲击液气缓冲器时要大，在 5 km/h 冲击速度之后的更高冲击速度下，两者的关系基本在 1.5～2 倍之间，且线性

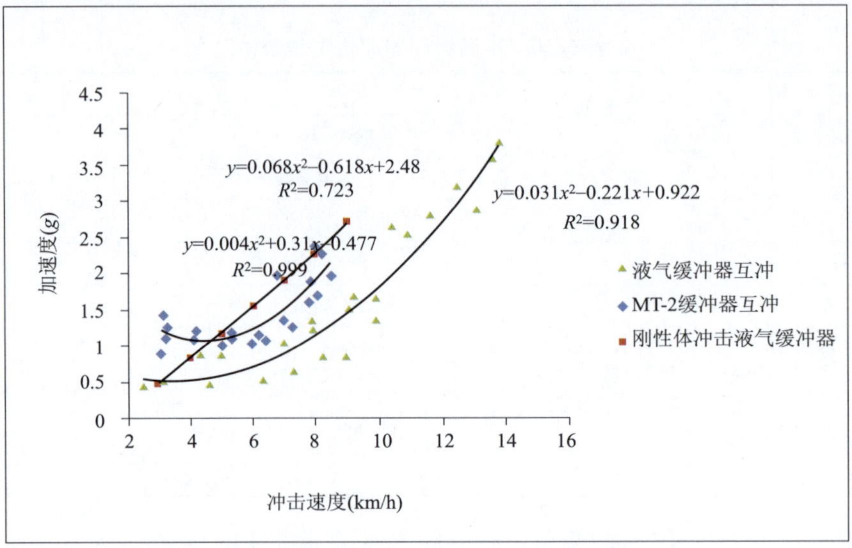

图 5.14　装用液气缓冲器、MT-2 型缓冲器加速度对比

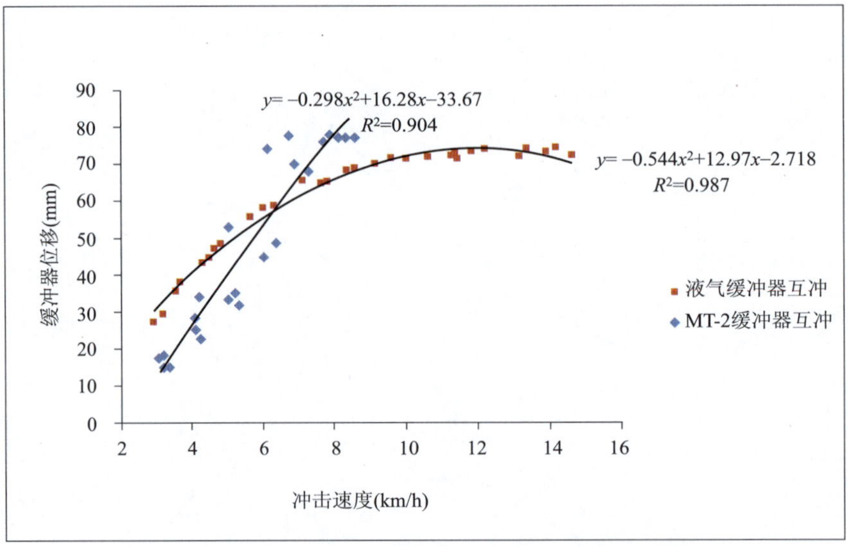

图 5.15　装用液气缓冲器、MT-2 型缓冲器时的位移对比

关系更为直观。这是由于采用纵向刚度非常大的刚性体代替缓冲器，造成了冲击过程中只有被冲击车的被冲击端装用的液气缓冲器起到吸能作用，而冲击过程中应该是两个缓冲器串联使用的，当其中一个由于失效等原因无法发挥作用，导致其刚度猛然增大。根据理论分析，一个缓冲器失效后的冲击，其车钩力将会是正常冲击时的 1～2 倍。

5.2.4.2　缓冲器动态特性对冲击过程的影响

缓冲器动态特性是指缓冲器在冲击过程中所表现出的阻抗力、位移等参数的动态变化性能。不同类型的缓冲器在特定冲击速度下所表现出的动态特性有着较大区别。

通常通过缓冲器的位移与阻抗力的关系图来描述缓冲器的动态特性，既表达了缓冲器在不同位移情况下吸收能量的情况，同时也包含了缓冲器在不同位移时的刚度信息。

图 5.16 是在车辆冲击试验中获得的 MT-2 型缓冲器和液气缓冲器的阻抗力和位移关系的动态特性曲线比较图。

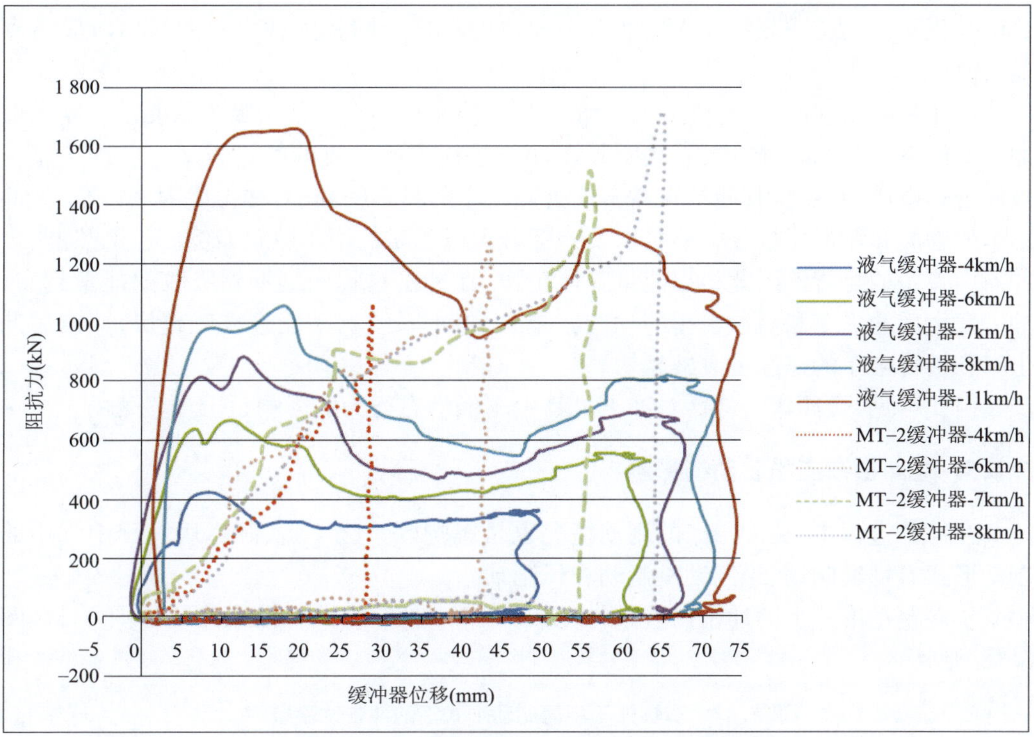

图 5.16 MT-2 型 、液气缓冲器特性曲线比较图

从图 5.16 上可以明显看出，MT-2 型缓冲器和液气缓冲器在冲击试验中所表现出的动态特性具有以下共同点：

(1)冲击速度越高，缓冲器阻抗力、位移越大。

(2)缓冲器阻抗力与缓冲器位移之间表现为非线性关系，即缓冲器的刚度呈现非线性。

(3)各冲击速度下的特性曲线外形相似，加载过程刚开始时均要经过一段刚度相同的路径，但整个加载过程不具有完全相同路径。

(4)加载过程和卸载过程之间的阻抗力变化剧烈，几乎都是在缓冲器位移变化不大的时候就完成加载和卸载的转换。

同时，从图 5.16 上也能发现 MT-2 型缓冲器和液气缓冲器动态特性曲线的不同点：

(1)相同冲击速度下，液气缓冲器阻抗力比 MT-2 缓冲器阻抗力要低 30% 到 50%。

(2)液气缓冲器的特性曲线外形要比 MT-2 缓冲器的特性曲线明显饱满。

(3)在冲击速度为 8 km/h 以下,液气缓冲器的位移要大于 MT-2 型缓冲器,但随着冲击速度的加大,液气缓冲器位移的变化开始变小,即使在高速冲击时,其位移也不会有明显的增长。

(4)各冲击速度下,液气缓冲器的阻抗力在加载过程的初始阶段即可达到最大值,之后变化缓慢,直至卸载,而 MT-2 型缓冲器的阻抗力则在加载过程的最后阶段达到最大值。

从能量的角度而言,特性曲线能够表示缓冲器在冲击过程中吸收的能量。同样的冲击条件下,特性曲线越饱满,表明其在冲击过程中所吸收的能量越多。由冲击车与被冲击车组成的系统,其能量在冲击前为冲击车所具有的动能,冲击后为冲击车、被冲击车的动能和缓冲器吸收的能量以及一部分可以忽略的由于轮轨摩擦产生的热能、缓冲器内弹簧的势能。因此根据能量守恒定律,在冲击过程中缓冲器吸收的能量越多,冲击发生后冲击车和被冲击车的动能就越少,整个系统的动能衰减就越快,冲击后冲击车和被冲击车的速度也衰减越快。

由此可见,缓冲器的特性对冲击过程中车辆动态行为的影响是十分显著的。

5.2.5 被冲击车实施制动的影响

在冲击过程中,被冲击车的制动情况也是影响因素之一,实际运用过程中常用的制动形式有铁鞋制动、手制动机制动和风制动。

不同制动形式下的冲击试验条件见表 5.11。对应的试验结果曲线如图 5.17、图 5.18 所示。

表 5.11 车辆处于不同制动形式下的冲击试验条件

<table>
<tr><td colspan="2">试验序号</td><td colspan="3">7</td><td colspan="3">8</td></tr>
<tr><td colspan="2">试验时间</td><td colspan="3">2011 年 6 月</td><td colspan="3">2011 年 6 月</td></tr>
<tr><td colspan="2">试验地点</td><td colspan="3">齐齐哈尔</td><td colspan="3">齐齐哈尔</td></tr>
<tr><td colspan="2">速度获取方式</td><td colspan="3">冲击试验线</td><td colspan="3">冲击试验线</td></tr>
<tr><td rowspan="3">冲击车情况</td><td>车型</td><td colspan="3">1 辆 C_{80}</td><td colspan="3">3 辆 C_{80}</td></tr>
<tr><td>总重(t)</td><td colspan="3">100,装载散煤</td><td colspan="3">各 100,装载散煤</td></tr>
<tr><td>缓冲器</td><td colspan="3">MT-2</td><td colspan="3">MT-2</td></tr>
<tr><td rowspan="3">被冲击车情况</td><td>车型</td><td colspan="3">1 辆 C_{80B}</td><td colspan="3">1 辆 C_{80B}</td></tr>
<tr><td>总重(t)</td><td colspan="3">100,装载散煤</td><td colspan="3">100,装载散煤</td></tr>
<tr><td>缓冲器类型</td><td colspan="3">MT-2 型</td><td colspan="3">MT-2 型</td></tr>
<tr><td colspan="2">制动情况</td><td>无制动</td><td>手制动+铁鞋</td><td>500 kPa 风制动</td><td>无制动</td><td>手制动+铁鞋</td><td>500 kPa 风制动</td></tr>
<tr><td colspan="2">备注</td><td colspan="6">仅对被冲击车实施制动</td></tr>
</table>

从图 5.17、图 5.18 中可以看出,无论是单车冲击还是多车冲击,被冲击车在冲击方向无约束情况下的各冲击速度的车钩力,与被冲击车施加手制动并垫有铁鞋以及

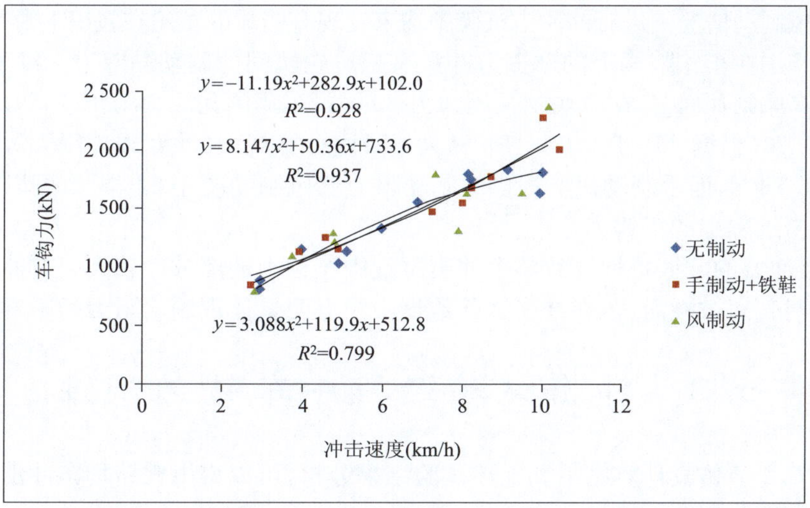

图 5.17 1 辆重车冲击 1 辆重车时各制动情况下车钩力比较

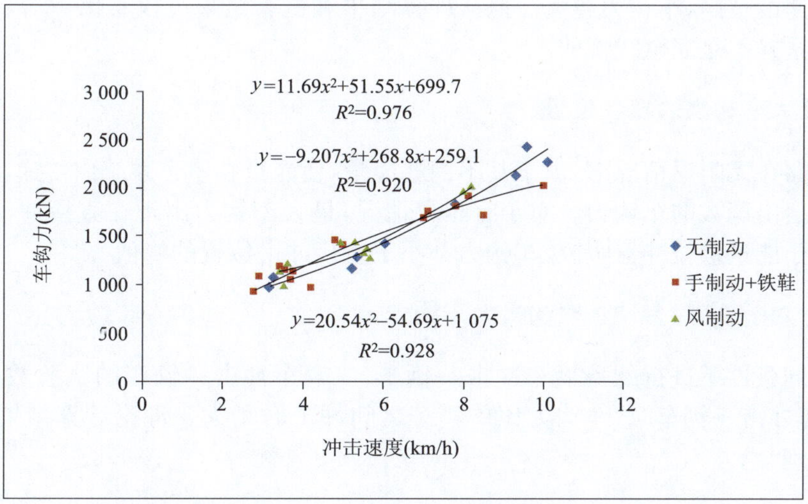

图 5.18 3 辆重车冲击 1 辆重车时各制动情况下车钩力比较

500 kPa 风制动情况下的车钩力基本一致。考虑到车钩力的离散性，可以认为试验过程中制动因素对车钩力的影响不明显。

根据 3.6.2 节仿真计算结果，被冲击车施加制动后，相同冲击速度下的车钩力会有所提高，提高的部分为制动力。而从试验的结果可以看出，当被冲击车施加手制动并垫有铁鞋或施加 500 kPa 风制动时，对车钩力影响不明显，其原因主要为：

(1)铁鞋对被冲击车的纵向约束效果并不明显；同时，冲击过程中车钩力在很短的时间内达到最大值，基本都是 0.1 s 内，被冲击车在此过程中纵向移动非常小。

(2)手制动和风制动时,被冲击车的纵向阻力为车轮与轨道间的制动黏着力。在手制动和风制动情况下进行的冲击试验中均未发现有明显的车轮在轨道上滑行的现象,说明闸瓦作用在车轮踏面上的摩擦力并没有超过轮轨间的制动黏着力。对于500 kPa风制动的高摩闸瓦而言,在每块闸瓦压力为20 kN,车辆闸瓦压力为160 kN,闸瓦摩擦系数为0.322(根据TB/T 1407—1998《列车牵引计算规程》计算)的情况下,车辆制动阻力为51.5 kN,而手制动机所提供的制动阻力比风制动要小。该阻力可以认为远小于车辆冲击过程中的车钩力。

(3)缓冲器的摩擦特性导致整个冲击过程中车钩力的离散性较大。在冲击过程中的阻力相对其离散性而言,在冲击试验数据中没有明显体现制动阻力的影响。

5.3 冲击试验过程中车钩力规律

结合3.4节仿真计算结果和上述试验结果分析,可以得出铁路货车冲击过程中车钩力的一些变化规律。

5.3.1 冲击速度的影响

冲击速度越高,车钩力越大。但从计算结果和试验结果可以看出,车钩力与冲击速度的关系并不是完全线性的。

5.3.2 最大车钩力的发生位置

缓冲器在无阻尼情况下,由于其不消耗能量,使能量在整个系统内传递,非直接冲击位置也会出现大的车钩力。对于有阻尼情况,最大车钩力出现在直接冲击位置,在此之后由于能量被缓冲器吸收,车钩力都小于直接冲击位置的峰值。

5.3.3 一对一、多对多冲击时的最大车钩力

从相同条件下进行的一辆车冲击一辆车、三辆车冲击一辆车的试验数据可以发现,三辆车冲击一辆车时,车钩力比单辆车之间冲击时稍大。理论计算结果也有3%左右的差别。

5.3.4 冲击车与被冲击车条件相同时的车钩力

计算结果表明,相同辆数的车组冲击时,若冲击车组与被冲击车组的质量、缓冲器型式等均相同,则两车组以直接冲击位置的车钩力为最大,离该位置越远处的车钩力越低,并关于该位置对称分布。

由于以往进行的车组之间的冲击试验比较少,对冲击位置之外的车钩力也未进行测试,所以尚无试验数据支持上述结论。

5.3.5 车钩力最大值产生时间

从计算结果和试验结果都可以看出,在现有车辆总重和缓冲器特性条件下,当车

辆发生冲击时，一般在 0.1 s时间内直接冲击处的车钩力达到最大值，与冲击速度无关，与冲击车和被冲击车的辆数关系也不大。

5.3.6 车辆质量的影响

车钩力的大小与车辆的质量有关，其他条件都相同时，质量越大，车钩力越大；其他条件都相同，冲击车与被冲击车位置互换，车钩力大小不变；质量不同的车辆冲击过程中，其车钩力小于两组相同的较大质量车辆之间的车钩力，大于两组相同的较小质量车辆之间的车钩力。

5.3.7 车辆装载的影响

AAR 标准 C-Ⅱ分册[M-1001]《货车设计制造规范》中的第 11 章“新造货车运行性能的试验和分析”中针对冲击试验车辆装载的规定：

对于用于试验的被冲击车而言，设计用于装运散装货物的车辆至少要装载到总容积的 85%；设计用于一般运输的车辆，除装载散装货物外，应装载至使车辆与货物的组合重心尽实际可能接近按第 2 章要求的计算车辆重心高度，但通用平车可按任何现实可行的方法装载。

从试验结果分析，由于冲击过程中冲击车和被冲击车都产生纵向运动和点头运动，所以，装载货物的质量以及车辆重心位置对车辆的运动形式会产生影响；另外，货物与车体的加固程度也会影响冲击力的大小，这也是运输贵重或危险物品采取二次缓冲措施的原因。

5.3.8 被冲击车的阻力影响

在编组场里，溜放到位的车列都采取防溜措施，一般采取铁鞋、施行手制动等措施。由此引出的问题是：当车辆冲击一组静止车列，车列采取了防溜措施与没有设置防溜情况相比，车钩力有什么变化？有关计算和试验结果表明：

静止车辆制动力对车钩力的影响是使最大值增加，但是只对直接冲击处和运动车组中车钩连接处的车钩力有增大的影响，而对于静止车组内的车钩连接处的车钩力最大值反而比没有考虑制动力的情况下减小了。车钩力增加的幅度等于制动力产生的阻力。

在车组冲击车组以及在静止车组考虑制动的情况下，最大车钩力增加幅度不大。

5.3.9 车钩间隙的影响

在每组车的车辆都处于全拉伸条件下，直接冲击处的第一个冲击压缩过程不会与相邻的连接处发生重叠，所以车钩力基本与单车冲击单车时相同，车组内的辆数基本不影响车钩力。另外，在每组车的车辆都处于全压缩条件下，所有连接处几乎被同时压缩，但是每辆车是被缓冲器隔离开的个体，直接冲击处的车钩力最大值也几乎没有变化。因为冲击能量的大部分被直接冲击处及与之相邻的缓冲器吸收，所以其他连接处的车钩力就小于车钩间隙处于中央状态时的车钩力。

5.4 试验结果综述

通过对冲击速度、被冲击车质量、编组数量、车辆装用缓冲器性能以及实施制动等影响车辆冲击过程动态行为的因素进行试验数据对比分析，以及与理论分析、仿真计算结果对比可知：

(1)各因素对车辆冲击动态行为的影响与理论分析和仿真计算结果具有一致性。

(2)冲击速度越大，车钩力越大，但车钩力的增长与冲击速度的关系是非线性的，同时，缓冲器的位移、冲击加速度与冲击速度的关系也是非线性的。

(3)缓冲器的动态性能对车辆冲击动态行为影响显著。

不同的缓冲器具有不同的动态特性，即使是同一个缓冲器在不同冲击速度下也会具有不同的动态特性，从而导致冲击过程中车钩力、缓冲器位移存在显著差异；同时还会影响到车辆冲击加速度、车体动应力以及装载货物加速度等动态参数。由于大多数缓冲器的动态特性都具有非线性特征，因此导致冲击过程中的车钩力、冲击加速度和动应力等参数与冲击速度也呈现出了非线性特征。

离散性也是缓冲器动态特性的一个特征，尤其对于带有摩擦副的缓冲器而言，其离散性表现得更为突出。也正是由于缓冲器的离散性，导致试验过程中的车钩力、冲击加速度和动应力等参数也具有离散特性。

由此可见，缓冲器对车辆冲击过程的影响是非常明显的，而其在冲击过程中所起到的作用也是很大的。

(4)车辆编组不同对车辆冲击过程中车钩力的大小具有一定的影响。

在单车冲击单车过程中无约束的情况下，冲击车和被冲击车在纵向可以认为除了车钩力以外没有其他的力存在；而在多辆车冲击多辆车，即车组冲击过程中，冲击车和被冲击车发生冲击后，引起了它们与其相邻车辆之间的相对速度也发生了变化，从而也形成了相互的冲击，这就相当于为直接发生冲击的车辆提供了反力以阻止其改变运动状态，会起到增大冲击发生处的车钩力的作用。但是由于纵向冲击力在传递过程中是与时间有关且逐渐递减的，各车辆连接处的车钩力不可能同时达到最大。当被冲击车或冲击车编组的数量超过 3 辆后，再增加车辆数量对冲击端车钩力的影响可以忽略不计。同时也可以看出，多辆车之间的冲击和单辆车与单辆车之间的冲击所产生的车钩力的差别并不很大。

(5)对被冲击车实施制动对于车辆在冲击过程中的动态行为影响不大。

无论是对被冲击车施加铁鞋制动、手制动机制动还是风制动，都对冲击过程中车钩力的增长影响不大。从 500 kPa 风制动的冲击试验数据可以看出，其车钩力的数值与无制动约束情况下的冲击试验数据没有明显差别，而从计算的结果看，在 500 kPa 风制动时，制动力为被冲击车在纵向提供的阻力并不大，且与无制动约束时的冲击力相比所占比重很小。随着冲击速度的增大，车钩力增大，制动阻力和车钩力之间的差别就会越大。在冲击速度为 8 km/h 时，制动阻力约为车钩力的 3%，而施加手制动或铁鞋制动时，这种影响会更小。在试验过程中，由于缓冲器本身的离散性和试验的随机性，有、无制动约束的车钩力区别并不明显，因此在实际过程中可以认为制动因素对车辆冲击过程影响不大。

6

货车转向架摇枕横向载荷

6.1 货车转向架摇枕横向载荷的产生

我国和世界大多数国家的铁路货车都广泛采用铸钢三大件式货车转向架。摇枕是三大件式转向架的关键承载部件，主要用于实现车体与转向架的连接并传递作用力。在列车的牵引、制动、编组等过程中，摇枕除承受垂向载荷作用外，还承受由车体上心盘传递的纵向载荷，该载荷作用于水平面内与摇枕纵向中心线相垂直的方向，所以我国和美国等国家也称之为摇枕横向载荷。关于摇枕的强度设计和试验方法，各国铁路都有严格的设计和试验规范。

6.2 摇枕横向载荷的设计、试验规范

6.2.1 AAR M202

AAR M202—2009《铸钢转向架设计试验规范》在静强度设计、静载荷试验中，均要求考虑摇枕横向载荷。

6.2.1.1 静强度设计

在 AAR M202—2009 第 3 章“设计”中规定，摇枕垂向载荷取 P，横向载荷取 $0.25P$。其中 P 根据公式(6-1)计算，该值与满轴重状态下转向架承受的垂向静载荷相当。但是，该部分没有规定相应载荷下的许用应力要求。

$$P=2C-2\,000(d-4) \tag{6-1}$$

式中 P——摇枕垂向载荷，单位为磅(lb)；

C——轴载荷，单位为磅(lb)；

d——轴颈直径，单位为英寸(in)。

在 AAR M202—1983 及 AAR M202—1997 中，设计载荷要求与 AAR M202—2009 一致，即垂向载荷 P、横向载荷 $0.25\,P$，并明确规定了许用应力要求，见表 6.1。

除了规定了垂向载荷 P 和横向载荷 $0.25P$ 组合工况下的许用应力外，为了核对垂向载荷和横向载荷的应力相对贡献量，规定了垂向载荷 P 和横向载荷 $0.8P$ 的许用应力。可以认为，$0.8P$ 与 $0.25P$ 反映的是同一问题，取 $0.8P$ 的原因是为了与垂向载荷 P 的许用应力统一。

表 6.1　静强度试验工况

工况	垂向载荷	横向载荷	许用应力(MPa)		
			B级钢	B+级钢	C级钢
1	P	$0.25P$	115.8	151.3	181.0
2	P	0	90.5	117.2	144.8
3	0	$0.8P$	90.5	117.2	144.8
材料屈服极限			262.0	344.7	413.7
材料抗拉强度极限			482.6	551.6	620.5

假定垂向载荷 P、横向载荷 $0.8P$ 工况下，摇枕设计最大应力为材料许用应力，并且两个工况下的最大应力出现在同一位置。将横向载荷 $0.8P$ 应力线性换算到 $0.25P$，并与垂向载荷 P 进行合成，合成许用应力见表 6.2。可见，合成最大应力与组合施加的许用应力相当，并略大于组合施加的许用应力。上述分析中，保守假定垂向载荷 P 和横向载荷 $0.8P$ 的最大应力出现在同一位置，而对摇枕来说，该假定一般不会出现。可以认为，如果垂向载荷 P 和横向载荷 $0.8P$ 工况下，摇枕设计应力小于相应的许用应力，那么垂向载荷 P 和横向载荷 $0.25P$ 组合工况的许用应力要求将自动满足。

表 6.2　组合施加与单独施加许用应力比较

施加方法	垂向载荷	横向载荷	许用应力(MPa)		
			B级钢	B+级钢	C级钢
组合	P	$0.25P$	115.8	151.3	181.0
单独	P	$0.25P$	118.8	153.8	190.0
许用应力之比			1.03	1.02	1.05

AAR M202—1997 中各工况许用应力分别与材料屈服极限、抗拉强度极限的比例关系见表 6.3、表 6.4。可见，合成工况许用应力约为屈服极限的 44%；单独工况的许用应力约为屈服极限的 35%左右，约为抗拉强度的 20%左右。

表 6.3　许用应力与屈服极限之比

工况	垂向载荷	横向载荷	许用应力(MPa)		
			B级钢	B+级钢	C级钢
1	P	$0.25P$	0.44	0.44	0.44
2	P	0	0.35	0.34	0.35
3	0	$0.8P$	0.35	0.34	0.35

表 6.4 许用应力与抗拉强度之比

工况	垂向载荷	横向载荷	许用应力(MPa)		
			B级钢	B+级钢	C级钢
1	P	0.25 P	0.24	0.27	0.29
2	P	0	0.19	0.21	0.23
3	0	0.8 P	0.19	0.21	0.23

对于铸钢件，材料的疲劳极限约为抗拉强度的45%左右，对于摇枕、侧架等铸钢件，中等铸造水平疲劳强度降低系数 K_f 约在1.5～2左右，即摇枕、侧架的疲劳极限约为抗拉强度的0.3～0.23，可见垂向载荷 P 及横向载荷0.8 P 的许用应力值与其疲劳极限值相当。

6.2.1.2　静载荷试验

摇枕横向静载荷试验工况见表6.5，包括弹性变形试验载荷0.95 P、永久变形试验载荷1.90 P。在弹性变形试验中对摇枕有刚度要求，即不但要求不能屈服，另外对变形值也有限制。在永久变形试验载荷中，规定了允许永久变形值为0.64 mm，即在1.90 P 的横向载荷下，允许出现局部的屈服，但摇枕不能够出现静态破坏。

表 6.5 摇枕横向静载荷试验的试验内容、载荷值及允许最大变形量

试验内容	载荷值	允许最大变形量 mm		
		B级钢	B+级钢	C级钢
横向载荷下的弹性变形	0.95 P	1.91	2.54	3.05
横向载荷下的永久变形	1.90 P	0.64	0.64	0.64

在静强度设计中规定了横向载荷0.8 P 的许用应力，那么可以反推出对于不同材质横向载荷出现屈服的临界横向载荷分别为2.32 P、2.35 P、2.29 P。该载荷比静载荷试验中规定的摇枕横向永久变形试验载荷至少要大20.5%，可见，静强度设计部分的要求要比静载荷试验更为保守，在静载荷试验中，横向载荷为1.90 P 时已经允许有一定的塑性变形。

6.2.2　TB/T 1335—1996、TB/T 1959—2006

目前，我国摇枕静强度试验依据TB/T 1335—1996《铁道车辆强度设计及试验鉴定规范》及《大轴重铁路货车总体技术条件(暂行)》(TJ/CL 025—2012)进行，静载荷试验依据TB/T 1959—2006《铁道货车摇枕、侧架静载荷及疲劳试验》进行。

6.2.2.1　静强度试验

TB/T 1335—1996中摇枕静强度试验方法借鉴AAR M202—1983制定，具体试验工况及许用应力见表6.6。对比表6.1、表6.6可见，静强度试验工况没有垂向

载荷 P 工况，无 B+钢材料的许用应力，C 级钢的许用应力相对于 AAR M202 偏低。

《大轴重铁路货车总体技术条件(暂行)》(TJ/CL 025—2012)补充了 B+级钢材料在垂向载荷 P 和横向载荷 $0.25P$ 组合工况下的许用应力，见表 6.6。

表 6.6 静强度试验工况

工况	垂向载荷	横向载荷	许用应力(MPa)			
			TB/T 1335—1996			技术条件
			ZG230-450	B 级钢	C 级钢	B+级钢
1	P	$0.25P$	103	117	151	151
2	0	$0.8P$	78	89	115	—

6.2.2.2 静载荷试验

TB/T 1959—2006 中关于静载荷试验工况与 AAR M202—2009 相同，摇枕横向载荷相关工况见表 6.5。TB/T 1959—2006 与 AAR M202—2009 对 P 的计算方法不同，TB/T 1959—2006 规定 P 为一个转向架垂向总载荷，见式(6-2)。一般情况下两个标准计算出的 P 值相当。以转 K6 型转向架为例，根据 AAR M202—2009 和 TB/T 1959—2006 计算出的载荷分别为：443.0 kN 和 449.3 kN。

$$P=(2G-H)g \tag{6-2}$$

式中 P——摇枕垂向载荷，kN；

G——轴重，t；

H——一个转向架的质量，t；

g——重力加速度，取 9.81 m/s^2。

6.2.3 UIC 510—3:2006/861/EC

在欧洲，货车主要装用构架式转向架，尚未见到专门针对三大件式转向架摇枕的强度考核标准，下面介绍转向架构架的相关考核方法。

UIC 510—3《2 轴和 3 轴货车转向架台架强度试验》主要包含 3 个部分：超常载荷静态试验、运营载荷静态试验和疲劳试验。超常载荷试验的目的是检验转向架构架在车辆运用过程中可能发生的最大载荷组合作用下是否有发生永久变形的危险。运营载荷试验的目的是检验转向架构架在车辆运用过程中经常发生的较大载荷组合作用下有无发生疲劳裂纹的危险。疲劳试验的目的是验证构架的寿命、评估安全裕量，检查在静强度试验中没有确认的潜在薄弱点。

该标准中与转向架纵向(即摇枕横向)载荷相关的工况见表 6.7，其中 F_z 为重车状态下转向架垂向载荷，F_b 为紧急制动产生的转向架纵向载荷，F_b 往往根据闸瓦压力或者车辆制动减速度确定，一般情况下该纵向载荷比较小。以 C_{80B} 敞车为例，单侧闸瓦压力取 21 kN，摩擦系数取 0.5，其由制动产生的纵向制动力仅为 42 kN，约 $0.095P$。

表 6.7　UIC510-3 试验工况

静强度试验	垂向载荷			纵向载荷(kN)
	2 位旁承(kN)	下心盘(kN)	1 位旁承(kN)	
超常载荷	—	$1.2F_z$	—	$1.2F_b$
运营载荷	—	F_z	—	F_b

超常载荷静态试验规定,在实际可能组合工况下,零部件应力不得超过屈服强度;运营载荷静态试验规定,在各工况获得的最大应力与最小应力不得超出材料及相应焊接接头的疲劳极限图。

超常载荷静态试验规定,在该部分不模拟由于调车冲击导致的载荷。所以,应该进行调车冲击试验,被试车辆为空车,冲击速度为 15 km/h。

2006/861/EC《欧洲联盟公报》附录 J“车辆轨道相互作用与测量转向架和走行机构”与 UIC 510—3 一致。

6.2.4　EN 13749—2011

EN 13749—2011《铁路应用轮对和转向架-转向架构架结构要求的规定方法》中,关于超常载荷及运营载荷静态试验的规定与 UIC 510—3 类似。转向架纵向载荷相关的工况见表 6.8,其中 F_z 为重车转向架垂向载荷、F_{bmax} 为紧急制动产生的纵向载荷,F_b 为常用制动产生的纵向载荷。

表 6.8　EN13749—2011 试验工况

静强度试验	垂向载荷			纵向载荷(kN)
	2 位旁承(kN)	下心盘(kN)	1 位旁承(kN)	
超常载荷	—	$1.5F_z$	—	$1.3F_{bmax}$
运营载荷	—	F_z	—	$1.1F_b$

EN 13749—2011 在超常载荷静态试验中规定,如果车辆在实际运用过程中存在冲击,则车辆需要进行冲击试验,冲击车总重 80 t,冲击速度为 15 km/h。如果不进行冲击试验,则需要进行构架纵向载荷试验,其载荷大小等于转向架自重乘以车辆冲击加速度。在该标准中虽然没有规定转向架纵向加速度数值,但是在对构架部件安装座考核时,其纵向加速度取 $5g$ 或 $3g$。另外,在 EN 12663-2:2010《铁路应用—铁路车辆车体结构要求　第 2 部分:货车》中规定,转向架最大纵向加速度取 $5g$,并且垂向载荷为空车载荷。

6.2.5　俄罗斯标准

俄罗斯《交通部 1 520 mm 轨距铁路(非自行)车辆计算与设计规范》规定了三种计算工况,工况 1 考虑的是很少发生的极端载荷的组合;工况 3 考虑的是运行列车中发生频度较高的、车辆规范规定的、数值中等的载荷组合;工况 2 用于个别车型的、以该车辆为特征的载荷组合,该工况必要性由技术任务书规定,为可选项。工况 1 的许用应力一般取值接近于材料的屈服极限或抗拉强度极限，工况 3 的许用应力根据材料的疲劳极限，并考虑到准静态、振动和冲击载荷，腐蚀影响等因素确定。

在工况 1 和工况 3 中，摇枕横向载荷 F 根据公式(6-3)计算。车钩力在工况 1 取 3 500 kN，工况 3 取 1 000 kN。关于摇枕的具体载荷组合及评定方法比较复杂，在此不再详述。

$$F=N\times\frac{m}{M} \tag{6-3}$$

式中　N——车钩力，kN；

M——车辆总质量，t；

m——转向架质量，t。

另外，该标准规定惯性载荷 F 还可以按照公式(6-4)计算，对于 4 轴货车，工况 1 加速度取 3.5 g，工况 3 加速度取 1 g。

$$F=ma_{\mathrm{x}} \tag{6-4}$$

式中　m——转向架质量，t；

a_{x}——纵向加速度，m/s^2。

以 C_{80B} 为例，车辆总重 100 t，转向架自重 4.8 t，摇枕横向载荷取公式(6-3)和公式(6-4)的较大值，工况 1 的摇枕横向载荷为 168 kN，工况 3 的摇枕横向载荷为 48 kN，分别约为 0.38P 和 0.11P。

6.2.6　标准对比

虽然上述标准均用于考核转向架摇枕(或构架)，但是在设计理念、模拟工况及载荷选取等方面存在较大差异。

欧洲标准的强度设计理念与俄罗斯规范类似，超常载荷静态试验和工况 1 均是考虑静态强度问题，其载荷为实际运用过程中可能发生的最大载荷；运营载荷静态试验和工况 3 考虑的疲劳强度问题，其载荷为实际运用过程中出现频次较高的载荷。

欧洲标准和俄罗斯规范均认为摇枕最大横向载荷出现在车辆冲击中，但是欧洲标准认为重车与空车冲击时，空车转向架将产生更大的冲击载荷；俄罗斯规范在静强度考核中模拟的是重车冲击情况。另外，俄罗斯规范规定对于固定在车辆上的设备及构件，计算其惯性载荷时应考虑空车工况的加速度。

以 C_{80B} 和 30 t 轴重专用敞车为例，不同标准选取的横向载荷静强度试验载荷见表 6.9。表中假定 EN 13749 中转向架冲击加速度取为 5g。

表 6.9　不同标准摇枕静强度试验载荷取值

标准名称	试验工况	横向载荷(kN)			
		C_{80B}		30 t 轴重专用敞车	
AAR M202、TB/T 1335	静强度	354.4	0.8P	428.1	0.8P
		110.7	0.25P	133.8	0.25P

续上表

标 准 名 称	试 验 工 况	横向载荷(kN)			
		C_{80B}		30 t 轴重专用敞车	
UIC 510—3、2006/861/EC	超常载荷	50.4	0.11*P*	60.3	0.11*P*
	运营载荷	42	0.095*P*	50.2	0.094*P*
EN 13749	超常载荷	54.6	0.11*P*	65.3	0.12*P*
	超常载荷-冲击	235.2	0.53*P*	264.6	0.49*P*
	运营载荷	46.2	0.10*P*	55.3	0.10*P*
俄罗斯	工况 1	168	0.38P	185.2	0.35P
	工况 3	48	0.11P	52.9	0.10P

由表 6.9 可见，AAR M 202—1997 及 TB/T 1335—1996 中静强度试验规定的横向载荷 0.25*P* 大于 UIC 510—3 及 EN 13749—2011 中规定的由紧急制动力所产生的摇枕横向载荷，同时也大于俄罗斯规范工况 3(1 000 kN 冲击)规定的摇枕横向载荷；0.8*P* 横向载荷远大于俄罗斯规范工况 1(3 500 kN 冲击)规定的摇枕横向载荷，同时也超过了 EN 13749—2011 中转向架纵向冲击加速度为 5 g 情况下的摇枕横向载荷。

保守假定在垂向载荷 *P*、横向载荷 0.8*P* 工况下，摇枕设计最大应力为 AAR M 202—1997 规定的材料许用应力，并且出现在同一位置。以 C_{80B} 型敞车为例，将横向载荷 0.8*P* 及垂向载荷 *P* 的应力线性换算到其他标准规定的静强度载荷工况，计算结果见表 6.10。

表 6.10　不同标准载荷工况下的计算应力

标　准	试 验 工 况	垂向载荷(kN)	横向载荷(kN)	计算应力(MPa)	许用应力(MPa)	安全系数
AAR M 202—1997 TB/T 1335—1996	静强度	443.0	—	117.2	117.2	1.00
		—	354.4	117.2	117.2	1.00
		443.0	110.74	153.8	151.3	0.98
UIC 510—3—1994	超常载荷	531.6	50.4	157.3	344.7	2.19
EN 13749—2011	超常载荷—紧急制动	664.44	54.6	193.9	344.7	1.78
	超常载荷—冲击	51.0	235.2	91.3	344.7	3.78
俄罗斯规范	工况 1	729.50	168	248.6	310.2	1.25

由表 6.10 可见，在摇枕静强度刚好满足 AAR M 202—1997 及 TB/T 1335—1996 的情况下，其强度同样能够满足 UIC 510—3—1994、EN 13749—2011 及俄罗斯规范的相关要求，并且安全系数至少为 1.25。前面保守假定了垂向载荷 *P* 和横向载

荷 0.8P 的最大应力出现在同一位置，而对摇枕来说，该假定一般不会出现。

虽然俄罗斯规范中的安全系数仅为 1.25，但是其安全系数较低的原因是垂向载荷产生的应力贡献较大(193.0 MPa)，其横向载荷产生的应力仅为许用应力的 18%左右。在用 EN 13749—2011 评定时，纵向冲击工况下，其安全系数高达 3.78。假定垂向载荷不变(51.0 kN)，计算应力取许用应力，摇枕横向载荷反算数值为 1 001.5 kN，约 2.26P，相当于转向架纵向加速度为 21.3g。通过上述标准对比可以认为，AAR M 202—1997 和 TB/T 1335—1996 对摇枕横向载荷静强度的评估是非常苛刻的。AAR 已经充分认识到了这一点，在随后 2005 年的 AAR 标准修订时，取消了对 0.8P 的评估要求。

在 AAR M202 及俄罗斯规范中均无重车与空车冲击时的摇枕横向载荷规定。UIC 510—3、EN 13749、2006/861/EC 等欧洲标准，虽然在静强度试验中转向架纵向载荷(摇枕横向)的载荷较小，但均规定需要进行车辆冲击试验。在 ERRI B12/RP17《货车车体(适用于安装自动车钩)及铸钢构架转向架试验程序》中，对转向架冲击试验进行了非常详细的规定。

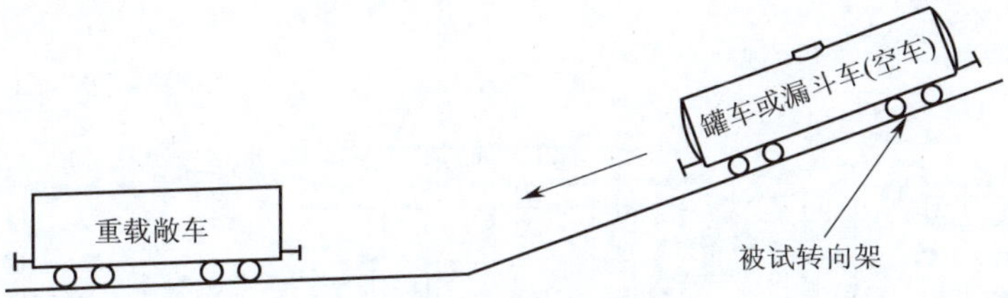

图 6.1　转向架冲击试验

被试验转向架应该配装空车罐车或漏斗车，被试转向架位于冲击车的非冲击端，被冲击车总重 80 t，冲击速度为 12 km/h；试验后，转向架不得出现可见的永久变形和损伤。另外，测试应变不得超过相应材料屈服极限的 30%。

选择罐车或漏斗车车体的原因是其重心高、车辆定距短，从而将会产生更大的转向架增减载。选取空车的目的是，在相同的冲击速度下，空车的转向架纵向(即摇枕横向)载荷将大于重车。可见，欧洲标准认为在重车与空车冲击过程中，摇枕横向载荷最为恶劣。

6.3　摇枕横向冲击载荷试验

国外研究表明，重车与空车冲击过程中，空车摇枕将会承受较为恶劣的横向载荷。在我国空车与重车混编情况是存在的，然而我国尚未进行重车与空车的冲击试验。因此，进行转向架冲击试验，特别是开展空重车冲击试验很有必要。

6.3.1　摇枕横向载荷测试

摇枕承受的主要载荷包括：心盘垂向载荷、旁承垂向载荷、心盘横向载荷。根据摇枕的实际受力特点，采用贴片组桥法测试横向载荷。为了识别出摇枕承受的实际横向载荷，在选择布点及组桥方式时需要将其他载荷的影响予以消除。

在摇枕中央断面底部两边缘部位布置应变片，贴片位置如图 6.2 所示，组桥方式如图 6.3 所示。根据有限元计算结果及以往静强度测试经验，在垂向载荷作用下，测点 R_1、R_2 应变大小相等符号相同，测点 R_3、R_4 应变大小相等符号相同，即 $\varepsilon_{1v}=\varepsilon_{2v}$，$\varepsilon_{3v}=\varepsilon_{4v}$；在横向载荷作用下，测点 R_1、R_2 应变大小相等符号相反，测点 R_3、R_4 应变大小相等符号相反，即 $\varepsilon_{1H}=-\varepsilon_{2H}$，$\varepsilon_{3H}=-\varepsilon_{4H}$。在垂向载荷和横向载荷同时作用时各测点的应变为：$\varepsilon_1=\varepsilon_{1v}+\varepsilon_{1H}$，$\varepsilon_2=\varepsilon_{2v}+\varepsilon_{2H}$，$\varepsilon_3=\varepsilon_{3v}+\varepsilon_{3H}$，$\varepsilon_4=\varepsilon_{4v}+\varepsilon_{4H}$，电桥输出电压为：

$$\begin{aligned}U_{BD}&=\frac{U_0}{4}K(\varepsilon_1+\varepsilon_3-\varepsilon_2-\varepsilon_4)\\&=\frac{U_0}{4}K(\varepsilon_{1v}+\varepsilon_{1H}+\varepsilon_{3v}+\varepsilon_{3H}-\varepsilon_{2v}-\varepsilon_{2H}-\varepsilon_{4v}-\varepsilon_{4H})\\&=\frac{U_0}{4}K[2(\varepsilon_{1H}+\varepsilon_{3H})]\\&=\frac{U_0}{4}K\varepsilon_{仪}\end{aligned}\tag{6-5}$$

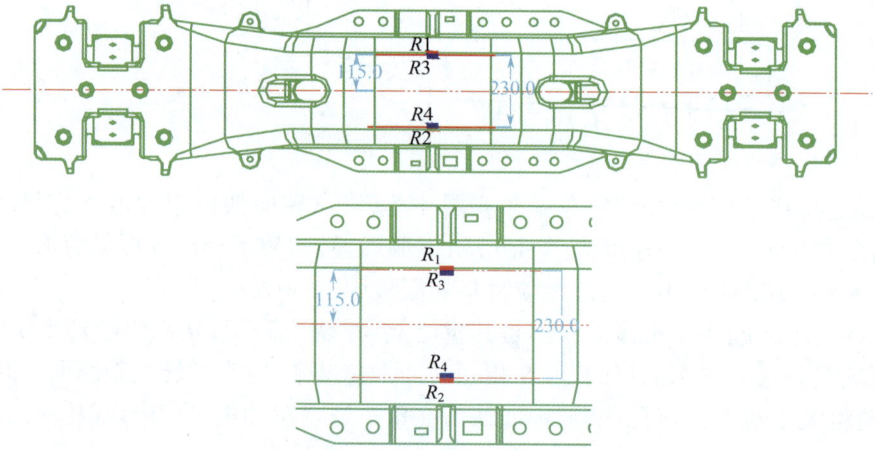

图 6.2　应变片布置图

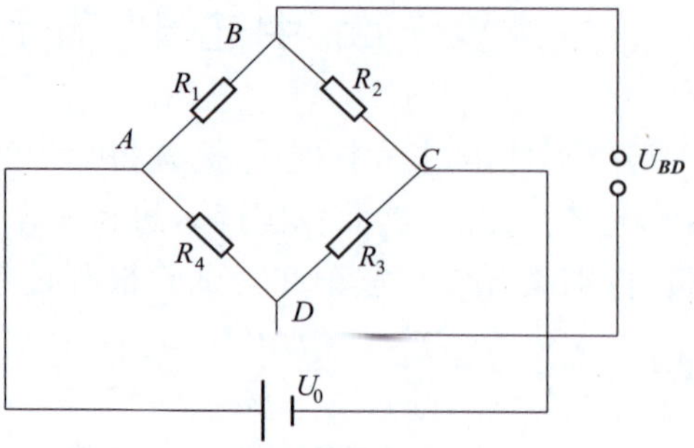

图 6.3　组桥方式

由公式(6-5)可见,输出电压 U_{BD} 仅与心盘横向载荷 P_H 产生的应变有关,垂向应变由电桥自动消除。

以转 K6 型转向架摇枕标定结果为例,摇枕垂向及横向载荷与桥路输出应变的关系如图 6.4 所示。可见在横向载荷作用下,载荷与桥路输出应变呈现出良好的线性关系,但桥路输出应变对垂向载荷不敏感。

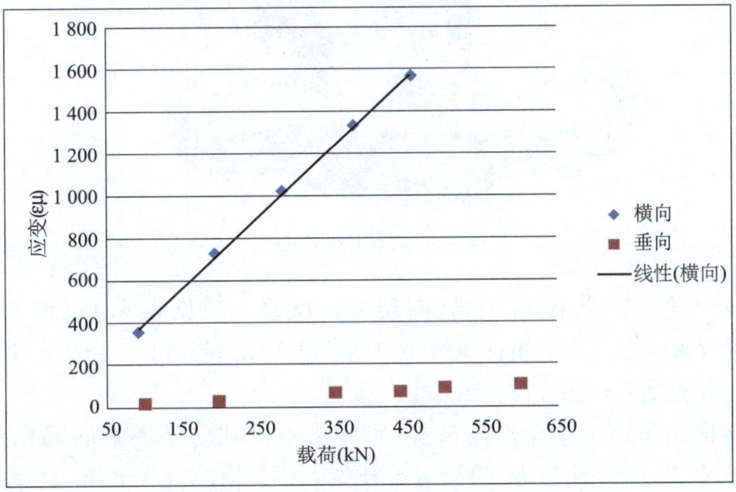

图 6.4　转 K6 型转向架摇枕标定结果

配装横向载荷测力摇枕的转向架有转 K6 型、转 K5 型和 DZ4 型三种,如图 6.5～图 6.7 所示。

图 6.5　转 K6 型转向架

图 6.6　转 K5 型转向架

6.3.2　冲击试验工况

为了研究车辆冲击过程中的摇枕横向载荷情况,分别对转 K6 型、转 K5 型及 DZ4 型转向架进行了冲击试验。在转 K6 型、转 K5 型转向架摇枕横向载荷试验中,较为系统地研究了冲击速度、车辆编组(1 辆车冲击 1 辆车、3 辆车冲击 1 辆车、3 辆车冲击 3 辆车)、被冲击车制动状态(手制动＋铁鞋、常用制动、紧急制动、铁鞋)等因素对摇枕横

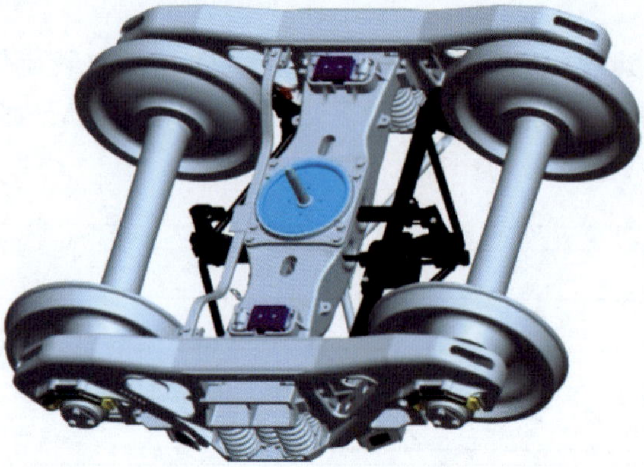

图 6.7　DZ4 型转向架

向载荷的影响。转 K6 型、转 K5 型转向架冲击试验工况见表 6.11、表 6.12。冲击速度等级分别为 3 km/h、5 km/h、8 km/h。对部分工况进行了 9 km/h、10 km/h 速度级冲击试验。每速度级至少进行 2 次冲击。

DZ4 型转向架进行了单车冲击试验，研究了不同载重条件下的摇枕横向载荷，试验工况见表 6.13。冲击速度从 3 km/h 开始，每次递增 1 km/h，直到车钩力达到 2 800 kN 或冲击速度达到 8 km/h 为止，以先达到者为准，每速度级进行 3 次冲击。被试车辆如图 6.8～图 6.10 所示。

表 6.11　转 K6 型转向架冲击试验工况

序号	冲击车数量	被冲击车数量	被冲击车状态	被冲击车制动状态
1	1	1	重载	无制动/手制动＋铁鞋(2 位转向架)/常用制动
2	3	1		
3	3	3		
4	1	1	空车	无制动/手制动＋铁鞋(2 位转向架)/常用制动
5	3	1		
6	3	3		

表 6.12　转 K5 型转向架冲击试验工况

序号	冲击车数量	被冲击车数量	被冲击车状态	被冲击车制动状态
1	1	1	重载	无制动/手制动＋铁鞋(2 位转向架)/常用制动/紧急制动/铁鞋
2	3	1		
3	3	3		
4	1	1	空车	无制动/手制动＋铁鞋(2 位转向架)/常用制动/紧急制动/铁鞋
5	3	1		
6	3	3		

表 6.13 DZ4 型转向架冲击试验工况

序号	冲击车总重(t)	被冲击车总重(t)	被冲击车制动状态
1	120	120	无制动
2	120	24(空车)	

图 6.8 C_{80B}专用运煤敞车

图 6.9 C_{80BH}专用运煤敞车

图 6.10 装用 DZ4 型转向架的专用运煤敞车

6.3.3 冲击过程摇枕横向载荷波形

6.3.3.1 重车冲击重车

重车与重车冲击过程中，典型的摇枕横向载荷波形如图 6.11 所示。

分析图 6.11 可以得到以下结论：

(1)车钩力与摇枕横向载荷在冲击开始后 0.1 s 左右达到载荷峰值。

(2)摇枕横向载荷相对于车钩力较小，以图 6.11 波形为例，最大车钩力为1 166.5 kN，而冲击端和非冲击端摇枕横向载荷仅分别为 69.7 kN 和 68.4 kN。

(3)冲击过程中摇枕横向载荷存在较为剧烈的振荡过程，其受力状态比车钩更为复杂。

6.3.3.2 重车冲击空车

重车与空车冲击过程中，典型的摇枕横向载荷波形如图 6.12 所示。

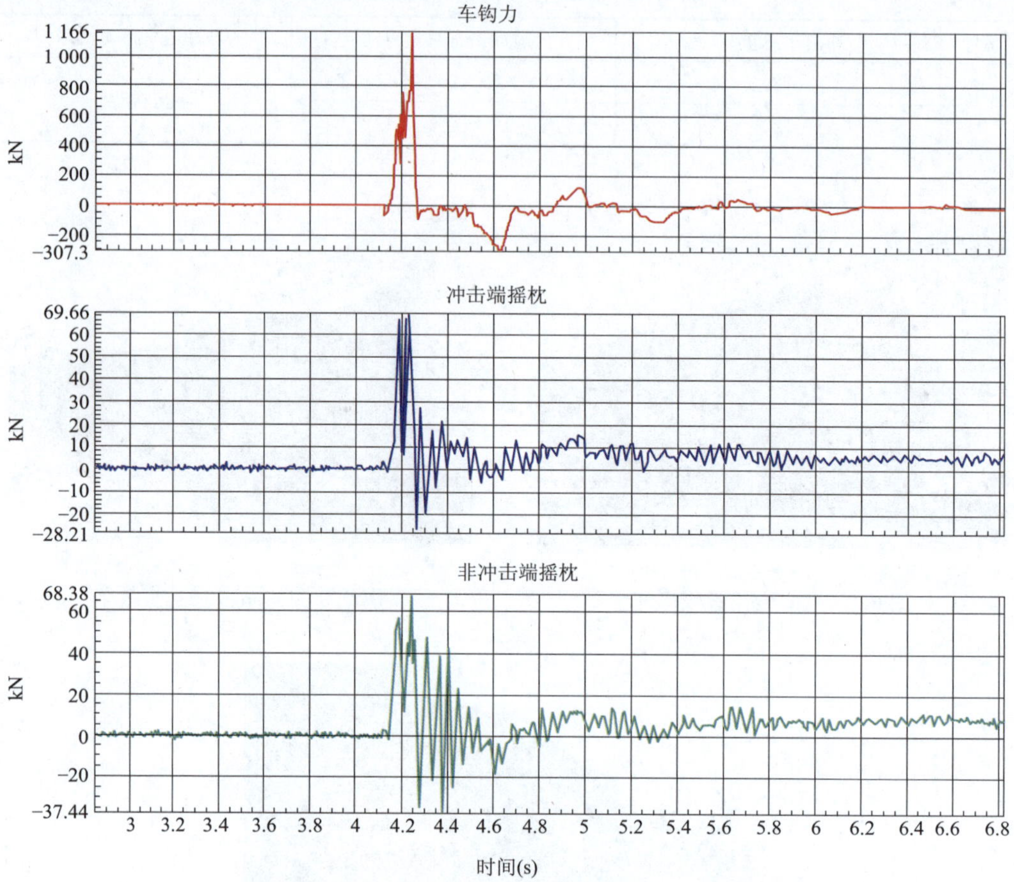

图 6.11　摇枕横向载荷波形(重车冲击重车)

分析图 6.12 可以得到以下结论：

(1)车钩力与摇枕横向载荷在冲击开始后 0.1 s 以内达到载荷峰值。

(2)在相同冲击速度下，车钩力明显小于重车冲击重车工况，但是摇枕横向载荷却明显大于重车冲击重车工况。由图 6.12 波形可见，最大车钩力仅为 721.5 kN，而冲击端和非冲击端摇枕横向载荷分别为 261.3 kN 和 214.1 kN。

(3)冲击过程中虽然摇枕横向载荷存在一定的振荡，但是基本呈现出单边特性。

6.3.4　试验结果回归分析

由于冲击速度、缓冲器、转向架状态等因素的影响，试验数据往往呈现出一定的离散性，即在相同冲击速度或相同车钩力的情况下，摇枕横向载荷及心盘垂向载荷数据往往分散在线性回归直线的两侧。由回归直线确定的载荷，在这里将其称为回归值。假定在相同冲击速度(或车钩力)下，摇枕横向载荷呈正态分布，并将 99%概率下的摇枕横向载荷称为实际可能值，即在 99%的概率下，摇枕横向载荷不会大于该值。

(1)重车冲击重车

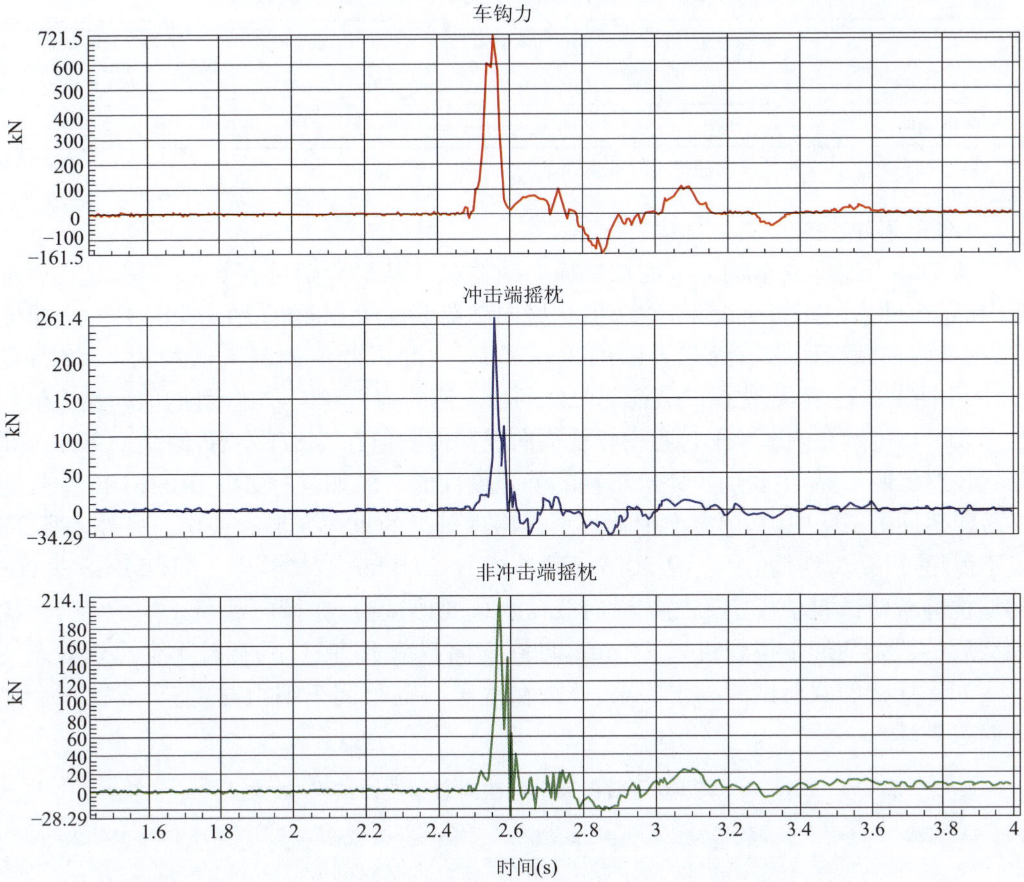

图 6.12 摇枕横向载荷波形(重车冲击空车)

典型冲击速度或车钩力下的摇枕横向载荷统计结果分别见表 6.14～表 6.16。可见，在重车冲击重车各工况下，冲击速度达 8 km/h 或车钩力达到车辆纵向设计载荷时，摇枕横向载荷实际可能值的最大值为 0.70P，即在实际调车冲击过程中，摇枕横向载荷不会超过 AAR M202—1997 中规定的 0.8P 横向载荷。

表 6.14 转 K6 型转向架摇枕横向载荷统计结果(最大值)

	v=5 km/h	v=8 km/h	N=2 500 kN
回归值(kN)	119.8(0.27P)	142.5(0.32P)	221.9(0.50P)
实际可能值(kN)	188.7(0.43P)	227.7(0.51P)	291.5(0.66P)

表 6.15 转 K5 型转向架摇枕横向载荷统计结果(最大值)

	v=5 km/h	v=8 km/h	N=2 500 kN
回归值(kN)	202.1(0.46P)	188.5(0.42P)	244.0(0.55P)
实际可能值(kN)	277.6(0.63P)	288.0(0.65P)	312.9(0.70P)

表 6.16　DZ4 型转向架摇枕横向载荷统计结果(最大值)

	车辆总重(t)	v=5 km/h	v=8 km/h	N=2 800 kN
回归值(kN)	120	139.8(0.26P)	178.2(0.33P)	234.0(0.44P)
实际可能值(kN)	120	204.2(0.38P)	242.7(0.45P)	295.5(0.55P)

注:不同车辆总重的 P 值根据摇枕实际承载值计算。

(2)重车冲击空车

典型冲击速度或车钩力下的摇枕横向载荷统计结果分别见表 6.17～表 6.19。可见,在重车冲击空车各工况下,空车摇枕横向载荷明显大于重车;在 5 km/h 冲击速度下,摇枕横向载荷回归值的最大值约为 0.77P,实际可能值的最大值约为 1.12P;在 8 km/h冲击速度下,摇枕横向载荷回归值的最大值约为 1.03P,实际可能值的最大值约为 1.51P。虽然在调车冲击过程中摇枕横向载荷回归值在 0.8P 左右,但是调车冲击属于比较恶劣的工况,主要用于评价车辆的静强度性能。例如,在 ORE B12/RP17 中规定的转向架冲击试验中,其评定准则就是不得出现可见的永久变形和损伤。另外,测试应变不得超过相应材料屈服点的 30%。另外,TB/T 1959—2006 及 AAR M202—2009 的摇枕静载荷试验中规定了摇枕横向载荷永久变形试验,在横向载荷 1.90P 下,摇枕卸载后的残余变形不得超过 0.64 mm,即在横向载荷 1.90P 下,摇枕不会出现静态破坏。如果摇枕静载荷试验满足要求,那么在重车与空车调车编组时,空车摇枕不会出现静态破坏。

表 6.17　转 K6 型转向架摇枕横向载荷统计结果(最大值)

名称	车辆	v=5 km/h	v=8 km/h	N=1 500 kN
回归值(kN)	被冲击车	340.8(0.77P)	438.1(0.99P)	596.5(1.35P)
	冲击车	69.7(0.16P)	108.4(0.24P)	113.7(0.26P)
实际可能值 (kN)	被冲击车	470.2(1.06P)	590.8(1.33P)	702.3(1.59P)
	冲击车	123.3(0.28P)	162.1(0.37P)	161.2(0.36P)

表 6.18　转 K5 型转向架摇枕横向载荷统计结果(最大值)

名称	车辆	v=5 km/h	v=8 km/h	N=1 500 kN
回归值(kN)	被冲击车	266.7(0.60P)	456.1(1.03P)	601.9(1.36P)
	冲击车	81.7(0.18P)	116.4(0.26P)	128.0(0.29P)
实际可能值 (kN)	被冲击车	381.4(0.86P)	588.9(1.33P)	716.3(1.61P)
	冲击车	120.5(0.27P)	144.0(0.32P)	152.6(0.34P)

表 6.19　DZ4 型转向架摇枕横向载荷统计结果(最大值)

名称	v=5 km/h	v=8 km/h	N=1 500 kN
回归值(kN)	346.4(0.65P)	585.3(1.09P)	620.7(1.06P)
实际可能值 (kN)	600.3(1.12P)	807.8(1.51P)	740.7(1.38P)

由以上分析可见，在车辆编组过程中，重车与重车连挂时，摇枕横向载荷不会超过 $0.8P$；在重车与空车连挂时，空车摇枕横向载荷虽然有可能达到甚至超过 $0.8P$，但是调车冲击主要用于考核静态失效，而横向载荷 $0.8P$ 静强度试验中规定的许用应力仅相当于材料的疲劳极限。因此，从调车冲击的角度考虑，摇枕横向载荷 $0.8P$ 静强度试验的规定过于保守。

6.3.5 影响摇枕横向载荷的主要因素

6.3.5.1 冲击速度、空重车状态

冲击速度与空重车状态对摇枕横向载荷有显著影响，如图 6.13 所示。在重车与空车冲击过程中，空车摇枕横向载荷明显大于重车摇枕横向载荷，随着冲击速度的提高，空重车摇枕横向载荷均呈迅速递增趋势。可见，空车状态下摇枕横向载荷会更加恶劣，这也是欧洲相关标准中为什么进行空车冲击试验的原因。

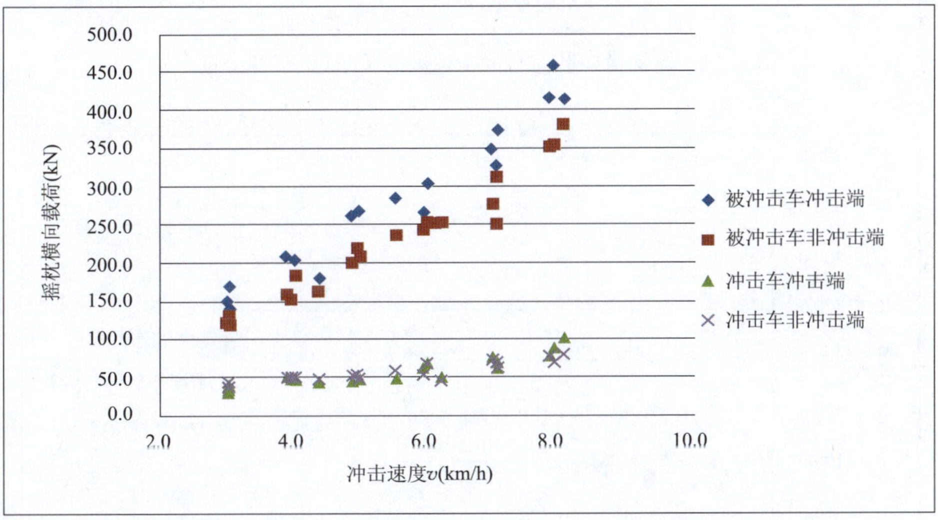

图 6.13 摇枕横向载荷与冲击速度的关系(重车冲击空车)

6.3.5.2 缓冲器状态

缓冲器状态对摇枕横向载荷影响显著。在缓冲器全压缩后，车辆间冲击变为刚性冲击，车钩力快速增大，导致摇枕横向载荷也快速增大。

6.3.5.3 其 他

在车辆冲击过程中，车钩力被车辆的惯性力平衡，其中就包括转向架惯性力(摇枕横向载荷)。可以说，影响车钩力的因素必然对摇枕横向载荷产生影响，如车辆编组、制动状态等。另外，转向架所在位置(冲击端、非冲击端)，转向架运行状态也会有一定影响。但分析试验结果，以上因素对转向架摇枕横向载荷的影响没有显著规律。

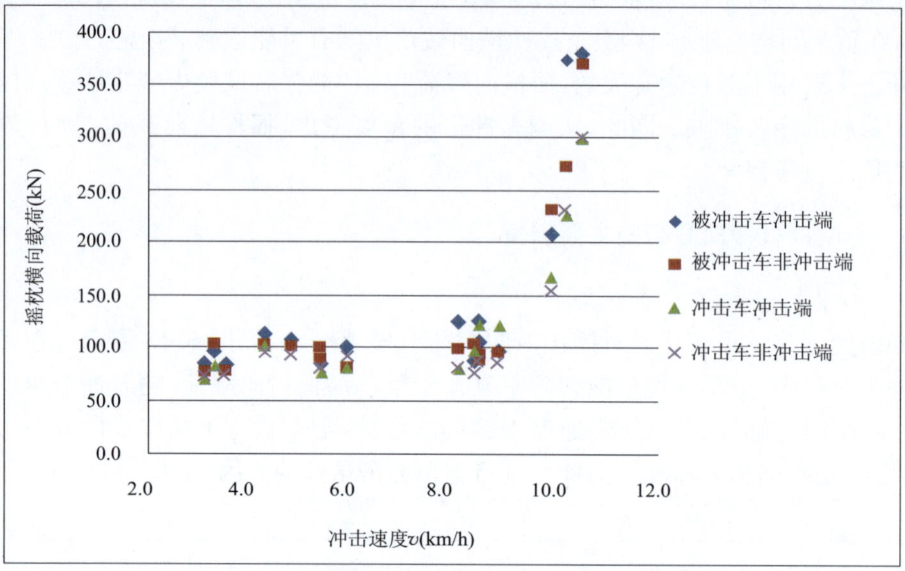

图 6.14　摇枕横向载荷与冲击速度的关系(重车冲击重车)

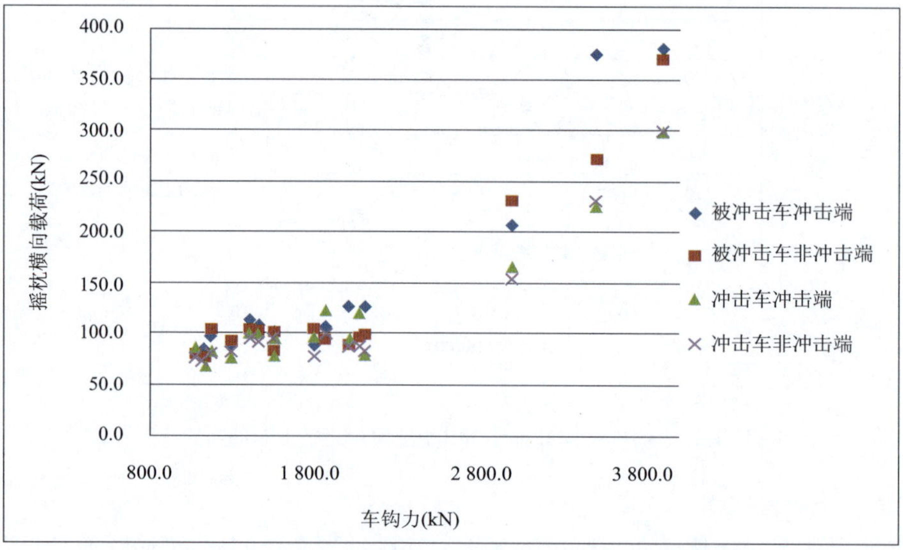

图 6.15　摇枕横向载荷与车钩力的关系(重车冲击重车)

6.4　小　　结

通过对国内外摇枕横向载荷强度规范以及试验数据分析可以得出：

(1)我国摇枕横向载荷强度考核规范 TB/T 1335—1996 明显比美国、俄罗斯、欧洲等标准保守；TB/T 1335—1996 中的摇枕静强度试验工况及许用应力均参照 AAR

M202—1983 中的强度设计部分制定，然而 AAR M202—2009 中取消了摇枕横向载荷 $0.8P$ 工况，从而放宽了对摇枕横向载荷的强度要求。

(2)重车与空车冲击过程中，空车摇枕受力较为恶劣。重车与空车冲击试验中，5 km/h冲击速度时，空车摇枕横向载荷统计回归最大值约为 $0.77P$，实际可能最大值约 $1.12P$；重车与重车冲击过程中，缓冲器全压缩前，摇枕横向载荷不会超过 $0.8P$。

(3)车辆载重状态、冲击速度及缓冲器状态是摇枕横向载荷的主要影响因素。

7 货车纵向冲击研究的其他相关问题

铁路货车的冲击过程是一个非常复杂的过程。在冲击发生时，会有诸多影响因素参与其中，而且有许多因素具有离散性、偶然性以及目前尚不被了解的特性。

7.1 装载货物特性影响

铁路货车装运的货物具有多样性，为了满足这些货物的装载、运输、卸货、货物安全以及运输经济性等方面的要求，铁路货车也有多种。装运散粒货物的有敞车、漏斗车，装运液体类的有罐车，装运集装箱或特型货物的有平车等。

在第 3 章冲击过程数值仿真计算以及大多数冲击过程的计算文献中，将冲击过程中各参与冲击车辆视为质点(具有质量的刚体)。这样就造成了对重车进行计算时，车辆与所装载的货物成为无限紧密联系的一体，在冲击过程中它们一同承受和传递冲击力、惯性力，具有相同的加速度。但是在大量冲击试验数据中发现，试验过程中测到的车钩力，即被冲击车所受到的冲击力 F、被冲击车中央的冲击加速度 a，它们与被冲击车总质量 M 之间的关系并不能满足经典的牛顿第二定律 $F=M\cdot a$，而是 $F\neq M\cdot a$，这在罐车、集装箱车等车型上表现更为明显。

在考虑装载货物特性影响时，往往引入质量效率这一概念。质量效率是一个小于 1 的比例数，为参与冲击过程的有效车辆质量与实际车辆总质量的比值。采用质量效率的方法固然可以解决计算中纵向加速度的问题，但是该质量效率如何取值却是一件困难的事情，在将满载的车辆视为质点的冲击仿真数值计算过程中无法精确模拟质量效率。比如该值在整个冲击过程中是一个常数还是一个随某种变量变化的量？车型不同对该值的影响如何？同一车型但具体结构不同又会对该值有何影响等。要明确质量效率在仿真计算当中的作用，就需要进行多车型的大量试验并进行总结分析。

7.2 货物受力分析

冲击试验中的车钩力和冲击加速度为实际测试得出的，车辆总质量也是试验前经过衡器称量的。造成上述结果的原因主要在于冲击过程中货物与车体之间的关系并非如仿真计算中认为是一体所造成的。

对于散粒货物而言，除了密度（包括堆密度）、内摩擦角的固有特性外，与车体的摩擦特性在冲击过程中也发挥了很大作用。当装运散粒货物的车辆发生冲击时，冲击力的传递过程为车钩——缓冲器——牵引梁——车体——货物。可以将上述过程中货物的运动分为两个阶段：

第一阶段：车辆结构本身受到冲击力的作用，获得冲击加速度并有了运动趋势，进而产生了相对运动，运动或运动趋势的方向与车钩力的方向相同。但由于车体与货物并非固连的一体，此时的货物仍要保持其原先的相对静止状态，它的运动趋势相对车辆结构而言却是相反的，此时货物施加给车体的冲击方向的力为货物与车体地板、侧墙板等接触部位的静摩擦力，方向与车辆运动趋势相反。此阶段在敞车或漏斗车的冲击试验中可以观察到被冲击车中所装载的散装货物（煤、石砟等）具有向被冲击端的端墙涌动的现象，而对于罐车而言，其所装液体也必然会同样向被冲击端封头涌动。

第二阶段：当车辆的速度继续发生改变，车体与货物之间的相对速度不同时，在车体的结构约束（如敞车端墙、罐车封头、集装箱锁座等）作用下，车钩力会部分传递到货物，使加速度方向与车辆冲击速度方向相同，并最终具有相同的加速度。

从冲击过程中货物的受力情况来看，第一阶段货物在冲击方向主要受到的是惯性力和摩擦力，第二阶段除了惯性力和摩擦力之外还有车体对货物约束即结构对货物的作用力。而从车体冲击加速度测试的角度而言，峰值发生在第一阶段，因为在此阶段货物和车体本身存在有相对运动或相对运动的趋势，而布置在车体中梁中央或车体中部的加速度传感器测得的是车体钢结构的纵向加速度。换言之，这种测试方式测得的纵向加速度并非是由车辆和货物组成的系统的纵向加速度，而只是车辆中部钢结构的纵向加速度，不等于货物的加速度。

7.3 集装箱车

随着世界集装箱运输的快速发展，集装箱的运量越来越大，目前铁路上专门用于集装箱运输的集装箱专用平车也越来越多。由于集装箱在安放到车体上时，集装箱角件与车辆上的锁座在纵向存在间隙，这就导致在冲击过程中集装箱的纵向加速度较大。

集装箱车辆冲击试验过程中，在集装箱位于冲击端的端面 A 处布置加速度传感器，测试了该处的纵向加速度。如图 7.1 所示。

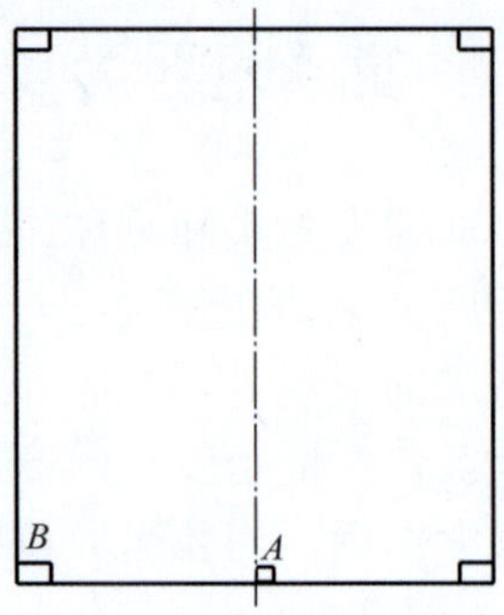

图 7.1　加速度传感器布置位置

A 处纵向加速度数值与车体中梁中部的加速度值对比情况见表 7.1。

表 7.1　A 处纵向加速度测试结果

冲击速度（km/h）	3.1	3.3	3.8	4.3	4.7	5.0	5.8	6.1	6.2	6.9	7.1	7.8	8.0	8.2
车体中梁中部加速度	1.11	1.09	1.03	1.32	0.82	0.86	0.93	1.32	0.95	1.22	1.44	1.59	1.96	2.34
A 处加速度（g）	1.23	1.83	1.62	2.49	1.79	1.98	2.14	2.03	1.64	3.07	2.73	2.90	4.57	6.76

另一次集装箱车冲击试验当中，在集装箱位于冲击端的端面 B 处布置加速度传感器，如图 7.1 所示。该处的纵向加速度测试结果，见表 7.2。

表 7.2　B 处纵向加速度测试结果

冲击速度（km/h）	3.1	4.0	5.7	6.3	4.9	4.9	5.6	5.7	6.2	6.4	6.5	7.4	7.7	8.1
车体中梁中部加速度	1.44	2.79	3.15	3.84	2.35	2.47	3.42	4.09	3.79	3.92	4.43	3.90	4.20	3.96
B 处加速度（g）	1.60	2.95	3.63	5.40	2.83	2.94	4.00	4.95	4.32	6.31	5.43	5.56	4.92	5.71

从表 7.1 和表 7.2 可以明显看出，集装箱上的纵向加速度要比车体中梁中部的加速度大。在冲击速度较低时，差异并不明显，随着冲击速度的提高，两者的差异越来越大。虽然表 7.1 和表 7.2 的数据来自不同的集装箱车，而且两辆集装箱车的结构亦存在较大差异，但是冲击过程中集装箱上的加速度与车体中部加速度的差异却有着相同的规律。

对于集装箱运输而言，集装箱是运输过程中货物的载体。如果将集装箱视为车辆运输的货物，集装箱内的商品视为集装箱的货物，则在车辆冲击过程中，集装箱内的货物将经受 7.2 节所分析的与集装箱一样的冲击过程，在此过程中，箱内货物的纵向加速度也会比较大。在某次集装箱车的冲击试验中，集装箱内满载均布的沙袋以充当试验载荷，多次冲击后，集装箱内所装沙袋向冲击端涌动并在惯性力的作用下使得集装箱端门产生明显的变形，如图 7.2 所示。

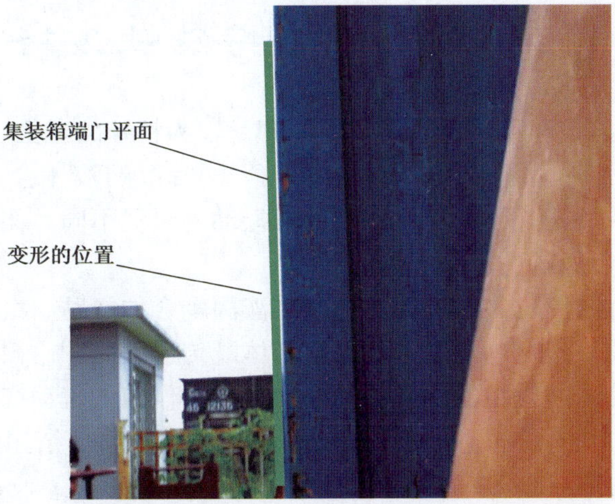

图 7.2　冲击过程中集装箱端部变形情况

当集装箱内装运较为贵重的货物时，在无任何防护情况下，很可能由于较大的冲击加速度而使货物受到损坏。因此需要对集装箱或集装箱内货物采取减振缓冲的措施以保证货物的安全。

7.4　冲击对棚车活动件影响的试验

对于大多数货车的车体结构而言，车体上的活动件相对较少，但是棚车由于其货物装卸特点导致该车型具有开度较大的车门，且均为活动的推拉门。在对某棚车进行较大冲击速度的冲击试验时，出现过车门的活动件受损而导致车门开启困难的情况。欧洲标准 EN 12663 中对于具有类似棚车滑动侧墙的锁闭部件有具体的冲击试验要求。

EN 12663-2:2010 中的 7.11 条规定如下：

除了静强度的试验方法以外，也可以使用以下的试验程序来验证滑动侧墙的锁闭部件强度：

(1)试验车应装载至最大允许载重。试验载荷应平均分配到锁闭部件表面，即每个部件的载荷＝最大有效载荷/部件数量。

(2)试验载荷应放置在地板上的木质托盘上，而托盘与地板之间无插入物。

(3)以下列速度进行冲击：

①7 km/h，1 次；

②>9 km/h，1 次；

③>12 km/h，2 次。

(4)被冲击车辆应为 4 轴货车且装载至总重 81 t。

按照以上程序进行冲击试验后，部件和锁闭设施不得有任何可见的变形，设施的锁闭和开启功能不得失效。

7.5 罐车冲击特殊性分析

罐车的冲击在试验和数值仿真计算当中都是较为特殊的车型，主要原因是罐车所装运的货物大多为液体，都具有特殊性。装载不同密度的液体会导致车辆的重心不同；黏度不同会导致冲击过程中液体晃动后对振动的阻尼不同。使用传统的一维纵向动力学的方法显然无法解决这些问题。

对于装载液体的罐车，冲击过程中还存在液固耦合的问题。由于大多数罐车采用无中梁设计，由无梁件板材制成的筒形薄壁罐体既传递纵向冲击载荷又承受液体振荡冲击，因此罐体在冲击过程中的冲击力和液体在冲击作用下流动产生的作用力交互作用，会造成结构应力状态的瞬态振荡变化，严重时会发生局部结构的大变形。这一点在车钩力非常大的冲击试验现场曾经发现过。

罐车在冲击过程中还会在冲击端转向架（前转向架）和非冲击端转向架（后转向架）上形成垂向载荷的变化。由于罐车具有装载流动性介质以及重心较高等特点，前、后转向架垂向载荷在冲击过程中的变化较其他车型明显。在车钩力很大的冲击试验过程中，发生过被冲击车前转向架的下心盘与车体上心盘脱离、导致心盘磨耗垫窜出并压坏的现象。

目前对罐车液固耦合研究方面开展的研究工作还相对较少，大多采用动态有限元软件进行仿真模拟分析，通过计算优化罐体内防波板等结构。

关于罐车冲击仿真分析，在附录 5 中列出了加拿大国家研究委员会地面交通技术中心的一份计算报告以供参考。

8 结束语

随着我国国民经济的发展，铁路货物运输业也正向着重载和快捷方向发展，铁路货车纵向冲击特性的研究显得越来越重要。应在总结分析现有冲击试验研究与仿真分析的基础上，进一步加强铁路货车纵向冲击特性的研究，提高车辆抗冲击的可靠性，以适应我国铁路货车快速发展的需要。

2000年以来，我国铁路货车已迅速走向国际市场，至今已累计向澳大利亚、巴西、新西兰、沙特阿拉伯、哈萨克斯坦、蒙古国以及东南亚和非洲等30多个国家出口了40多个品种，出口铁路货车产品已超过万辆。有些出口铁路货车根据国外用户指定的规范要求进行了冲击试验，以检验铁路货车的抗冲击性能。随着出口铁路货车市场的发展，我国铁路货车制造企业和试验研究人员应更全面地了解和掌握世界各国铁路不同的货车冲击强度设计方法和冲击试验规范，使所设计的车辆更好地满足出口铁路货车的冲击特性要求。对于某些出口铁路货车，应在研发阶段采用冲击仿真计算方法来分析车辆的冲击特性，以提高出口铁路货车的抗冲击可靠性，提升我国出口铁路货车的市场竞争力。

近年来，我国多家铁路货车制造企业在加强新产品研发的同时，建立健全了多种试验装备，包括建造坡道式货车冲击试验线对货车纵向冲击特性进行试验研究，对提高货车产品的冲击性能和运用可靠性起到了重要作用。为了进一步规范试验条件和标准，还需在总结现有冲击试验标准的基础上，参考国外相关标准中的合理因素，完善我国铁路货车冲击试验线的建线标准和冲击试验标准。

随着货车冲击仿真分析技术的发展，应建立我国铁路货车冲击仿真计算规范，并与货车冲击试验结果进行充分分析比较，逐步达到以多方案的仿真模拟指导冲击试验和评定货车的冲击性能；应建立高效的冲击试验方法体系，缩短货车产品研发周期。

货车纵向冲击特性的深入研究，涉及方方面面的课题，为使我国铁路货车纵向冲击特性技术研究达到世界领先水平，还需对以下几个方面开展研究：

(1)采用车辆冲击过程模拟计算程序分析车辆冲击过程，通过改变系统中的特性参数，方便快捷地分析参数的改变对系统运动特性的影响，需制定切合实际情况的、统一的计算方法和计算规范;同时,将货车冲击仿真计算与货车车体强度有限元分析相结合,将车辆冲击仿真计算得出的车钩力随时间变化历程作为有限元仿真工作的载荷输入,进一步完善货车车体的强度设计方法。

(2)由于缓冲器力学特性的离散性和不稳定性,计算结果与试验结果不可能完全一致,冲击过程中影响系统运动的因素较多,为了尽量减少不同冲击试验线对试验结果的影响,在目前国内冲击试验线越来越多的情况下,建议制定冲击试验线技术条件,对冲击试验线实行统一要求;进一步研究冲击试验数据处理方法。

(3)开展与冲击试验相关的外围课题研究。比如,研究装运散装货物的车辆在冲击过程中侧墙、端墙的侧压力分布情况;对于装运贵重货物的车辆,研究二次缓冲的方式和相应产品等。

(4)开展车辆冲击与车辆振动关系研究,分析车辆冲击与车辆振动模态的关系,以提高铁路货车抗纵向冲击可靠性。

(5)依据货车冲击与摇枕横向载荷研究结果,修订和完善我国摇枕静载荷试验方法,使其与北美铁道协会修订的方法一致,以具有更好的适用性。

附录 1

AAR 标准中对冲击试验的要求(AAR 标准节选)

附录 1.1 AAR 标准对车辆冲击试验要求

技术规范:M-1001

第 11 章 新造货车运用性能的试验和分析

1987 年采用,2007 年修订

11.1 目的和范围

本章提出了确定联运货车性能的试验和分析的准则。待验证的车辆性能可分为结构的、静力的、冲击的和动力学的要求。

11.2 一般要求

计划用于联运结构的车辆,必须通过全部的试验。对于这种结构,只有经过车辆工程委员会的明确许可才能减少试验。

设计用于装运散装货物的车辆至少要装载到总容积的 85%。

设计用于一般运输的车辆,除装载散装货物外,应装载至使车辆与货物的组合重心应尽实际可能接近按第 2 章要求的计算车辆重心高度,但通用平车可按任何现实可行的方法装载。如有必要,载荷应刚性地支撑并应均匀分布于整个试验车或按车辆工程委员会的规定。

试验车可以装用任何一种经 AAR 批准的缓冲器或者所设计车辆用的任何一种经批准的缓冲装置。

11.3 静力试验和冲击试验

11.3.1 测试仪器

11.3.1.1 车钩力应使用符合 AAR 规范 M-901F 要求的传感器或其他经批准的手段进行测试。用于记录其他数据的仪器应采用通用的、经正确校正并符合精度要求的仪器。

11.3.1.2 应记录冲击的速度。

11.3.2 检查

11.3.2.1 在每次静力试验和每次冲击试验之后应进行试验车的目测检查。在冲击试验之后，车辆应卸货和进行检查。

11.3.2.2 在完成全部试验之前或之后，发现货车任何主要结构部分有任何永久性损坏都将是该设计不被批准的充分理由。车辆需要送往工厂进行修理的损坏将被视为是永久性损坏。

11.3.3 冲击试验

除其他规范要求可免除外，以下这些要求适用于所有车辆。

在冲击试验中，试验车将是冲击车，且应装载至 AAR 对车辆所规定的最大轨道总重(见 2.1.5.17 条)。除非申请人说明理由并经车辆工程委员会认可，这一程序才可不执行。

11.3.4.1 单车冲击试验

11.3.4.1.1 试验时，重载的被试车向由三辆载重为 63.5 t(最好 90.7 t)的满载车辆组成的停留车组进行冲击。停留车组的冲击端应装用 M-901E 型缓冲器，最后一辆车的手制动机应在制动位(冲击端的对面)。

11.3.4.1.2 车辆之间的间隙应消除，但缓冲器不应被压缩。除最后一辆车使用手制动外，不得存在其他约束。

11.3.4.1.3 应在直道上用冲击车进行一系列的冲击。应从 6 英里/h(9.6 km/h) 或以下开始，速度增量为 2 英里/h(3.2 km/h)，进行连续的冲击，直到车钩力达到 4.1.10 中所指定的车辆的设计车钩力或冲击速度达到 14 英里/h(22.5 km/h)，以先达到者为准。当冲击速度为 6 英里/h(9.6 km/h)或以下时，任何一次冲击的车钩力均不应超过 1 250 000 磅(5 560 kN)。

11.3.4.1.4 两单元或多单元组成的单元车组也必须经受上述的冲击试验，对于两单元车组，前方单元应是空车，对于三单元或以上的单元车组前方两辆车应是空车。

11.3.4.2 动挤压试验

本试验不是强制性试验，由车辆工程委员会决定是否进行本试验。

11.3.4.2.1 该试验是为了确定被试车在通过平直道、曲线和道岔时在承受纵向力情况时的反应。若在试验过程中，被试车始终保持轮轨接触，则被试车通过试验。

11.3.4.2.2 试验过程中机车应提供足够的动力，使得被试车在以不低于 5 英里/h (8 km/h)的速度下承受 100 千磅(445 kN)，200 千磅(890 kN)和 300 千磅(1 335 kN)的纵向力，同时要保证有足够的反力来平衡该载荷。试验过程中，被试车应该从平直道通过 30 英里/h(50 km/h)道岔，和从平直道进入一个不小于 5°的曲线。

第 6 章 通用设计与试验要求—罐车 C-Ⅱ[M-1001]87
1987 年采用，2007 年修订

6.3.5 动挤压试验

6.3.5.1 该试验由车辆制造厂自定，但若由车辆制造委员会提出时则是强制性的。

6.3.5.2　冲击试验时,至少用3辆车支撑试验车。4辆冲击车各至少装载到177 000磅(80.3 t)的总重。所有的静止车在调整车间间隙后由制动机制动。缓冲器必须无预压缩。静止车必须位于平直线路上。冲击车连挂编组用于反复冲击。每次冲击,静止车有必要时必须调整恢复至原来的状态。以2英里/h(3.2 km/h)冲击速度步长进行系列冲击,直到车钩力达到1 250 000磅(5 560 kN)。每次试验中和试验后必须目检试验车。车辆出现需要车间修理的任何永久损坏可作为不批准该设计的充足理由。如果车辆制造委员会提出要求,试验中在重要部位粘贴应变片并记录应变。重要部位用应力脆漆或其他批准的方法确定。必须记录车钩力和冲击速度。

6.3.6　冲击试验

试验车至少必须装载达到其轴数和轴重所规定的最大轨道总重,必须安装为其设计的缓冲器和缓冲装置。非试验车必须安装符合AAR规范M-901要求的缓冲器。无论是被冲击车还是冲击车均必须安装车钩力测量装置。试验车受一辆63.5 t载重、装载达到AAR规范M-1001中2.1.5.17节规定的允许总重的车冲击。冲击速度增量2英里/h(3.2 km/h),直到车钩力增至1 250 000磅(5 560 kN)。冲击车应装载高密度物质以保证低重心,防止货物移动。每次试验中和试验后必须目检试验车。车辆出现要求车间修理的任何永久变形可作为不批准该设计的充足理由。如车辆委员会提出要求,试验中在重要部位粘贴应变片。重要部位由应力分布或其他批准的方法决定。必须记录车钩力和冲击速度。

附录1.2　AAR标准中对冲击载荷在设计中的要求(AAR标准节选)

第4章　设计　C-Ⅱ[M-1001]39
1987年采用,2007年修订

4.1.10　冲击载荷

车辆结构应设计为能承受由一端冲击产生的反作用力和惯性力。其冲击强度必须由车辆结构委员会选用分析的方法和(或)对样车或车辆部件进行试验的方法来验证。若采用对样车进行试验的方法验证其冲击强度,应按11.3.4.1项的规定进行试验并使用合适的仪器记录载荷和应变。

4.1.10.1　采用常规缓冲器的车辆冲击载荷

本类车辆应被证明具有承受在车辆一端作用1 250 000磅(5 560 kN)车钩力的结构强度。

4.1.10.2　采用特殊缓冲装置的车辆冲击载荷

4.1.10.2.1　对于装备滑动中梁的车辆,车辆底架(不包括滑动中梁)应具有承受在车辆一端作用500 000磅(2 225 kN)车钩力的结构强度。滑动中梁、后从板座及其连接件必须具有承受1 000 000磅(4 450 kN)的车端静压缩载荷的结构强度。

4.1.10.2.2 对于采用车端缓冲装置的车辆，车辆应具有承受在其一端作用下述车钩力的结构强度。

缓冲行程长度，英寸(mm)	车钩力，磅(kN)
＜6(152.4)	1 250 000(5 560 kN)
≥6(152.4)且＜9(228.6)	1 000 000(4 450 kN)
≥9(228.6)且＜14(355.6)	750 000(3 337 kN)
≥14(355.6)	600 000(2 670 kN)

4.1.10.2.3 中梁、后从板座及其连接件应具有承受 1 000 000 磅(4 450 kN)的车端静压缩载荷的结构强度。

4.1.10.3 冲击载荷分配

应考虑条款 4.1.10.1 和 4.1.10.2 项规定的设计车钩力载荷来实现通过后从板座作用在中梁上的规定数据下的 100%底架载荷。

第 6 章 通用设计与试验要求—罐车 C-Ⅱ[M-1001]87 1987 年采用，2007 年修订

6.2.4 冲击载荷

冲击载荷和应力的设计必须符合 AAR 规范 M—1001 中 4.1.10 节的要求。

附录 1.3 AAR 标准中对缓冲器冲击试验的要求(AAR 标准节选)

M-901G 2007 年修订

由冲击试验评定的货车用认可缓冲器。

7.0 车辆冲击试验安排

7.1 试验车应为名义载重为 63.5 t 的有盖车，按照最大轨道总重 220 000 磅(99.8 t)装干砂。试验车在所有场合均为被冲击车，冲击后应仍能自由溜放，不用阻挡车辆，试验车应能承受冲击力而无永久变形。

7.2 冲击车应为名义载重为 63.5 t 的有盖车，按照最大轨道总重 220 000 磅(99.8 t)装干砂。其缓冲器应为常用标准套口的，经北美铁道协会按规范 M-901 认可和选定。

7.3 应具备冲击车加速的设施(最好是经标定的倾斜轨道线)。加速设施及其附属装置，应能保证产生所需的速度，误差不大于 0.2 英里/h(0.32 km/h)。

7.4 为减小气候条件的影响，试验应在环境温度 20°F～90°F 之间进行。

10.0 轨道冲击试验

10.1 额定冲击速度试验

10.1.1 额定值应按下述方法测定，以 4 英里/h(6.4 km/h)速度开始，按照 0.5 英里/h(0.8 km/h)步长进行，直到产生反作用力大于 450 000 磅(2 002 kN)但不到

500 000 磅(2 225 kN)。然后以 0.25 英里/h(0.4 km/h)增量继续进行。直到反作用力达到或超过 500 000 磅(2 225 kN)。额定速度应从最靠近的大于和小于 500 000 磅(2 225 kN)的两点,按照线性内插值法计算到 0.1 英里/h(0.16 km/h)以内。

10.1.2　额定冲击速度应不小于 5 英里/h(8 km/h)方能认为合格。

10.2　最大冲击速度

10.2.1　再以 0.25 英里/h(0.4 km/h)的步长,继续进行冲击速度试验,直到反作用力达到 800 000 磅(3 560 kN),或速度达到 12 英里/h(19.3 km/h)。最大冲击速度应按照线性内插值法从最靠近的大于和小于 800 000 磅(3 560 kN)的两点计算到 0.1 英里/h(0.16 km/h)以内。

12.0　最终车辆冲击标定试验

12.1　每套缓冲器应能承受"额定冲击速度试验",满足以下要求时方能认为合格。

12.1.1　试验中任何时候,当反作用力为 500 000 磅(2 225 kN)时,额定速度均不得降低到 5 英里/h(8 km/h)以下。

12.1.2　最终额定冲击速度,应为耐久性和坚固性试验前后所得到的额定速度的平均值。

10.1.3　每套缓冲器应承受 12 英里/h(19.3 km/h)的冲击速度试验一次,或反作用力 1 000 000 磅(4 450 kN),以先达到者为准。

附录 2

苏联、俄罗斯标准对冲击试验的要求

附录 2.1　客车和货车强度试验与走行性能试验方法(苏联标准节选)

ГОСТ 24.050.37-84

4.2　冲击试验

4.2.1　接受冲击试验的车辆必须是全部完成、装备完善。在冲击试验开始前，车辆一般应先进行车体静强度试验。

4.2.1.1　试验车应当装载对其有代表性的货物，货物分布应适当，装车后经过称重。对于罐车，允许用水代替货物，如所运液态货物的密度大于水的密度时，应将罐体装满，然后对试验结果进行修正(按比例换算)，以保证设计货物的实际装载质量。若货物密度低于水的密度时，则应通过计算确定罐体装水的高度，以保证模拟货物的等效性。

4.2.1.2　车辆应当装用预先在压力机或试验台上进行标定过的测力车钩，以保证能可信地记录下所需要范围(不小于 3 000 kN)内的力。此外，车上还应装有试验大纲所规定的测量仪器和辅助装置。

4.2.1.3　所装仪器不得妨碍车辆各部件之间的正常互相作用。

4.2.2　冲击试验可以在一般铁路线上借助机车进行，也可以在专门的机械化驼峰上进行。

4.2.2.1　冲击试验可以在试验车有阻挡车或自由状态下进行。可以利用 3～4 辆重货车编成总重不少于 300 t 的车组作阻挡，此时各车均须制动，并用专用止挡(铁鞋)限制其移动。

4.2.2.2　任何类型的车辆均应按照全部计算载荷进行冲击试验，必要时，还应进行装有全部附属装备的空车冲击试验。

4.2.2.3　车辆冲击通过冲击车辆撞击试验车而实现。冲击车的质量应在试验大纲中规定。对于交通部所属铁路的四轴货车，冲击车的质量建议采用 90^{+5}_{-0} t，客车采用 55^{+5}_{-0} t。

4.2.2.4　冲击速度从 2～3 km/h 开始至试验大纲规定的最高速度为止，速度步长可取为 1～2 km/h。

每个速度级至少应当做 5 次冲击试验。

4.2.2.5　最大冲击速度根据技术规范的要求在试验大纲内规定。假如对最大冲击速度无特殊要求时，则四轴车可取为 12 km/h。最大冲击力不得比《交通部 1 520 毫米轨距铁路（非自行）车辆计算和设计规范》规定的计算值超过 10%。

4.2.3　进行冲击试验时必须测量并记录：

车钩所承受的冲击力；

冲击前一瞬间冲击车的撞击速度；

车辆构件的动应力；

车体、转向架和结构其他部件（必要时）的纵向加速度；

缓冲器位移（必要时）。

4.2.4　在冲击试验过程中应当对车辆结构及车辆装备的工作状况进行系统观察。对于干线货车，在达到产生 2 500 kN 冲击力的冲击速度之后，每 3 次冲击就检查一次车辆。试验结束之后，须对车辆结构进行仔细检查，并记录所发现的所有损坏之处。

6.2　试验结果的评价

6.2.2　冲击试验

6.2.2.1　对车辆构件强度的评价，应按《交通部 1 520 毫米轨距铁路（非自行）车辆计算和设计规范》第一工况的车钩力和垂直总静载荷产生的合成应力进行，其值不应超过结构材料的屈服极限。

6.2.2.2　评价试验结果时，也应考虑车辆目视检查的数据、可能发生损坏的特点、车体承载金属结构的构件和墙板丧失稳定性以及车内车下设备的固结状态等。

在以 2 500 kN（客车）和 3 000 kN（货车）以内的冲击力作冲击试验时，车辆不得出现任何损坏。对于车辆及其设备在更高冲击力作用下发生的损坏应作出记录，并从保证技术规范文件所规定的运营条件下工作能力的角度加以分析。

附录 2.2　俄罗斯标准中对缓冲器的要求（俄罗斯标准节选）

交通部 1 520 毫米轨距铁路（非自行）车辆计算和设计规范（2001 年修订）

2.4.1　强度计算时纵向力按表 2.1 选取。

表 2.1　强度计算时的纵向载荷值

车辆名称	纵向载荷值(kN)			
	计算工况			
	Ⅰ		Ⅱ	
	准静态力	拉伸或压缩冲击力	准静态力	拉伸或压缩冲击力
主型货车	−2 500	−3 000	−1 000	−1 000
	+2 000	+2 500	+1 000	+1 000

续上表

车 辆 名 称	纵向载荷值(kN)			
	计算工况			
	Ⅰ		Ⅱ	
	准静态力	拉伸或压缩冲击力	准静态力	拉伸或压缩冲击力
保温车、漏斗车、自翻车和其他窄轨专用车辆	−2 500	−3 000	−1 000	−1 000
	+2 000	+2 500	+1 000	+1 000
全部型式客车、包括邮政车、行李车、邮政行李车等	−2 500	−2 500	−800	−1 000
	+1 500	+2 000	+800	+1 000

注:(1)"+"号适用于拉伸力,"−"号适用于压缩力。

(2)脉冲力的作用时间取为 0.3 s。

(3)车辆不得从调车驼峰溜放。

8.5 新设计缓冲器应满足以下要求

对于货车:

——单辆四轴货车在以 2.5 m/s(9 km/h)的速度发生调车冲击,以及由这类车辆编成的万吨列车(含列车头部机车)在平道上退行和起动时的纵向力应不超过 2 000 kN,不超过该力的概率不得小于 0.95。

——缓冲器全行程时的准静态压缩力应不小于 1 500 kN;

——车辆冲击速度达 3.0 m/s(10.8 km/h)时缓冲器的最大动压缩力应不大于 3 000 kN;

——3 个磨合缓冲器动力行程的个别离散值(车辆冲击时的缓冲器工作稳定性指标)应不超过 300 kN;

——缓冲器的初始压缩力(预紧力)应在 100~400 kN 范围内,而缓冲器初始状态的复原力应不小于 20 kN;

——缓冲器的结构工作行程应不小于 90 mm,不大于 120 mm;

——缓冲器要求的最小容量按下式确定:

$$Э=\frac{mv^2}{8}$$

式中 $Э$——最小容量(kJ);

m——车辆总质量(t);

v——冲击速度,取 $v=2.5$ m/s(9 km/h)。

——不可逆能量吸收系数建议不小于 0.7。

装运特别贵重、易碎以及危险货物的车辆,建议在有根据的情况下装用更有效的缓冲装置,包括活动中梁或工作行程为 200~400 mm,能保证车辆冲击速度 2.5 m/s(9 km/h)时的动压缩力值不大于 1 500 kN 或加速度不大于 2 g 的车端缓冲器。

对于客车:

——缓冲器全行程时的准静态压缩力应不小于 1 000 kN；

——冲击速度 2.5 m/s 时的最大动压缩力应不超过 1 500 kN；

——3 个磨合缓冲器动力行程的个别离散值应不超过 150 kN；

——缓冲器的初始压缩力(预紧力)应在 25～50 kN 范围内；

——缓冲器结构工作行程应不小于 70 mm，不大于 120 mm；

——总质量在 60 t 以下的通用车辆用缓冲器，当缓冲器全行程纵向动压缩力小于 1 500 kN 时的最小容量应不小于 35 kJ；

——不可逆能量吸收系数建议不小于 0.5。

新一代货车应装用表 8.5 所列型式尺寸系列的缓冲器。

表 8.5　缓冲器的型式尺寸系列

额定指标名称	缓冲器额定指标标准值级别			
	T0	T1	T2	T3
结构行程(mm)	70～110	90～120	90～120	120
静力容量，不小于(kJ)	20	20	40	60
额定容量[a]，不小于(kJ)	40	70	100	140
最大容量[b]，不小于(kJ)	50	90	130	190

注：T0——现有型号的摩擦缓冲器；在特殊情况下使用(例如：在将要修理的车辆上)；

T1——具有稳定摩擦和提高耐磨性的摩擦缓冲器；在运输危险货物的车辆上不应采用；

T2——弹性胶泥式、混合式(液压摩擦式)、具有改善性能(充满度系数 Π≥0.5)的摩擦式缓冲器；用于运输危险货物(石油、石油产品、化学物品)的罐车；

T3——液压式和弹性胶泥式缓冲器；用于运输高危险等级货物(液化气体、有毒物质)的车辆。

[a]当力为 2 000 kN 时。

[b]当力为 3 000 kN 或全结构行程时。

附录 3
欧洲标准对冲击试验要求

铁路应用——铁路车辆车体结构要求(节选)
EN 12663-2:2010

8　带缓冲器的冲击试验

8.1　概述

为了测试车辆的惯性效应(尤其是车体与转向架的连接以及悬挂结构的响应),对空车进行装有缓冲器的冲击试验。

为了测试悬挂结构,尤其是端部的悬挂结构的承载效果,对重车进行装有缓冲器的冲击试验。

从保护货物的角度而言,在空车和重车的冲击试验中均应测试货物中心区域的加速度。

8.2　实施

8.2.1　概述

与试验配对使用的车辆应该为总重 80 t 的四轴重车。

仅推荐使用摩擦弹簧式缓冲器(如 Ringfeder 缓冲器)或丁基橡胶缓冲器,缓冲器应具有 EN 15551:2009 标准所指定的 A 类技术特性。

注意:如果在装有自动车钩的车辆上进行试验,自动车钩的弹性系统应能在配对车辆上呈现出符合 UIC 524 要求的 2 级特性。

被试车的自动车钩的侧缓冲器或弹性系统应与同型号的车辆所采用的侧缓冲器或弹性系统完全相同。

如果被试车为装运 RID2 类危险品的罐车,即使 EN 15551 标准要求此类车辆装用的缓冲器为 C 类,被试车的侧缓冲器应属于 A 类。

在平直轨道上,用一辆冲击车冲击一辆未施加制动的静止被冲击车。

8.2.2　空车冲击

实施试验直至速度增至 12 km/h。考虑到 6.2.1 条的要求,应在冲击速度为 8 km/h至 12 km/h 时记录加速度曲线 $\ddot{x}=f(v)$。对于那些正常冲击试验时可能会损坏车上特殊设备的某些车辆，冲击速度可以限制到 7 km/h。

缓冲器高度差可以在 50 mm 以内。

如果是冷藏车的试验，则冷藏车也应装有全部冷藏箱或相应载荷。

如果机械保温车在试验中装有机械设备，则应确认其在试验中和试验后仍具有正确的功能。

8.2.3　重车冲击

重车试验时，被试车应装载最大允许载荷。应尽可能保证冲击车和被冲击车的缓冲器具有相同的高度，并且在试验开始前和结束后均应测试缓冲器高度。

缓冲器高度差可以在 50 mm 以内。

试验过程中的各种载荷如下：

(1)对于有盖车辆、敞车、绝热保温车或机械保温车：

①可用砂袋或其他适合的载荷完全占据其可用体积。推荐在每次冲击后，将由于冲击而向相反方向移动的载荷重新放置到其原先的位置。

②对于带有悬挂货物的绝热保温车或机械保温车，试验仅需满足特定的要求。

(2)对于高速敞车：

能够保证车辆重心和车辆装运最大可能载荷时的重心一致的、符合 UIC 标准的碎石或其他类型载荷。推荐在每次冲击后，将由于冲击而向相反方向移动的载荷重新放置到其原先的位置。

(3)对于运输特种货物的特种货车(重力卸货车辆、钢卷运输车等)

装载这些车辆正常应该装运的货物，如果可能的话，也可以装载具有同样特性的载荷(相同的密度、重心等)。推荐在每次冲击后，将由于冲击而向相反方向移动的载荷重新放置到其原先的位置。

(4)对于罐车

在可能的情况下，车辆装用其正常装运的货物或水；应在每个情况下观察根据 RID 规定的充装比例要求(损耗的区域或载荷)。

当罐车所装运的货物的密度与水相比具有较大差别时，以下情况应当被考虑：

(5)如果货物的密度比水的密度(取 1 t/m^3)大的多，则导致充装的总载荷(m，单位为 t)小于最大总载荷(M，单位为 t)，在这种情况下，冲击车实际的冲击速度应乘以系数 K：

$$K=\sqrt{\frac{M(80+m)}{m(80+M)}}$$

(6)如果货物的密度比水的密度小得多，则在这种情况下可以不考虑由于液体移动所造成的次要影响。仅考虑第一部分的信号即可。

应对常压集装箱的每个工况均进行冲击试验。

对于没有装用长行程缓冲器的直线列车用的集装箱车和带有旋转锁座/固定锁座

的车辆以及汽车运输车，冲击速度可以限制到 7 km/h。

8.2.4　试验程序

考虑到试验设置、测量以及评估方式（见 EN 12663：2010-2 的第 6 章和表 25）的特点和要求，应在预备试验中通过增加冲击速度和尽可能多的粘贴应变片以确定以下各项：

——冲击速度与缓冲器受力所确定的变化曲线；

——应变片的位置要展现出最大应力且能够反映任何的残余应变；

——被试车的两个缓冲器在冲击速度大约为 9km/h，且冲击 3 次时的工作图表；

——在 8 km/h 至 12 km/h 时的加速度曲线 $\ddot{x}=f(v)$。

这些预备试验一直做到当速度或力值达到表 26 所规定的最大极限值时结束。

在最大极限值的情况下，进行 40 次同样的冲击。如果残余应变稳定发展且低于规定的限值，可以减少冲击次数。

表 25　冲击试验用仪器特性

	冲击速度	缓冲器力	缓冲器位移	加速度	应变
测试链的传输/频率方式		如果测试信号最大在 1dB，则传输频率为 1kHz			
传感器位置/测点位置	在冲击车冲击被冲击车前瞬间测量	在被试车的缓冲器安装板和车体端部/车头之间安装测力计	每个缓冲器安装 2 个位移传感器（分别位于缓冲器安装板和缓冲器头部之间的上方和下方）	被试车的中间，该位置可能位于或低于货物区域的中心	与测点布置计划一致
被测量的最大值	20 km/h	2 000 kN	160 mm	200 m/s²	3‰
测试仪器精度	±1%	±5%	±2%	±2.5%	±2.5%
滤波限制频率要求[a]	不滤波	$f\geqslant100$ Hz[b]	$f\geqslant100$ Hz[b]	$f=32$ Hz	不滤波
观察	对于特定的研究，可以测试冲击车在冲击后的速度	静标定的力传感器	对于每个缓冲器的两个位移传感器的电测信号，取其 RMS（均方根）值	应消除固定部件的自振影响	在报告中应说明所使用的应变片的特性

[a]滤波应采用基于巴特沃斯特性的低通滤波器，在限定的频率条件下，频率响应衰减-3dB，且≥24dB/倍频程（4阶）。在试验报告中应对频率响应衰减下降进行说明。

[b]冲击力和缓冲器位移的滤波应同步，且在试验报告中应说明滤波频率。

预备试验以及一系列的冲击试验应在表 26 所制定的条件下进行。除非在技术规范中有说明，特别是对驼峰溜放调车、推送以及冲击其他有限制要求的车辆，冲击速度可以限定在 7 km/h。

表 26 预备试验以及系列冲击试验的条件

限定值		预备试验	系列试验[b]
每个缓冲器的力[a]	冲击速度		
1 500 kN[c,d]	12 km/h	用10次冲击将冲击速度提高至12 km/h,其中在大约9 km/h的速度级上冲击3次。 如果有个别缓冲器的力值在冲击速度小于12 km/h时达到了1 500 kN[c],则冲击速度将不应再超过该速度	在预备试验中确定的限定速度下进行40次冲击: —12 km/h或 —某个缓冲器力值达到1 500 kN[c,e,f]时相对应的速度

[a]车辆一端的缓冲器力值允许存在±200 kN的偏差,但是两个缓冲器的力值之和不应超过3 000 kN;
[b]在预备试验中如果某个缓冲器的力值未能超过1 000 kN,则可以摈弃进行40次冲击的系列试验;
[c]如果被试车装用了EN 15551:2009标准中的C类缓冲器,则缓冲器力值可以根据与铁路部门的协议降低到1 300 kN;
[d]当冲击速度小于9 km/h时,缓冲器力值如果已经达到1 000 kN,或所关注的货物区域的加速度测试值超过了预定的限值而不能满足防损要求,则试验的车辆就应装用更高容量的缓冲器;
[e]如果铁路部门有要求,可在试验结束时进行冲击速度到12 km/h,缓冲器力值超过1 500 kN的试验;
[f]对于装用长行程液压缓冲器的车辆,缓冲器的力值限定为1 000 kN

8.2.5 车辆的特殊工况

8.2.5.1 对于底架压缩强度为1 200 kN的F-Ⅱ型车的特殊工况

考虑到没有装用长行程缓冲器的汽车运输车和联运车辆:

预备试验应在以下两种装载条件和速度下进行:

——7 km/h,最大载重;

——12 km/h,空车条件。

根据缓冲器力值的测试,试验程序见表27。

表 27 试验程序

最大冲击速度	单个缓冲器力值(kN)	后续动作
7 km/h(重车) 或 12 km/h(空车)	$F<600$[a]	不进行系列试验
	$660\leqslant F<900$[b]	当底架出现残余应力时,在最不利载荷、速度条件下进行40次冲击的系列试验
	$F>900$[b]	为车辆装用更高性能的缓冲器并重复预备试验

[a]车辆一端的两个单独缓冲器的最大值和最小值偏差允许为±100 kN,但总的缓冲器力值不应超过1 200 kN;
[b]车辆一端的两个单独缓冲器的最大值和最小值偏差允许为±100 kN,但总的缓冲器力值不应超过1 800 kN

对于需要进行40次冲击的系列试验,在每5次冲击后应进行以下测试:

——冲击时刻的应力;

——使用应变桥路测量冲击后的残余应变;

——冲击后的货物尺寸在长度上的变化量。

8.2.5.2 装有自动车钩的货车的特殊工况

对于F-Ⅰ型车冲击速度要达到12 km/h,F-Ⅱ型车冲击速度可以限定在7 km/h。

8.2.5.3　根据 RID 要求装有耐撞击缓冲器的罐车

应当对耐撞击缓冲器结构进行测试，以表明在载荷的峰值下，能量吸收单元能够被转移进入该结构，而无任何塑性变形和任何明显的结构塌陷。

按照 6.3 要求的静态试验和在 12 km/h 的冲击试验在该项试验中是等价的。

8.3　结果评估

各种不同的冲击试验均不能造成任何明显的永久变形。应当记录在转向架与底架、底架与车体以及悬挂连接部位的危险点处产生的应力。

带有侧缓冲器的车辆的试验结果应当满足以下条件：

——在预备冲击和 40 次系列冲击中积累的残余应变应小于 2‰，并且应当在系列冲击的第 30 冲之前稳定。当这些结构有特殊条款规定时，此要求不适用。

——重要尺寸的变化不会削弱车辆操作安全。

附录 4
中国铁路行业标准对冲击试验的要求

附录 4.1　铁道车辆强度设计及试验鉴定规范

TB/T 1335—1996

8.8　车辆冲击试验

8.8.1　试验车辆

车辆冲击试验是用一辆具有一定速度的车辆(冲击车)向一辆静止的车辆(受试车)冲击并符合下列要求:

——受试车应处于非制动静止状态;

——受试车应装有设计时所采用的缓冲装置;

——冲击车和受试车应具有实际运用技术状态,并装载到标记载重;

——冲击车的垂向静载重应与受试车相近但货车不应小于 80 t。

8.8.2　测量参数

——车辆结构重要部位处的应力;

——加速度;

——车钩力;

——实际冲击速度;

——缓冲器位移。

对于加速度,一般主要测量车体中梁的纵向加速度;对于客车,建议增加测量车辆结构危险部位(包括车体与转向架连接处、安装在车体内部或外部的部件连接处,尤其是车体上安装有质量较大部件的连接处等)及车内地板面处的加速度。

测量以上参数时,建议:采用电阻应变计测量应力时的滤波频率不小于 100 Hz,测量加速度的滤波频率不小于 32 Hz,测量车钩力的滤波频率不小于 100 Hz。

8.8.3　试验方法

冲击车冲击速度从 3 km/h 开始,每次递增 1～2 km/h,直至车钩力达到货车 2 250 kN,客车 1 180 kN 或冲击速度达到 8 km/h 为止,以先达到者为准。先达到规定速度值时，按相应速度下的车钩力评价车辆的冲击强度。

8.8.4　结果评定

8.8.4.1　冲击试验后受试车仍应具有良好的运用技术状态，车体不得产生残余变形，不得有任何车辆零部件发生损伤。

8.8.4.2　将冲击试验应力与垂向静载荷下的应力合成(对于装运散粒货物的车辆还应加上 8.2.2 中的 σ_{c2}，即第二工况散粒货物侧压力引起的应力)其值应不大于表 3 第二工况下的许用应力(复杂应力状态下的合成应力按 8.2.3.4 方法处理)。

附录 4.2　铁道车辆冲击试验方法

TB/T 2369—2010

3　总则

铁道车辆冲击试验是用一辆具有一定质量和速度的车辆(冲击车)向一辆停在平直铁道线上处于非制动状态的受试车(被冲击车)冲撞，同时用测试仪器测量和记录冲击过程中发生的冲击力及应力等动态参数。另用一辆或数辆处于制动状态的车辆(阻挡车)停在受试车后面(非直接受冲击的一端)约 1 m 处，以限制冲击后受试车的移动距离。

冲击车获得速度的方式是让其从斜坡上适当高度处靠重力作用自由溜下斜坡。

4　试验要求

4.1　受试车

受试车应经过制造商检验合格，在冲击试验前应进行静强度试验并记录其技术状态，如变形等。

受试车应安装设计所采用的缓冲器。

受试车应装载到标记载重。所装货物应有代表性并符合装载要求。客车、专用车按设计要求装载。

4.2　冲击车

受试车为货车时，应选用一辆装有 MT-2 型缓冲器的货车作为冲击车，均匀装载至总重 92^{0}_{-1} t。

受试车为客车时，应选用一辆客车作为冲击车，用袋装干砂均匀装载到总重(包括自重)与受试车总重相当。也可用一辆货车代替，但应将其缓冲器换成与受试车同型号的缓冲器，总重亦装载到与受试车相当。

4.3　阻挡车

一般用途的客、货车均可作为阻挡车并尽可能装载到标记载重。

阻挡车的手制动机应处于制动位，并在车下轨道上适当位置放置不少于两对铁鞋。

4.4　测量项目

4.4.1　车钩力

在受试车直接受冲击端上换上测力车钩，该车钩所承受的纵向冲击力即为车钩力。测力车钩应预先在钩身上贴电阻应变片组成电桥,电桥的联线方式应能消除由于纵向冲击力偏离车钩纵向中心而引起的附加应变,然后在试验机或荷重传感器上进行静力标定。标定载荷为:不小于表1规定的车钩力值的110%。

表1 车钩力　　单位为 kN

车种		车钩力
一般用途客车		1 180
一般用途货车	轴重 21 t	2 250
	轴重 23 t	2 500
	轴重≥25 t	设计规定的纵向力值
专用车辆		设计规定的纵向力值

4.4.2 车辆部件动应力

一般情况下主要测量车体各主要部件(如牵引梁、中枕梁节点、枕侧梁节点、敞车端墙横梁等部位,必要时包括转向架等其他零部件)的动应力,采用电阻应变片法测量。应变片的布置应根据应力状态确定,在断面突变部位,测点中心应离突变断面 20 mm,离构件翼缘边 10 mm。

4.4.3 缓冲器位移

测量缓冲器位移的位移传感器安装在钩尾框纵向中心线下方前后从板座间的适当位置。

4.4.4 加速度

一般情况下车体中梁(必要时包括转向架等其他部件)的纵向加速度。测量中梁纵向加速度的传感器应安装于中央横向水平中心线附近的中梁腹板外侧处。对于无中梁车体,传感器应安装于车体中部主要承载结构件上。

4.4.5 冲击速度

冲击速度是指冲击车与受试车即将发生冲撞前瞬间冲击车的速度,用轨道贴片法、在冲击车上安装速度传感器法或其他更精确的方法测量。轨道贴片法是在轨道腹板上相距 500 mm 的两点分别贴一组电阻应变片,记录发生冲撞前瞬间冲击车第一轮对(首先接近受试车的轮对)越过第一点到第二点所经历的时间,通过换算得出冲击速度。在冲击车上安装速度传感器法是将速度传感器安装在冲击车辆上测得冲击车辆的速度。

4.5 测量仪器及传感器

4.5.1 试验所用的仪器及传感器均应经过计量检定机构检验合格,并在有效期内。

4.5.2 测量仪器及传感器的采样频率应不小于 1 000 Hz,仪器的非线性误差应在±0.1%之内,零漂应在±5 $\mu\varepsilon$/4 h 及 1.5 $\mu\varepsilon$/℃以内。

4.5.3 测量仪器滤波器特性应为4阶 Butterworth 滤波器,在定义带宽范围内,滤波器应有±1 dB的精度。在带宽外,要求每倍频程 24 dB 的衰减梯度,直到衰减−60 dB。

4.5.4　测力车钩等力传感器非线性误差应小于±1%。

4.5.5　位移传感器的非线性误差应小于±1%。

4.5.6　加速度传感器的非线性误差应小于±1%。

4.5.7　电阻应变片与被测构件之间的绝缘电阻应在 200 MΩ 以上，在特殊困难条件下也不得低于 50 MΩ。

5　试验程序

5.1　预备试验

在完成各测点的传感器与测量仪器之间的导线连接及仪器调试后，应对各测量参数进行初始标定，然后以 2～3 km/h 的速度试冲击 2～3 次，确认测试系统正常后，正式进行冲击试验。

5.2　正式试验

5.2.1　冲击速度从 3 km/h 开始，逐级升高，每级升高 1 km/h，每级的冲击次数不少于 3 次，当车钩力接近或稍超过表 1 的规定值时或当冲击速度客车达到 7 km/h、货车达到 12 km/h 时即可停止冲击，以先达到者为准。

5.2.2　在冲击试验过程中应对受试车结构及车辆设备进行系统的观察，停止冲击后详细检查和记录。

5.2.3　冲击试验时应记录试验场地的大气环境温度及相对湿度。

5.2.4　停止冲击后应对各测量参数进行末标定，确认仪器及传感器的工作状态正常后即可结束试验。

6　试验数据处理

6.1　数据的采集以及处理

各个测量参数应采用计算机进行数据的采集及处理。

6.2　滤波截止频率

车钩力及车辆部件动应力取 100 Hz ，加速度取 20 Hz。

6.3　测量值

在每冲击一次所记录的各参数随时间的变化历程中，每个测试项只取一个最大值作为测量值。

6.4　应力合成

6.4.1　对一般用途客、货车，先将最后达到的车钩力或冲击速度级三次测试项数据平均，再将车体各主要部件的动应力按该级车钩力与动应力的比例关系换算为车钩力等于表 1 的规定值时相应的动应力值，然后与垂直静载重下产生的静应力合成。对于装运散粒货物的车辆，还应加上第二工况散粒货物侧压力作用下的应力。当受试车为罐车时，还应加上内压载荷作用下的应力。

6.4.2　对专用客、货车，除特殊要求外与一般用途客、货车相同。

7　车体动强度的评定

按 6.4.1 或 6.4.2 方法整理得到的车体各主要部件的合成应力值，应小于 TB/T 1335 规定的金属零部件许用应力值，客车按第一工况，货车按第二工况。

附录 4.3　机车车辆缓冲器

TB/T 1961—2006

B.1　基本要求

B.1.1　被试缓冲器从每批交验的产品中抽取两套。试验前，应按产品设计图样和技术要求做外观检查，并测量尺寸。

B.1.2　冲击车和被冲击车应选 4E 轴敞车，两车均用碎石、干砂或煤炭装载到 $100_{-2}^{\ 0}$ t。被冲击车装有被试缓冲器，冲击车应装用经标定合格的 MT-2 型缓冲器。

B.1.3　阻挡车应装载到标记载重。

B.1.4　试验仪器设备应满足环境要求。

B.1.5　试验中，应对缓冲器和车辆结构及车辆设备进行全面检查并做记录。试验后，应对缓冲器进行分解检查。

B.1.6　测量仪器应满足下列要求：

a)冲击试验用动态数据采集系统的频率响应高于 1 000 Hz，非线性不大于 0.3%。

b)数据处理时滤波截止频率，车钩力、位移取 100 Hz，加速度取 32 Hz。

c)波形记录仪的非线性误差应小于 3%，时标误差应小于 2%。

d)测力车钩、位移和加速度传感器的非线性误差不应大于 1%。

e)电阻应变片与测力车钩钩体间的绝缘电阻应大于 200 MΩ。

f)测量导线应为屏蔽导线。

B.1.7　车钩力等参数的测量应采用以下方法：

a)车钩力(即冲击力)：测力车钩安装于被冲击车的被冲击端。测力车钩应预先在车钩钩身上粘贴电阻应变片并组成电桥，电桥的连接方式应能消除由于纵向冲击力偏离车钩纵向中心线而引起的附加应变，然后在试验机或荷重传感器上进行静力标定。标定载荷为被试缓冲器额定阻抗力的 1.3 倍。

b)缓冲器位移：将测量缓冲器行程的位移传感器安放在牵引梁纵向中心线下方前后从板座间的适当位置。

c)冲击速度：冲击速度一般采用在轨道上粘贴电阻应变片的方法测量，即在钢轨腹板上相距 500 mm 的两点处分别粘贴电阻应变片，记录发生冲击前瞬间冲击车首先接近被冲击车的轮对越过第一点到第二点所经历的时间，然后通过换算得出冲击速度。冲击后的速度采用同样原理测量。

d)加速度：一般情况下主要是测量车体中梁的纵向加速度。测量加速度的传感器应安装在中梁中央横向水平中心线附近的中梁腹板外侧处。

B.2　试验方法

B.2.1　基本方法

试验时被冲击车停在平直的线路上，并处于非制动状态。在距被冲击车非直接冲击端约 1 m 处停放一辆或数辆制动状态的阻挡车,并在车下轨道上适当位置安放不少于两对铁鞋,以限制被冲击车受冲击后的移动距离。冲击车以一定的速度(应通过在经标定的斜坡上溜放获得速度,速度误差为±0.2 km/h)向被冲击车冲撞,同时测量和记录冲击过程中发生的冲击力、缓冲器位移、冲击速度(冲击前及冲击后)及加速度等参数;必要时,还应测量车体关键部位的应力及加速度等参数。

B.2.2　预备试验

在完成测点、传感器与测量仪器之间的导线连接及调试后,应对各测量参数进行初始标定。然后,冲击车以不大于 3 km/h 的速度试冲三次,检查分析各测点工作是否正常,经调整正常后方可进行正式试验。

B.2.3　正式试验

B.2.3.1　额定冲击速度测定

冲击速度从 3 km/h 开始,每挡以 1 km/h 的增量增速,当车钩力达到缓冲器额定阻抗力的 90%或缓冲器位移差 5 mm 压死时,改以 0.5 km/h 的增量增速,直至车钩力达到缓冲器额定阻抗力为止。每挡速度冲击三次,取其平均值。额定冲击速度应从最靠近的大于和小于额定阻抗力的两点,按线性内插法计算求得。当车钩力尚未达到缓冲器额定阻抗力而缓冲器已压死时,则以压死时的速度作为额定冲击速度。

B.2.3.2　最大冲击速度测定

当阻抗力和位移二者之一未达到最大值时,继续以 0.5 km/h 的增量增速,直至车钩力达到最大阻抗力时为止。最大冲击速度应从最靠近的大于和小于最大阻抗力的两点,按线性内插法计算求得。当车钩力尚未达到上述两种力值而缓冲器已压死时,则以压死时的速度作为最大冲击速度。每挡速度的冲击次数及取值方法与 B.2.3.1 相同。

B.2.4　试验标定

在停止冲击后应对各测量参数进行标定,确认测量仪器及传感器工作状态正常后方可结束试验。

B.3　试验数据处理

B.3.1　各测量参数应用动态数据采集系统记录和进行处理。

B.3.2　在每冲击一次所记录的各参数随时间的变化过程中,取其最大峰值作为测量值。

B.3.3　缓冲器的额定冲击速度取两个被试缓冲器的平均值。

B.4　试验结果的评定

缓冲器的冲击试验结果按 8.2.2 的规定进行评定。

附录 5

129.7 t 罐车调车场冲击力研究(Investigation of Yard Impact Forces on 286000Ib Tank Cars)

本部分内容介绍了加拿大国家研究委员会地面交通技术中心(NRC-CSTT)于2000年发布的技术报告,在该报告中介绍了利用 ADAMS 软件计算罐车在多种编组和装用不同缓冲器条件下的冲击力情况。下面介绍报告主要内容。

1 计算模型

1.1 ADAMS 模型

该 ADAMS 模型能够模拟罐车车体、摇枕、侧架的纵向和垂向运动以及车体的点头运动。由于调车场冲击时,车体、摇枕和侧架的侧滚和摇头运动不明显,因此这些部件的侧滚和摇头运动没有在模型中加以考虑。为了在模型中表达出缓冲器的非线性特性、刚性车体的运动、侧架和摇枕之间的摩擦、车体心盘与摇枕脱离的可能性、车钩间的垂向摩擦、车辆悬挂的非线性以及轨道弹性,使用了不同质量、线性与非线性弹簧、阻尼以及摩擦单元。该模型还可以根据罐体内液体装载情况,对液体重心的运动和阻尼利用了一个准静态模型来模拟罐体内液体的晃动。该模型与一系列的一辆罐车冲击四辆罐车的冲击试验具有很好的相关性。其他的工作也证明了该模型在研究冲击速度、罐体内液体装载高度情况,载重和不同辆数的冲击车、被冲击车等影响因素下的可用性。

1.2 缓冲器

计算中使用了 4 种缓冲器,分别为:Crown SE2 型、TF-880 型、Crown TG 型及Mark 50 型。

图 1 是各缓冲器由落锤试验得来的阻抗力与位移构成的特性曲线。

其中:位移单位:英寸,1 英寸=25.4 mm;

缓冲器阻抗力单位:kip(千磅),1 kip=4.45 kN,100 kip=445 kN

1.3 罐车总重

产生最大冲击力的临界载荷是当罐车总重达到最大轨道总重的时候。罐车装载达到其容积的 98%。可以在给定罐体容积的情况下调节液体密度或在液体密度确定的情况下调节罐体容积两种方法来得到想要的轨道总重。无论采用两种方法中的任

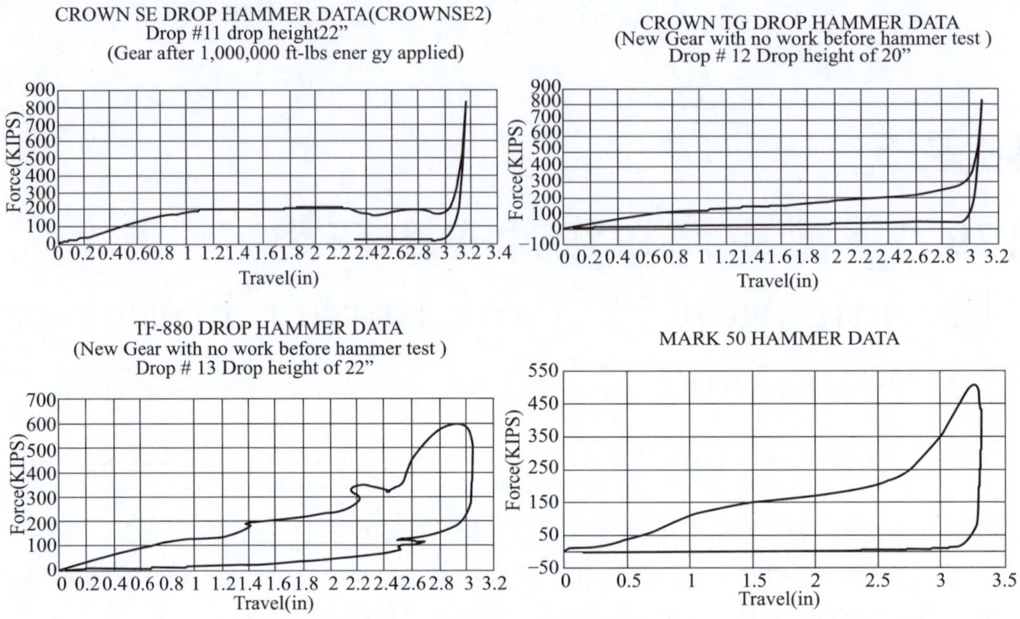

图 1　缓冲器落锤试验特性曲线

一方法，都能够使车辆总重分别为 286 000 磅(129.7 t)和 263 000 磅(119.3 t)。

1.4　车辆编组

计算时，冲击车分别为 1 辆、2 辆、3 辆，被冲击车分别为 1 辆、2 辆、3 辆和 5 辆，所有车辆均采用同样缓冲器，表 1 给出了冲击车与被冲击车的 12 种工况。

表 1　工况组合表

冲击车数量	被冲击车数量	冲击车数量	被冲击车数量
1	1	2	3
1	2	2	5
1	3	3	1
1	5	3	2
2	1	3	3
2	2	3	5

计算在车辆总重为 286 000 磅(129.7 t)时，以上 12 种冲击车和被冲击车的组合中，当分别采用 4 种缓冲器时，则有 48 种工况；当车辆总重为 263 000 磅(119.3 t)时，以上 12 种冲击车和被冲击车的组合，当均采用 Mark 50 型缓冲器时，则有 12 种工况，这 12 种工况作为基准与以前的工作联系起来。

计算冲击车分别为 1 辆和 2 辆，单车总重为 286 000 磅(129.7 t)；被冲击车分别为 1 辆和 5 辆，单车总重为 263 000 磅(119.3 t)；冲击车分别装用 Crown TG 型和

TF-880 型缓冲器；被冲击车全部装用 TF-880 型缓冲器，则又有 8 种工况。因此，共计算了 68 种工况。

1.5　仿真方法

仿真计算冲击车分别以 3.5(5.6)、4.5(7.2)、5.5(8.9)、6.5(10.5)、7.5(12.1)、8.5(13.7)和 9.5(15.3)英里/h(km/h)的速度冲击静止的非制动车辆时的最大冲击力。

在以前的研究中，NRC-CSTT 仅使用过 Mark 50 型缓冲器。用于计算的 Mark 50 型缓冲器的力与位移曲线来自新缓冲器的落锤试验。

2　计算结果

计算结果以图和表的形式给出，其中系数 K 表示在同一冲击速度下，车辆总重为 286 000 磅(129.7 t)时的车钩力最大值与车辆总重为 263 000 磅(119.3 t)且装用 Mark 50 型缓冲器时的冲击力最大值之比。即：

$$K=\frac{F}{F_{263,\mathrm{Mark50}}}$$

在计算结果中提供的数据中，所有力的单位均为千磅，1 千磅＝4.45 kN。

在图表中以字母 H 代表冲击车，字母 A 代表被冲击车，字母前面的数字代表车辆的数量。

Speed (mi/h)	Crown SE2 286,000 lb		TF-880 286,000lb		Crown TG 286,000 lb		Mark 50 286,000 lb		Mark 50 263,000 lb
	Force	K	Force	K	Force	K	Force	K	Force
3.5	203	1.052	263	1.363	197	1.021	205	1.062	193
4.5	205	0.553	369	0.995	320	0.883	389	1.049	371
5.5	577	0.890	526	0.812	669	1.032	662	1.022	648
6.5	973	0.989	717	0.729	1 029	1.048	1 038	1.055	984
7.5	1 282	1.018	978	0.777	1 332	1.057	1 343	1.067	1 259
8.5	1 560	1.010	1 253	0.812	1 677	1.087	1 635	1.060	1 543
9.5	1 898	0.983	1 517	0.786	1 963	1.027	1 930	1.000	1 930

Speed (mi/h)	Crown SE2 286,000 lb		TF-880 286,000lb		Crown TG 286,000 lb		Mark 50 286,000 lb		Mark 50 263,000 lb
	Force	K	Force	K	Force	K	Force	K	Force
3.5	203	1.005	272	1.347	209	1.035	208	1.030	202
4.5	297	0.765	389	1.003	412	1.062	387	0.997	388
5.5	736	1.097	556	0.829	813	1.212	730	1.088	671
6.5	1 073	1.042	755	0.733	1 120	1.087	1 106	1.074	1 030
7.5	1 367	1.032	1 030	0.777	1 430	1.079	1 385	1.045	1 325
8.5	1 647	1.026	1 319	0.821	1 722	1.072	1 671	1.040	1 606
9.5	1 954	1.024	1 628	0.853	2 036	1.067	1 958	1.026	1 908

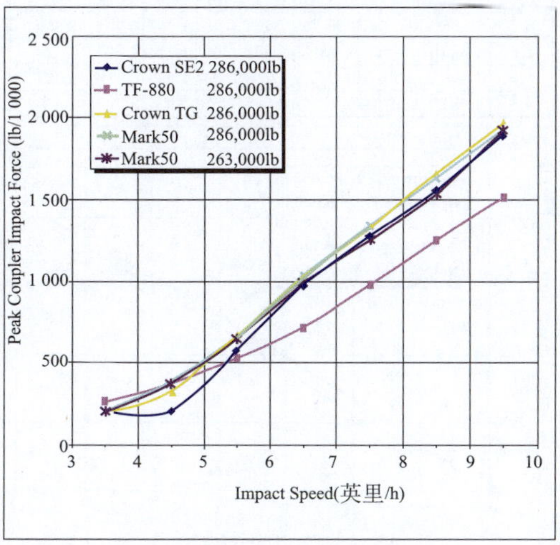

图表 1　1 辆车冲击 1 辆车

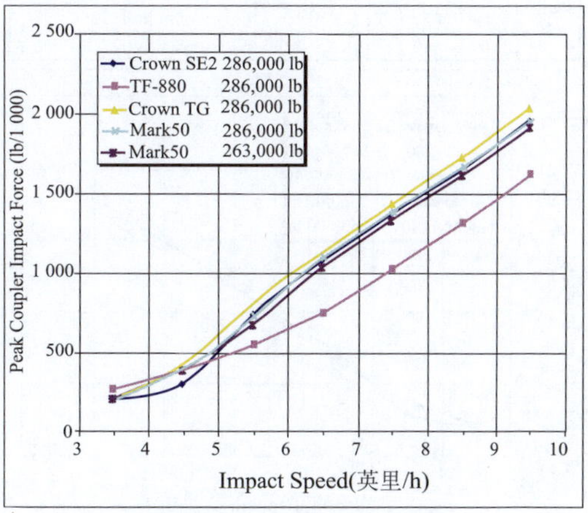

图表 2　1 辆车冲击 2 辆车

Speed (mi/h)	Crown SE2 286,000 lb		TF-880 286,000lb		Crown TG 286,000 lb		Mark 50 286,000 lb		Mark 50 263,000 lb
	Force	K	Force	K	Force	K	Force	K	Force
3.5	203	1.005	272	1.347	208	1.030	207	1.025	202
4.5	300	0.771	389	1.000	412	1.059	387	0.995	389
5.5	737	1.098	556	0.829	813	1.212	730	1.088	671
6.5	1 074	1.042	755	0.732	1 120	1.086	1 088	1.055	1 031
7.5	1 368	1.032	1 030	0.777	1 430	1.079	1 384	1.045	1 325
8.5	1 647	1.026	1 319	0.822	1 722	1.073	1 670	1.040	1 605
9.5	1 954	1.024	1 629	0.854	2 036	1.067	1 957	1.026	1 908

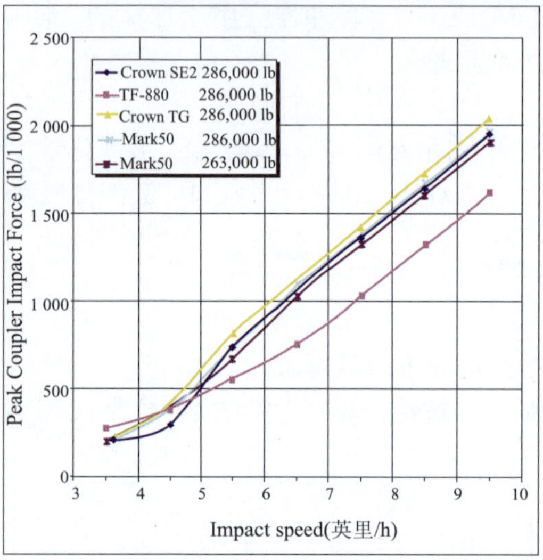

图表 3　1 辆车冲击 3 辆车

Speed (mi/h)	Crown SE2 286,000 lb		TF-880 286,000lb		Crown TG 286,000 lb		Mark 50 286,000 lb		Mark 50 263,000 lb
	Force	K	Force	K	Force	K	Force	K	Force
3.5	203	1.005	272	1.347	209	1.035	206	1.020	202
4.5	300	0.773	389	1.003	412	1.062	387	0.997	388
5.5	737	1.098	556	0.829	813	1.212	730	1.088	671
6.5	1 073	1.042	755	0.733	1 120	1.087	1 088	1.056	1 030
7.5	1 367	1.031	1 030	0.777	1 430	1.078	1 385	1.044	1 326
8.5	1 647	1.026	1 319	0.822	1 722	1.073	1 671	1.041	1 605
9.5	1 954	1.024	1 628	0.853	2 036	1.067	1 958	1.026	1 908

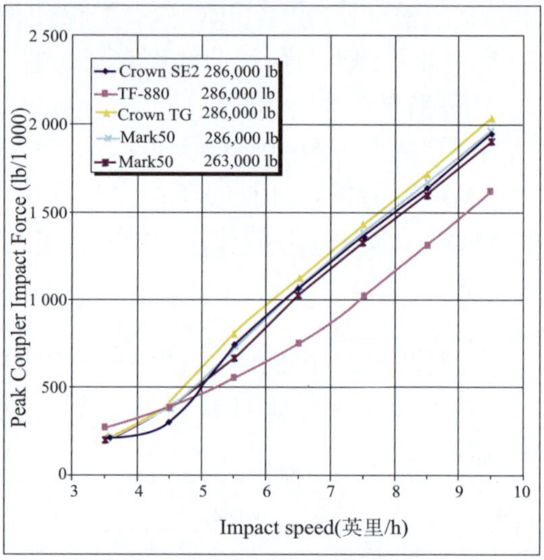

图表 4　1 辆车冲击 5 辆车

Speed (mi/h)	Crown SE2 286,000 lb		TF-880 286,000lb		Crown TG 286,000 lb		Mark 50 286,000 lb		Mark 50 263,000 lb
	Force	K	Force	K	Force	K	Force	K	Force
3.5	203	1.000	274	1.350	209	1.030	208	1.025	203
4.5	299	0.775	383	0.992	406	1.052			386
5.5	720	1.089	554	0.838	797	1.206	893	1.048	661
6.5	1 022	1.013	749	0.742	1.078	1.068	1 071	1.060	1 009
7.5	1 359	1.039	990	0.757	1 403	1.073	1 368	1.046	1 308
8.5	1 644	1.055	1 278	0.620	1 703	1.093	1 614	1.036	1 558
9.5	1 926	1.010	1 551	0.813	2 026	1.062	1 896	0.994	1 907

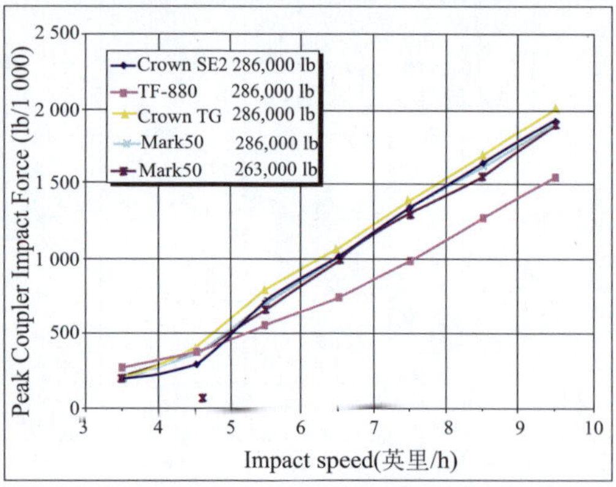

图表 5　2 辆车冲击 1 辆车

Speed (mi/h)	Crown SE2 286,000 lb		TF-880 286,000lb		Crown TG 286,000 lb		Mark 50 286,000 lb		Mark 50 263,000 lb
	Force	K	Force	K	Force	K	Force	K	Force
3.5	203	0.981	288	1.391	238	1.150	212	1.024	207
4.5	521	1.339	414	1.064	523	1.344	391	1.005	389
5.5	833	1.165	579	0.810	871	1.218	769	1.076	715
6.5	1 136	1.071	800	0.754	1 159	1.092	1 117	1.053	1 061
7.5	1 420	1.051	1 064	0.788	1 461	1.081	1 410	1.044	1 351
8.5	1 696	1.041	1 351	0.829	1 748	1.073	1 695	1.041	1 629
9.5	1 985	1.030	1 662	0.862	2 062	1.070	1 976	1.025	1 927

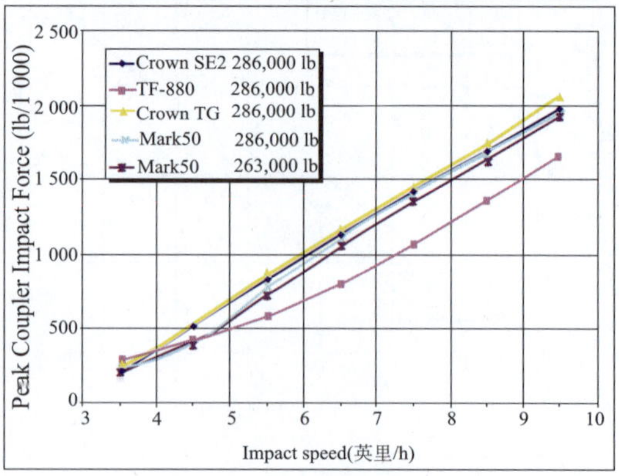

图表 6　2 辆车冲击 2 辆车

Speed (mi/h)	Crown SE2 286,000 lb		TF-880 286,000 lb		Crown TG 286,000 lb		Mark 50 286,000 lb		Mark 50 263,000 lb
	Force	K	Force	K	Force	K	Force	K	Force
3.5	234	1.130	288	1.391	238	1.150	212	1.024	207
4.5	522	1.342	414	1.064	523	1.344	391	1.005	389
5.5	833	1.165	579	0.810	871	1.218	769	1.076	715
6.5	1 137	1.072	800	0.754	1 160	1.093	1 117	1.053	1 061
7.5	1 421	1.052	1 064	0.788	1 461	1.081	1 410	1.044	1 351
8.5	1 696	1.041	1 351	0.829	1 749	1.074	1 695	1.041	1 629
9.5	1 985	1.030	1 662	0.862	2 063	1.071	1 976	1.025	1 927

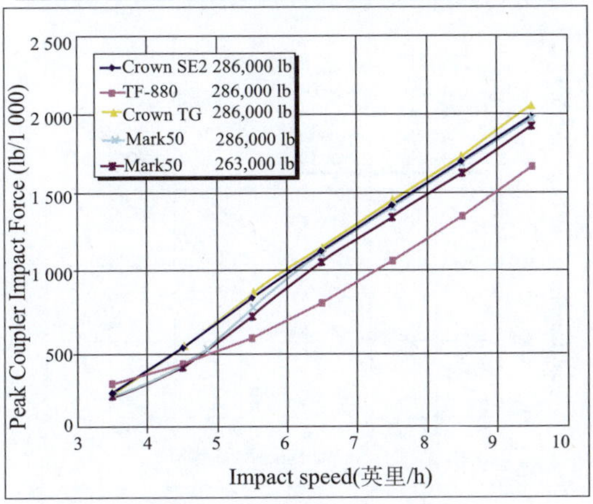

图表7　2辆车冲击3辆车

Speed (mi/h)	Crown SE2 286,000 lb		TF-880 286,000 lb		Crown TG 286,000 lb		Mark 50 286,000 lb		Mark 50 263,000 lb
	Force	K	Force	K	Force	K	Force	K	Force
3.5	203	0.981	288	1.391	239	1.155	213	1.029	207
4.5	523	1.344	414	1.064	524	1.347	391	1.005	389
5.5	833	1.165	579	0.810	871	1.218	757	1.059	715
6.5	1 137	1.072	800	0.754	1 160	1.093	1 118	1.054	1,061
7.5	1 420	1.051	1 065	0.788	1 461	1.081	1 410	1.044	1 351
8.5	1 696	1.010	1 351	0.829	1 749	1.073	1 695	1.040	1 630
9.5	1 985	1.030	1 662	0.862	2 062	1.070	1 976	1.025	1 927

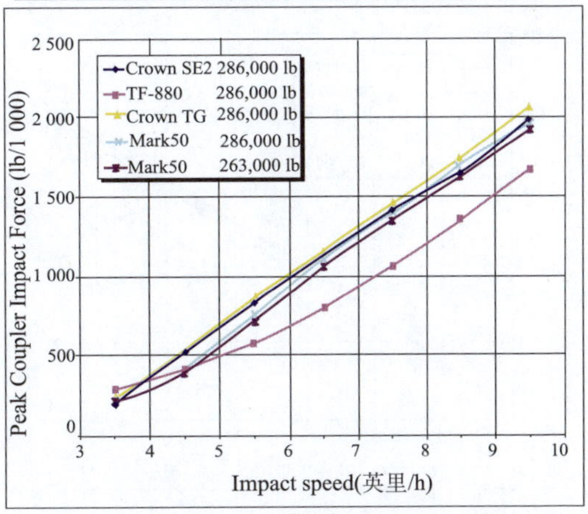

图表8　2辆车冲击5辆车

Speed (mi/h)	Crown SE2 286,000 lb		TF-880 286,000 lb		Crown TG 286,000 lb		Mark 50 286,000 lb		Mark 50 263,000 lb
	Force	K	Force	K	Force	K	Force	K	Force
3.5	203	1.005	273	1.351	208	1.030	208	1.030	202
4.5	301	0.776	389	1.003	413	1.064	387	0.997	388
5.5	737	1.098	556	0.829	813	1.212	730	1.088	671
6.5	1 074	1.042	755	0.732	1 120	1.086	1 087	1.054	1 031
7.5	1 368	1.032	1 030	0.777	1 430	1.079	1 385	1.045	1 325
8.5	1 617	1.026	1 319	0.822	1 722	1.073	1 671	1.041	1 605
9.5	1 953	1.024	1 629	0.854	2 036	1.067	1 957	1.026	1 908

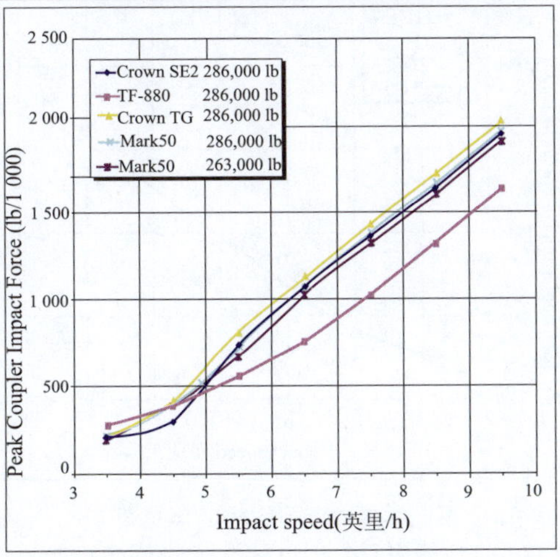

图表9　3辆车冲击1辆车

Speed (mi/h)	Crown SE2 286,000 lb		TF-880 286,000 lb		Crown TG 286,000 lb		Mark 50 286,000 lb		Mark 50 263,000 lb
	Force	K	Force	K	Force	K	Force	K	Force
3.5	203	0.981	288	1.391	239	1.155	209	1.010	207
4.5	523	1.344	414	1.064	524	1.347	391	1.005	389
5.5	833	1.165	579	0.810	871	1.218	769	1.076	715
6.5	1 136	1.072	800	0.755	1 160	1.093	1 117	1.054	1 060
7.5	1 421	1.052	1 061	0.785	1 461	1.081	1 410	1.044	1 351
8.5	1 696	1.040	1 351	0.829	1 748	1.072	1 694	1.039	1 630
9.5	1 985	1.030	1 662	0.862	2 062	1.070	1 976	1.025	1 927

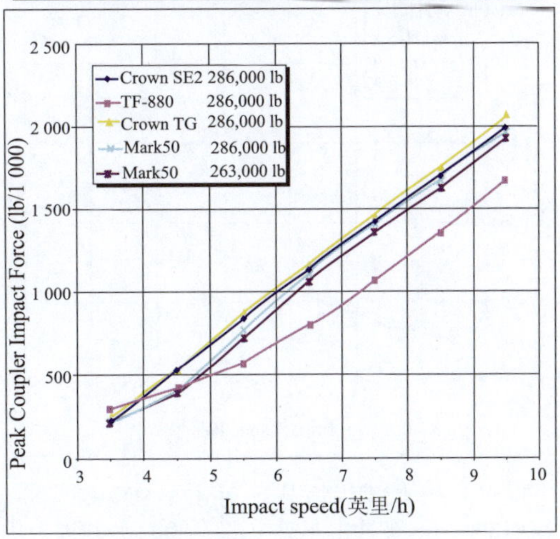

图表10　3辆车冲击2辆车

Speed (mi/h)	Crown SE2 286,000 lb		TF-880 286,000 lb		Crown TG 286,000 lb		Mark 50 286,000 lb		Mark 50 263,000 lb
	Force	K	Force	K	Force	K	Force	K	Force
3.5	203	0.981	268	1.391	239	1.155	214	1.034	207
4.5	525	1.350	414	1.064	524	1.347	391	1.005	389
5.5	834	1.165	579	0.809	871	1.216	770	1.075	716
6.5	1 136	1.071	800	0.754	1.160	1.093	1 117	1.053	1 061
7.5	1 419	1.050	1 062	0.786	1.461	1.081	1 410	1.044	1 351
8.5	1 696	1.040	1 351	0.829	1.749	1.073	1 695	1.040	1 630
9.5	1 985	1.030	1 662	0.862	2.062	1.070	1 976	1.025	1 927

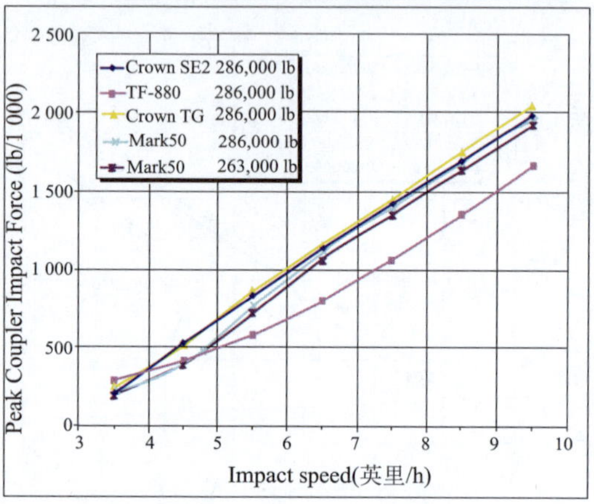

图表 11　3 辆车冲击 3 辆车

Speed (mi/h)	Crown SE2 286,000 lb		TF-880 286,000 lb		Crown TG 286,000 lb		Mark 50 286,000 lb		Mark 50 263,000 lb
	Force	K	Force	K	Force	K	Force	K	Force
3.5	203	0.981	288	1.391	239	1.155	213	1.029	207
4.5	525	1.350	414	1.064	524	1.347	391	1.005	389
5.5	834	1.166	579	0.810	871	1.218	769	1.076	715
6.5	1 137	1.073	800	0.755	1.160	1.094	1 117	1.054	1 060
7.5	1 421	1.052	1 061	0.785	1.461	1.081	1 410	1.044	1 351
8.5	1 697	1.041	1 351	0.829	1.749	1.073	1 695	1.040	1 630
9.5	1 985	1.030	1 662	0.862	2.062	1.070	1 976	1.025	1 927

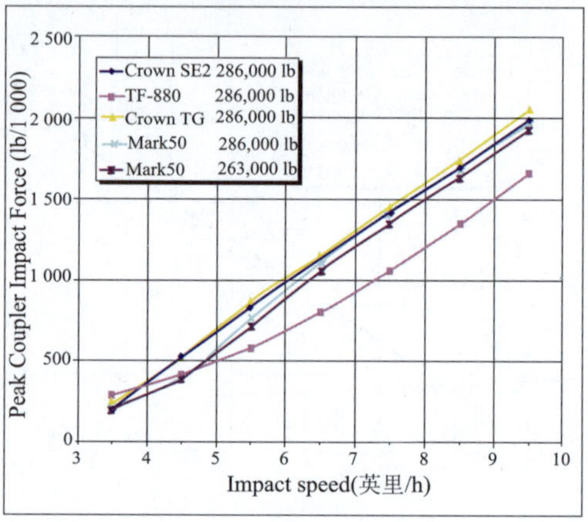

图表 12　3 辆车冲击 5 辆车

Speed (mi/h)	Car Configuration			
	1H-1A	1H-5A	2H-1A	2H-5A
3.5	257	267	267	281
4.5	360	380	377	403
5.5	506	543	536	559
6.5	695	733	722	771
7.5	923	1 003	961	1 037
8.5	1 217	1 290	1 244	1 322
9.5	1 501	1 596	1 519	1 629

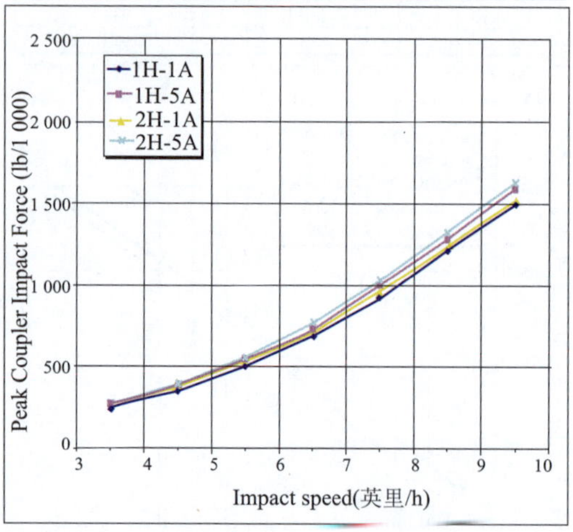

图表 13　不同编组情况下，冲击车总重 286 000 磅(129.7 t)，被冲击车总重 263 000 磅(119.3t)，均装用 TF-880 型缓冲器

Speed (mi/h)	Car Configuration			
	1H-1A	1H-5A	2H-1A	2H-5A
3.5	220	236	236	257
4.5	333	375	375	418
5.5	527	599	600	640
6.5	836	895	896	941
7.5	1 115	1 202	1 203	1 244
8.5	1 413	1 494	1 495	1 533
9.5	1 646	1 732	1 733	1 774

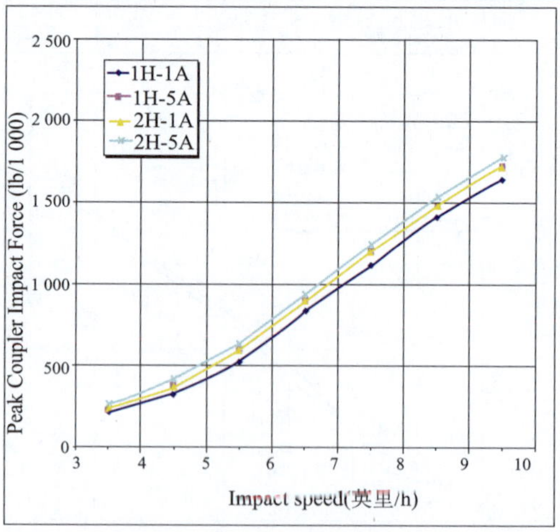

图表 14　不同编组情况下，冲击车总重 286000 磅(129.7t)，装用 Crown-TG 型缓冲器；被冲击车总重 263 000 磅(119.3t)，装用 TF-880 型缓冲器

3　计算结果分析

3.1　车辆总重的影响

为了考察罐车车辆总重对冲击力峰值的影响，可以将仿真工况分成了 2 组进行比较。

第 1 组，将车辆编组方式相同、都使用 Mark 50 型缓冲器，但车辆总重分别为 286 000 磅(129.7 t)和 263 000 磅(119.3 t)的最大冲击力结果进行比较，其比较结果在图表 1～图表 12 中的 *K* 值中已经体现出来。为了便于比较，将 *K* 值汇总于图表 15。

Speed (mi/h)	Tank Car Impact Configuration											
	1H-1A	1H-2A	1H-3A	1H-5A	2H-1A	2H-2A	2H-3A	2H-5A	3H-1A	3H-2A	3H-3A	3H-5A
3.5	1.062	1.030	1.025	1.020	1.025	1.024	1.024	1.029	1.030	1.010	1.034	1.029
4.5	1.049	0.997	0.995	0.997		1.005	1.005	1.005	0.997	1.005	1.005	1.005
5.5	1.022	1.088	1.088	1.088	1.048	1.076	1.076	1.059	1.088	1.076	1.075	1.076
6.5	1.055	1.074	1.055	1.056	1.060	1.053	1.053	1.054	1.054	1.054	1.053	1.054
7.5	1.067	1.045	1.045	1.044	1.046	1.044	1.044	1.044	1.045	1.044	1.044	1.044
8.5	1.060	1.040	1.040	1.041	1.036	1.041	1.041	1.040	1.041	1.039	1.040	1.040
9.5	1.000	1.026	1.026	1.026	0.994	1.025	1.025	1.025	1.026	1.025	1.025	1.025

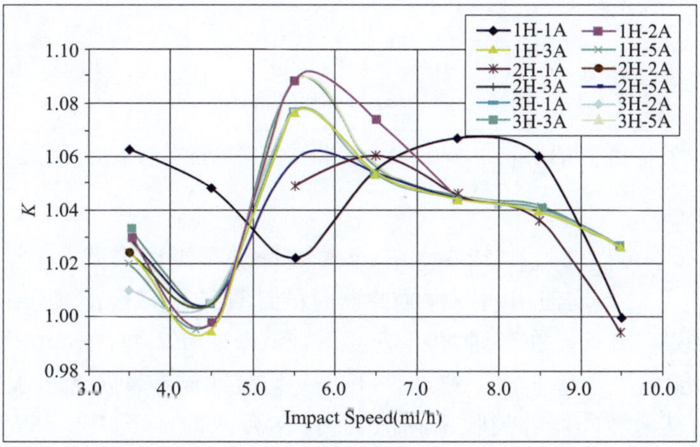

图表 15　均装用 Mark 50 型缓冲器时，不同总重车辆冲击力比较

从图表 15 中可以看出，冲击力最大值增长最快是当冲击速度在 5～7 英里/h (8～10.5 km/h)时。当冲击速度在 5.5 英里/h(8.8 km/h)时，有 4 种车辆编组形式的冲击力最大值的增长幅值最大，达到了 8.8%，而在所有编组形式和所有冲击速度下，冲击力最大值的平均增幅为 3.9%，低于车辆总重增幅 8.7%的一半。

第 2 组，将车辆编组方式相同、都使用 TF-880 型缓冲器，但车辆总重分别为 286 000 磅(129.7 t)和 263 000 磅(119.3 t)的最大冲击力结果进行比较，其比较结果在上述图表中的 *K* 值中已经体现出来。为了便于比较，将 *K* 值汇总于图表 16。

从图表 16 可以看出，当冲击速度在 5～7 英里/小时(8～10.5 km/h)时，冲击力最大值增长幅度也是最快的。当冲击速度在 7.5 英里/h(12 km/h)时，1 辆车冲击 1 辆车时冲击力最大值的增长幅值最大，达到了 6%，在所有编组形式和所有冲击速度下，冲击力最大值的平均增幅为 2.8%，

Speed	Tank Car Impact Configuration			
(mi/h)	1H-1A	1H-5A	2H-1A	2H-5A
3.5	1.023	1.019	1.026	1.025
4.5	1.025	1.024	1.016	1.027
5.5	1.040	1.024	1.034	1.036
5.5	1.040	1.024	1.034	1.036
6.5	1.032	1.030	1.037	1.038
7.5	1.060	1.027	1.030	1.027
8.5	1.030	1.022	1.027	1.022
9.5	1.011	1.020	1.021	1.020

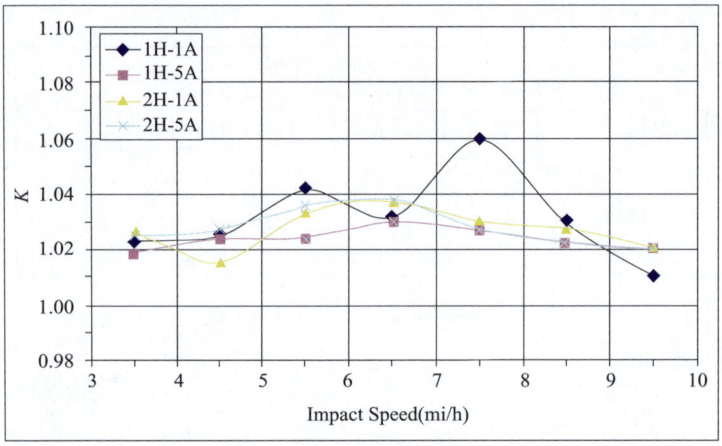

图表 16 均装用 TF-880 型缓冲器时，不同总重车辆车钩力比较

3.2 缓冲器影响

缓冲器的影响可以通过在 12 种冲击车与被冲击车编组形式下，当车辆总重均为 286 000 磅(129.7 t)且均使用同一种缓冲器时的计算结果显现出来，结果已经在图表 1～图表 12 中表达出来。在各种冲击速度下，Crown SE2 型、Crown TG 型和 Mark 50 型缓冲器的能量吸收率非常一致，而 TF-880 型缓冲器在冲击速度大于 5 英里/h(8 km/h)后，才与其他缓冲器的吸收率相似，而且在高速冲击下，TF-880 型缓冲器比其他缓冲器吸收能量的效果更好。通过计算数据可以看出，使用 TF-880 型缓冲器比使用其他三种缓冲器能够使冲击力最大值降低大约 20%。

缓冲器的影响也可以用 K 来量化识别，由于 K 值在冲击速度大于 6.5 英里/h (10.5 km/h)时的一致性要比低速冲击时好，因此图表 17 给出了各型缓冲器与 Mark 50 型缓冲器在冲击速度不小于 6.5 英里/h(10.5 km/h)时的冲击力最大值之比。

从图表 17 可以看出，在不低于 6.5 英里/h(10.5 km/h)的冲击速度下，Crown SE2 型缓冲器比 Mark 50 缓冲器的平均冲击力要低 0.5%；TF-880 缓冲器比 Mark 50 型缓冲器的平均冲击力要低 23.2%；Crown TG 缓冲器比 Mark 50 型缓冲器的平均冲击力要高 3.3%。

尽管图表 17 的计算结果是针对车辆总重为 286 000 磅(129.7t)的，但由于是高速冲击，因此对于其他类似的车辆总重，也会得到相似的计算结果。Crown SE2 型和 Mark 50 型两种缓冲器实际上没有差别；Crown TG 型和 Mark 50 型缓冲器的差别很可能在所有试验中都被车辆试验中的个别缓冲器样本的差别所掩盖，因此实际上很难证明两者的差别。TF-880 型缓冲器的性能与其他缓冲器相比，明显能够降低最大冲击力。从特性曲线看，TF-880 型缓冲器没有尖峰，而其他缓冲器有；TF-880 型缓冲器的停止有明显的减振；TF-880 型缓冲器可能进行了 2 次吸能，比其他缓冲器吸收能量多。因此，在计算结果中出现重大差别也就不足为奇了。

Case	Draft Gear		
	Crown SE2	TF-880	Crown TG
1H-1A	0.957	0.743	1.009
1H-2A	0.985	0.762	1.029
1H-3A	0.990	0.765	1.034
1H-5A	0.989	0.765	1.033
2H-1A	0.996	0.758	1.039
2H-2A	1.007	0.777	1.037
2H-3A	1.008	0.777	1.038
2H-5A	1.000	0.777	1.037
3H-1A	0.990	0.765	1.033
3H-2A	1.008	0.777	1.037
3H-3A	1.007	0.777	1.038
3H-5A	1.008	0.777	1.038
Overall	0.995	0.768	1.033

图表 17　6.5 英里/h 冲击速度以上车钩力 K 值比较

4　结论

1. 当采用同型号缓冲器时，罐车总重增加，则最大冲击力也增加。

2. 在各冲击速度下，Crown SE2 型、Crown TG 型和 Mark 50 型缓冲器的能量吸收能力基本一致，TF-880 型缓冲器在 5 英里/h(8 km/h)冲击速度以前，能量吸收能力与其他缓冲器相似，但当冲击速度升高后 ，TF-880 缓冲器的能量吸收能力明显好于其他缓冲器，从而导致使用 TF-880 缓冲器在高速冲击时能比其他缓冲器降低 20% 最大冲击力。

3. 在本次计算中，使用特性与 TF-880 型缓冲器相同或相近的缓冲器足以补偿由于车辆总重由 263 000 磅(119.3 t)增长到 286 000 磅(129.7 t)所带来冲击力增长的影响。应该提供额外的安全余量，以防止车辆在高速冲击时发生脆性断裂。

4. 本次计算中所采用的缓冲器特性是理想化的，对于更高冲击速度而言存在偏离。在所有冲击速度下使用一样的特性，这样的假定可能对于高速冲击时比较合适，但会稍微降低低速冲击时的冲击力。对于从缓冲器落锤试验和缓冲器冲击响应的缓冲器特性曲线的关系至今还没有很好的解释。落锤试验产生的特性曲线是名义曲线，而运用中的缓冲器会有一系列的特性曲线，这些特性曲线如何影响冲击力也没有得到很好的解释，这些因素都值得做更多的研究。

附录 6

摇枕横向载荷相关的设计、试验规范(节选)

附录 6.1 AAR M202—2009

3 设计

3.1 除本标准特别列举者外,还应遵守所有的 AAR 基本标准要求。

3.2 计算和试验的依据是表 3.1 给出的垂向载荷"P",并由下式得出:

$$P=2C-2000(d-4)$$

式中 P——摇枕垂向载荷,单位为磅(lb);

C——轴载荷,单位为磅(lb);

d——轴颈直径,单位为英寸(in)。

表 3.1 来自 GRL 的最小垂向试验负荷

轴颈尺寸 英寸(mm)	转向架 型式	2 个四轮转向架 上的总钢轨载 荷磅(kN)	车轴载荷 C 磅(kN)	摇枕垂向载荷 P 磅(kN)
5 1/2×10 (139.7×254)	2D	177 000 (787.6)	42 000 (186.9)	81 000 (360.4)
6×11 (152.4×279.4)	2E	220 000 (979.0)	52 500 (233.6)	101 000 (449.4)
6 1/2×12 (165.1×304.8)	2F	263 000 (1 170.3)	63 000 (280.3)	121 000 (538.4)
		286 000 (1 272.6)	68 750 (305.9)	132 500 (589.6)
6 1/2×9 (165.1×228.6)	2K	263 000 (1 170.3)	63 000 (280.3)	121 000 (538.4)
		286 000 (1 272.6)	68 750 (305.9)	132 500 (580.6)
7×12 (177.8×304.8)	2G	315 000 (1 401.7)	76 000 (338.2)	146 000 (649.7)

3.3 转向架设计应采用最优方案。在使用最优方案的转向架设计过程应备有完整的文件证明并使其可用于采购商要求的复查。制造商应保留记录文件,以此来展示持续

使用的设计过程以确保设计满足规范要求。有限元分析和固态分析都是最优方案的范例,制造商应在设计每一个转向架都采用上述方式。

在设计中,垂向载荷,等于 P,应作用于摇枕中心线上距摇枕中心每侧 8 英寸(203.2 mm)内的任意点上,也可以于弹簧座中心至距摇枕中心 23 英寸(584.2 mm)内任意点上。横向载荷,等于 0.25P,应作用于中性轴[或试验时为心盘承载面下 5 英寸(127 mm)的直线]上,仅施加于摇枕中心。

4 静载荷试验

4.1 每一新设计至少有两个试件在车辆工程委员会代表的监督下在适当的静载荷试验台上进行试验。选定的两个试件应为一般合格品。

4.2 摇枕应符合表 4.1 要求。横向和垂向试验应分别进行。垂向载荷应分别地首先施加于旁承然后加于心盘上。同一试件可以用于横向载荷试验和两个垂向载荷试验。

4.3 计算试验载荷的依据。

表 4.1 最小计算载荷工况

	横向载荷	旁承垂向载荷	心盘垂向载荷
仪器清零载荷,磅(kN)	5 000(22.2)	5 000(22.2)	5 000(22.2)
最大弹性变形试验载荷	0.95P	1.43P	1.43P
最大永久变形试验载荷	1.9P	2.38P	2.85P
极限载荷	—	—	5.22P

4.4 由 4.2 项得到的用于实际试验的数值。

表 4.2 最小试验载荷工况

轴颈尺寸 英寸/mm	5 1/2×10 (139.7×254)	6×11 (152.4×279.4)	6 1/2×12(165.1×304.8)、 6 1/2×9 (165.1×228.6)		7×12(177.8 ×304.8)
2个4轮转向架上的 总钢轨载荷,磅(kN)	177 000 (787.6)	220 000 (979.0)	263 000 (1 170.3)	286 000 (1 272.6)	315 000 (1 401.7)
P——垂向载荷 磅(kN)	810 00 (360.4)	101 000 (449.4)	121 000 (538.4)	132 500 (589.6)	146 000 (649.7)
载荷 0.95P(挠度) 磅(kN)	82 000 (364.9)	101 000 (449.4)	120 000 (534.0)	130 900 (582.5)	143 000 (636.3)
载荷 1.43P(挠度) 磅(kN)	120 500 (536.2)	149 000 (663.0)	177 500 (789.8)	194 500 (865.5)	212 000 (943.4)
载荷 1.90P(挠度) 磅(kN)	154 000 (685.3)	192 000 (854.4)	230 000 (1 023.5)	251 750 (1 120.2)	276 000 (1 228.1)
载荷 2.38P(挠度) 磅(kN)	192 000 (854.4)	240 000 (1 068.0)	287 500 (1 279.3)	315 350 (1 403.2)	345 000 (1 535.2)
载荷 2.85P(挠度) 磅(kN)	231 000 (1 027.9)	288 000 (1 281.5)	345 000 (1 535.2)	377 650 (1 680.5)	414 000 (1 842.2)
载荷 5.22P(挠度) 磅(kN)	423 500 (1 884.5)	528 000 (2 349.5)	632 000 (2 812.3)	691 650 (3 077.7)	759 000 (3 377.4)

表 4.3 规定试验载荷下的限制条件

试验要求,英寸 (mm)			
B级钢	B+级钢	C级钢	
0.075 (1.91)	0.1 (2.54)	0.12 (3.05)	横向载荷 0.95P 时最大挠度
0.025 (0.64)	0.025 (0.64)	0.025 (0.64)	横向载荷 1.9P 时最大永久变形
0.055 (1.40)	0.063 (1.60)	0.07 (1.78)	旁承载荷 1.43P 时最大挠度
0.025 (0.64)	0.025 (0.64)	0.025 (0.64)	旁承载荷 2.38P 载荷时最大永久变形
0.075 (1.91)	0.091 (2.31)	0.105 (2.67)	心盘载荷 1.43P 时最大挠度
0.025 (0.64)	0.025 (0.64)	0.025 (0.64)	心盘载荷 2.85P 时最大永久变形
			最小极限载荷 5.22P

4.5 挠度测量仪器应置于试件两支点的中央,并应在初始载荷为 5 000 磅(22.2 kN)时调定零读数；再加载到 20 000 磅(89.0 kN)之后,减载至 5 000 磅(22.2 kN),以使仪器回零。

4.6 静载荷试验加载图：

图 4.1 为摇枕横向试验加载方法,图 4.2 为垂向加载。

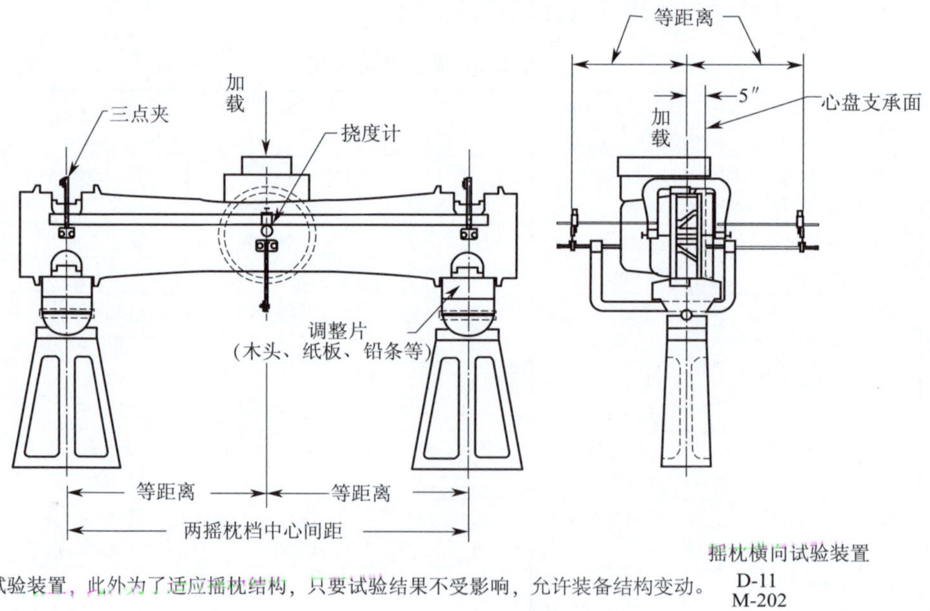

注：典型的试验装置，此外为了适应摇枕结构，只要试验结果不受影响，允许装备结构变动。

图 4.1 摇枕横向载荷试验方法

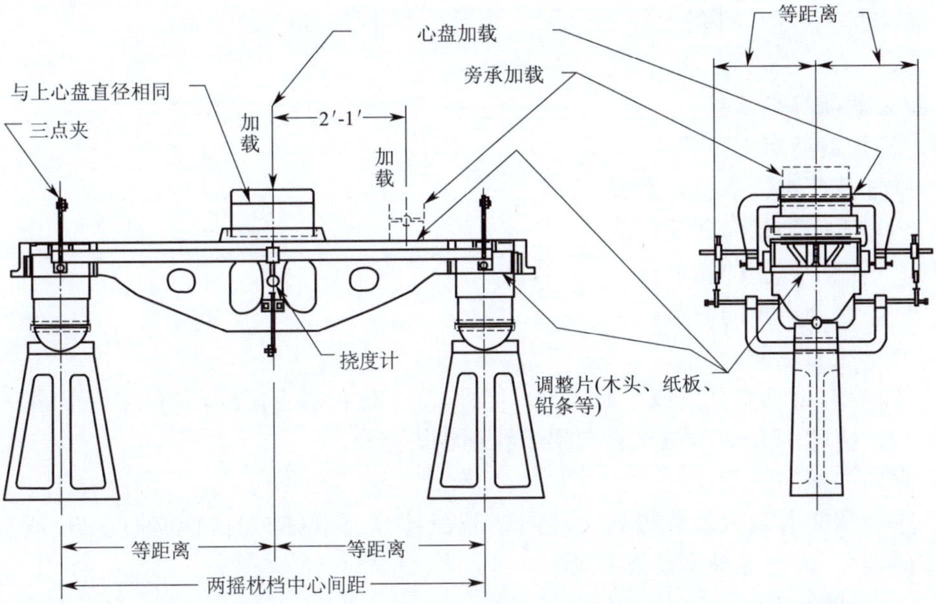

图 4.2 摇枕垂向载荷试验方法

附录 6.2 AAR M202—1997

3.3 垂向载荷,等于 P,应作用于摇枕中心线上距摇枕中心 8 英寸(203.2 mm)内的任意点上,也可以作用于弹簧座中心至距摇枕中心 23 英寸(584.2 mm)内任意点上。摇枕断面模数,从距摇枕中心 8 英寸(203.2 mm)的断面到距离摇枕中心 23 英寸(584.2 mm)的断面,应均匀减小。横向载荷,等于 $0.25P$,应作用于中性轴[或试验时为心盘承载面下 5 英寸(127 mm)的直线]上,仅施加于摇枕中心。根据这种计算,为校核相对设计,最大垂向和横向载荷组合应力,以及最大垂向或最大横向载荷单位应力(分开考虑),应符合表 3—Ⅱ中的要求。

表 3—Ⅱ 许用应力表

	垂向载荷$=P$或横向载荷$=0.8P$(分开考虑)的最大应力 磅/平方英寸(MPa)	垂向载荷$=P$和横向载荷$=0.25P$(组合)的最大应力 磅/平方英寸(MPa)
B级钢	13 125(91)	16 800(116)
B+级钢	17 000(117)	21 950(151)
C级钢	21 000(145)	26 250(181)

附录 6.3 UIC510-3-1994

2 超常载荷静态试验

2.1 施加载荷定义

施加载荷由以下载荷组成：

——垂向和横向载荷；

——侧滚产生的载荷；

——制动产生的载荷；

——扭曲载荷。

注：静态试验没有模拟车辆冲击。因此，除了进行静态试验，需要进行车辆冲击试验。冲击速度 15km/h，被试转向架所在车辆为空车。

垂向和横向载荷

垂向和横向载荷是参照名义转向架载荷计算而得(例如：轨上轴重 20t 或 22.5t 的转向架)。为考虑最大动态载荷：

-在心盘上施加的最大载荷：

$F_z\max=1.5F_z$，$F_z=4Q_0-m^+g$（2 轴转向架）

$F_z\max=1.5F_z$，$F_z=6Q_0-m^+g$（3 轴转向架）

若仅模拟沉浮产生的垂向载荷，将在心盘上仅施加 2 F_z载荷。

在转向架上实施的横向载荷为：

$$F_y\max=2\left(10+\frac{2Q_0}{3}\right)\text{kN}(\text{用于 2 轴转向架})$$

$$F_x\max=\frac{8}{3}\left(10+\frac{2Q_0}{3}\right)\text{kN}(\text{用于 3 轴转向架})$$

说明：3 轴转向架的横向载荷是基于转向架 714 资格运行试验中记录的载荷分布。

对于不同的转向架类型，将会使用运行试验中记录的载荷分布。

侧滚载荷

对于旁承之间 1 700 mm 的定距(标准二轴转向架)，滚动系数 α 取值为 0.3。若旁承($2b_g$)之间的定距异于 1 700 mm，α 值为：

$$\alpha=0.3\left(\frac{1\,700}{2b_g}\right)$$

制动载荷

制动产生的载荷 F_B与紧急制动产生的力的 120%对应。

在试验中的转向架上，这些制动 F_D产生的载荷会造成：

——减速载荷；

——接触载荷；

——制动拉杆上施加的载荷。

扭曲载荷

转向架上的载荷，带悬挂系统转向架遭受最大10‰的轨道扭曲。

2.2　试验程序

在高应力点，特别是应力集中区域，贴上应变花和应力贴片。贴片的位置应通过应力显示清漆等方法确定。

试验应按照图J1和表J5(二轴转向架)或图J2和表J6(三轴转向架)进行。

试验载荷应逐步施加。在施加全部载荷配置之前，应施加最大数值的50%和75%。

超常静态试验—二轴转向架：

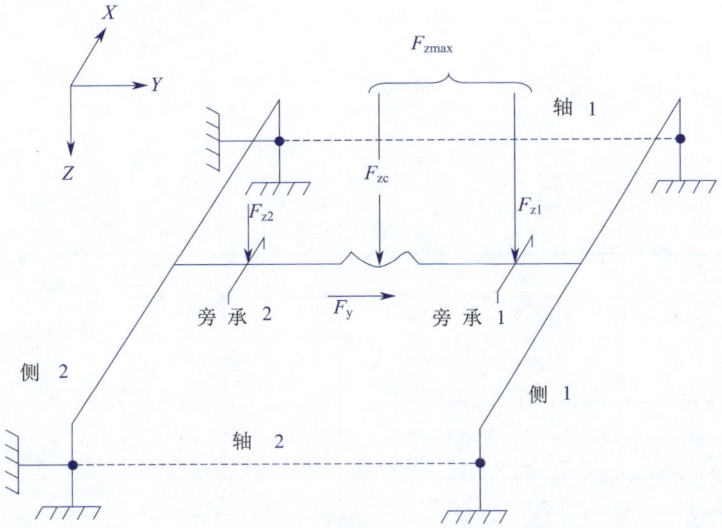

图J1

表J5

工况	载荷				轨道扭曲 $g+$	制动力
	垂向			横向		
	旁承2 F_{z2}	心盘 F_{zc}	旁承1 F_{z1}	Fy		
1		$2Fz$				
2	0	$(1-\alpha)\ F_{z\max}$	αF_{zmax}		10‰	
3	0	$(1-\alpha)F_{z\max}$	αF_{zmax}	$Fy\max$		
4	αF_{zmax}	$(1-\alpha)F_{z\max}$	0	$-Fy\max$		
5	0	$1.2\ Fz$	0			F_B

$F_z = 4Q_0 - m^+ g$　　　　$F_{ymax} = 2\left(10 + 2\dfrac{Q_0}{3}\right)$

$F_{zmax} = 1.5F_z$　　　　F_B＝制动力

$\alpha = 0.3\left(\dfrac{1\ 700}{2b_g}\right)$

超常载荷静态试验—三轴转向架

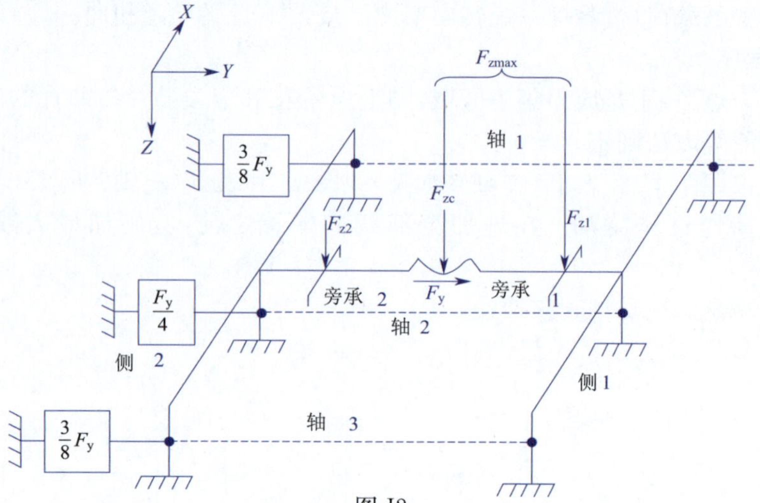

图 J2

表 J6

工况	载荷				轨道扭曲 g^+	制动力
	垂向			横向		
	旁承 2 F_{z2}	心盘 F_{zc}	旁承 1 F_{z1}	F_y		
1		$2F_z$				
2	0	$(1-\alpha)F_{z\max}$	$\alpha F_{z\max}$		10‰	
3	0	$(1-\alpha)F_{z\max}$	$\alpha F_{z\max}$	$F_{y\max}$		
4	$\alpha F_{z\max}$	$(1-\alpha)F_{z\max}$	0	$-F_{y\max}$		
5	0	$1.2F_z$	0			F_B

$F_z=6Q_0-m^+g$　　　　$F_{ymax}=\frac{8}{3}\left(10+2\frac{Q_0}{3}\right)$

$F_{zmax}=1.5F_z$　　　　F_B=制动力

$\alpha=0.3\left(\frac{1\,700}{2b_g}\right)$

2.3 获得结果

在任何工况下不得超越材料的弹性极限。

在去除试验载荷后,应无任何永久变形的迹象。

3 正常运营试验载荷

3.1 施加载荷定义

施加载荷包括:

——心盘和旁承上的垂向载荷;

——横向载荷;

——制动产生的载荷;

——扭曲载荷。

垂向载荷和滚动产生的载荷

心盘和旁承上的垂向载荷应基于名义转向架载荷计算。它们取决于：

——F_z，每个转向架上车体施加的静态载荷；

——α，侧滚系数；

——β，浮沉系数。

对于旁承之间 1 700 mm 的定距(标准二轴转向架)，滚动系数 α 取值为 0.2。

若旁承($2b_g$)之间的定距异于 1 700 mm，α 值为：

$$\alpha=0.2\left(\frac{1\ 700}{2b_g}\right)$$

代表转向架垂向动态性能的沉浮系数 β 取值为 0.3(车辆转向架的正常数值)。

横向载荷：

横向载荷应等于：

$$F_y=0.4\times0.5(F_z+m^+g)\text{(二轴转向架)}$$

$$F_y=0.53\times0.5(F_z+m^+g)\text{(三轴转向架)}$$

制动载荷：

制动产生载荷与紧急制动产生的力 100%得对应。

在试验转向架上，这些制动产生的载荷将会造成以下载荷施加：

——减速载荷；

——接触载荷；

——制动拉杆上施加的载荷。

扭曲载荷：

轨道扭曲，参见转向架轴距，取值为 5‰。

此扭曲 g^+ 将通过移动支撑或施加计算约束反力来实现。

3.2　试验程序

在高应力点，特别是应力集中区域，贴上应变花和应力贴片。

试验包括将各类载荷配置施加到模拟转向架上：

——在直线上运行；

——在曲线上运行；

——由于侧滚和沉浮造成的动态载荷变化；

——制动；

——轨道扭曲。

实施的各类载荷工况在图 J3 和表 J7(两轴转向架)、图 J4 和表 J8(三轴转向架)中描述。

在实施前七个工况(未模拟轨道扭曲)后，四个未来试验将通过重复工况 4、5、6 和 7 来执行，叠加轨道扭曲(数值根据带悬挂转向架规定)。对于四个新工况中的每项来说，由于扭曲造成的载荷将首先在一个方向施加，然后在另一个方向施加。轨道扭曲的应用不会修改垂向的总和。

若第 2 章试验结果显示试验必要（试验期间弹性限度超越），施加与制动载荷试验将会进行。

3.3　获得结果

在每个测量点，将为以上定义的每个工况记录应力 $\sigma_1 \cdots \sigma_n$。

从这 n 个数值中，找出最小应力 σ_{min} 和最大应力 σ_{max} 将用来确定：

$$\sigma_{mean}=\frac{\sigma_{max}+\sigma_{min}}{2}$$

$$\Delta\sigma=\frac{\sigma_{max}-\sigma_{min}}{2}$$

ERRI B12 委员会报告 RP17 给出了疲劳强度极限图。然而，有限数量的测量点超过许用应力的 20%，这些测点在疲劳试验中将严格监控。

正常运营载荷静态试验—二轴转向架：

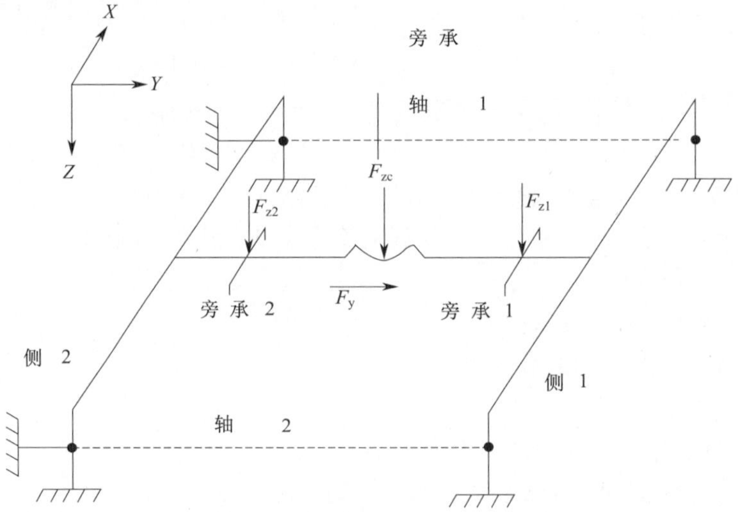

图 J3

表 J7

工况	载荷				
	垂向			横向	制动力
	旁承 2 F_{z2}	心盘 F_{zc}	旁承 1 F_{z1}	F_y	
1	0	F_z	0		
2	0	$(1+\beta)F_z$	0		
3	0	$(1-\beta)F_z$	0		
4	0	$(1-\alpha)(1+\beta)F_z$	$\alpha(1+\beta)F_z$	F_y	
5	$\alpha(1+\beta)F_z$	$(1-\alpha)(1+\beta)F_z$	0	$-F_y$	
6	0	$(1-\alpha)(1-\beta)F_z$	$\alpha(1-\beta)F_z$	F_y	
7	$\alpha(1-\beta)F_z$	$(1-\alpha)(1-\beta)F_z$	0	$-F_y$	
8	0	Fz	0		F_B

$F_z=4Q_0-m^+g$　　　　$\beta=0.3$

$\alpha=0.2\left(\frac{1\ 700}{2b_g}\right)$　　　　$F_y=0.4\times0.5(F_z+m^+g)$

正常运营载荷静态试验—三轴转向架

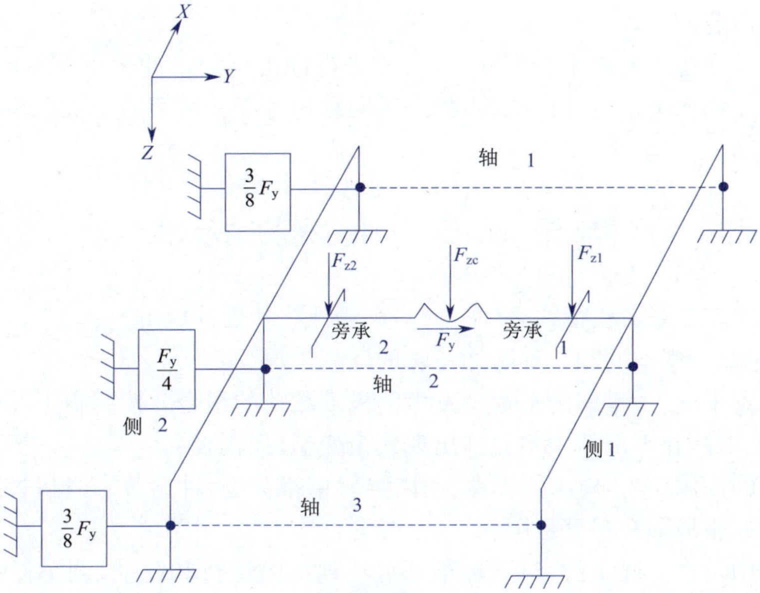

图　J4

表 J8

工况	载荷				制动力
	垂向			横向	
	旁承 2 F_{z2}	心盘 F_{zc}	旁承 1 F_{z1}	F_y	
1	0	F_z	0		
2	0	$(1-\beta)F_z$	0		
3	0	$(1-\beta)F_z$	0		
4	0	$(1-\alpha)(1+\beta)F_z$	$\alpha(1+\beta)F_z$	F_y	
5	$\alpha(1+\beta)F_z$	$(1-\alpha)(1-\beta)F_z$	0	$-F_y$	
6	0	$(1-\alpha)(1-\beta)F_z$	$\alpha(1-\beta)F_z$	F_y	
7	$\alpha(1-\beta)F_z$	$(1-\alpha)(1-\beta)F_z$	0	$-F_y$	
8	0	F_z	0		F_B

$F_z=6Q_0-m^+g$　　　　$\beta=0.3$

$\alpha=0.2\left(\frac{1\ 700}{2b_g}\right)$　　　　$F_y=0.53\times0.5(F_z+m^+g)$

附录 6.4　EN 13749—2011

C.3.3　超常载荷

纵向冲击载荷

如果车辆在运用过程中产生冲击，需要进行冲击试验。冲击车总重 80 t，冲击速度 15 km/h。如果不进行冲击试验，静态纵向载荷等于转向架质量乘以车辆冲击产生的最大加速度。

附录 6.5　俄罗斯标准

交通部 1 520 毫米轨距铁路（非自行）车辆计算和设计规范

2.1.3　规定 2 种基本的和 1 种附加特殊的计算工况。

按照计算工况Ⅰ，考虑的是很少发生的极端载荷的组合。按照本工况作强度计算时，基本的要求是在零部件中不允许出现残余变形（损伤）。

本工况的许用应力，应考虑到载荷作用特性（准静态、冲击等）和材料性能，取为接近于材料的屈服极限和强度极限。

在运用中符合工况Ⅰ的，对于货车是重载列车的退行和起动，调车作业中包括从驼峰溜放中车辆的碰撞，低速运行时列车紧急制动，对于客车是调车作业中的事故碰撞，和非定员情况下的车辆互撞，以及编入货物列车运行时的车辆事故碰撞。

按照计算工况Ⅲ，考虑的是运行列车中发生频度较高的、车辆规范规定的、数值中等的载荷的组合。按照本工况计算时，基本要求是部件或零件不允许疲劳破坏。

本工况的许用应力，应根据材料的疲劳极限，并考虑到准静态、振动和冲击载荷，腐蚀影响等因素。

在运用条件下，符合工况Ⅲ的是列车中的车辆在周期性的常用调速制动，中等的碰撞和溜放，车辆机构和部件编组内作业时，以允许速度直至构造速度运行于线路的直线、曲线区间和道岔的情况。

附加特殊的计算工况Ⅱ，用于个别车型的、以该车辆为特征的载荷的组合（如装卸作业、修理作业等载荷）。按工况Ⅱ计算的必要性由技术任务书规定。

2.4.2　一般情况下车辆各个质量的惯性纵向力可按下式确定：

$$N_{\mathrm{H}}=N\cdot\frac{m}{m_{\mathrm{Bar}}} \tag{2.9}$$

式中　N——作用于自动车钩的拉伸或压缩纵向力，或车辆的制动力；

m——求算部件、零件、货物的纵向惯性力的质量；

m_{Bar}——车辆总质量。

惯性力还可按下式确定：

$$N_H=m\times a_x \tag{2.10}$$

式中　a_x——部件、零件等的纵向加速度(减速度)的规定值。

2.6　按照许用应力计算车辆强度时，基本纵向载荷、垂直载荷、侧向载荷和自平衡载荷应符合表 2.3 和表 2.4 规定的计算工况组合。

表 2.4　转向架强度计算用基本载荷值及其组合

基本计算载荷名称	载荷值			
	客车		货车	
	计　算　工　况			
	Ⅰ	Ⅲ	Ⅰ	Ⅲ
纵向载荷： 转向架质量的惯性力	按 2.4.2，取 N=2 500 kN	按 2.4.2，取 N=1 000 kN	按 2.4.2，取 N=3 500 kN	按 2.4.2，取 N=1 000 kN
垂直载荷： 转向架总重力 垂直动载荷 车体纵向惯性力 引起的垂直附加力[1]	按 2.2.3 不考虑 按 2.4.3，取 N=2 500 kN	按 2.2.3 按 2.2.3，取构造速度 不考虑	按 2.2.3 不考虑 按 2.4.3，取 N=3 500 kN	按 2.2.3 按 2.2.3，取构造速度 不考虑
侧向载荷： 离心力 纵向准静态力 的横向分力	不考虑 按 2.3.4， 取 N=2 500 kN	按 2.3.2 不考虑	不考虑 按 2.3.4， 取 N=2 500 kN	按 2.3.2 不考虑
自平衡载荷： 垂直斜对称力	不考虑	按 2.5.3	不考虑	按 2.5.3

注：1)按工况Ⅰ与其他载荷合成时，考虑为 50%大小；只有在与总重力合成时取为 100%。

2)对于窄轨专用车的转向架，计算载荷在设计技术任务书中规定。

附录 7

大秦线 2 万吨重载列车车钩力载荷谱

表 1-1　大秦线 2 万吨重载列车重车车钩载荷百分率谱

	−2 000	−1 800	−1 600	−1 400	−1 200	−1 000	−800	−600	−400	−200	0	200	400	600	800
1 600	0.000 005	0.000 005			0.000 005				0.000 005						
1 400		0.000 005			0.000 010	0.000 005									
1 200			0.000 015			0.000 019	0.000 034	0.000 010							
1 000		0.000 010	0.000 019			0.000 024	0.000 088	0.000 044	0.000 015	0.000 039		0.000 015	0.000 005	0.000 029	0.000 510
800	0.000 019			0.000 015	0.000 034	0.000 058	0.000 160		0.000 224		0.000 394	0.000 049	0.000 263	0.008 969	
600				0.000 015	0.000 039	0.000 097	0.000 112	0.000 783		0.001 240		0.000 734	0.028 375		
400			0.000 015	0.000 029	0.000 044	0.000 068	0.000 340		0.002 280		0.101 868	0.062 297			
200				0.000 010	0.000 034	0.000 083		0.001 356		0.003 048	0.184 301				
0			0.000 005	0.000 010	0.000 053	0.000 131	0.000 185	0.000 744	0.006 018	0.251 051					
−200			0.000 005		0.000 029	0.000 024	0.000 544	0.005 576	0.219 006						
−400				0.000 019		0.002 474	0.004 074	0.075 744							
−600					0.000 880		0.023 038								
−800				0.000 228		0.007 482									
−1 000			0.000 034	0.000 258	0.002 081										
−1 200			0.000 112	0.001 454											
−1 400		0.000 005	0.000 569												
−1 600	0.000 010	0.000 053													

最小载荷(kN)

试验日期:2009 年 6 月 7 日 ～ 6 月 14 日
牵引方式:“1＋1”牵引方式
最高时速:80 km/h
记录里程:12 500 km
总循环次数:205 707

表 1-2　大秦线 2 万吨重载列车空车车钩载荷百分率谱

700						0.000 164		0.000 164			
600				0.000 164		0.000 164	0.001 641		0.000 164	0.000 328	0.001 641
500			0.000 328	0.000 492	0.000 328	0.000 657	0.001 806	0.002 462	0.000 821	0.000 657	0.00 197
400	0.000 657	0.000 492	0.000 821	0.000 821	0.003 447	0.003 94	0.005 253	0.011 655	0.017 072	0.004 432	
300		0.000 492	0.002 134	0.001 149	0.002 462	0.018 056	0.023 473	0.029 875	0.049 081		
200	0.000164	0.000 164	0.000 492	0.001 477	0.01 067	0.018 877	0.143 795	0.088 969			
100		0.000 657	0.000 985	0.002 134	0.021 339	0.047 932	0.092 416				
0			0.000 492	0.003 611	0.100 295	0.107 026					
−100			0.000 164	0.009 849	0.080 926						
−200		0.000 164	0.002 134	0.022 817							
−300	0.000 328	0.003 447	0.035 785								
−400	0.006 074	0.010 834									
	−600	−500	−400	−300	−200	−100	0	100	200	300	400

试验日期:2009 年 6 月 7 日 ～ 6 月 14 日
牵引方式:“1＋1”牵引方式
最高时速:80 km/h
记录里程:12 500 km
总循环次数:6 092

参考文献

[1] 王春山,陈雷．铁路重载提速货车技术[M]. 北京:中国铁道出版社,2010.

[2] 严隽耄,傅茂海．车辆工程(第三版)[M]. 北京:中国铁道出版社,2009.

[3] 王福天．车辆系统动力学[M]. 北京:中国铁道出版社,1994.

[4] 罗运康．铁路货车冲击过程研究[R]. 青岛四方车辆研究所有限公司 2010.

[5] [苏]B. C. 别里涅茨．冲击加速度测量[M]. 新时代出版社，1982.

[6] 张晓巧,王兴松．摩擦模型及其磁滞特性的研究[R/OL]. 中国科技论文在线,2007.

[7] T-K Hsu, D. A. Peters. A Simple Dynamic Model For Simulating Draft-Gear Behavior In Rail-Car Impacts[J]. Transactions of the ASME Journal of Engineering for Industry,1978,100(4):492-496.

[8] 陈行禄,秦永元．信号分析与处理 [M]. 北京:航空航天大学出版社,1993.

[9] Lyons,Matthew L.;Riddlell,William T.;Koch,Kevin W. Analysis of Accelerations Measured During Full-Scale Tank Car Impact Tests[R]. DOT/FRA/ORD 07/08,2007.

[10] 金星,罗运康．摩擦型缓冲器特性的数学描述[J]. 铁道车辆,2011,49(6):1-4.

[11] 刘宏友,彭峰．MATLAB6. X 符号运算及其应用 [M]. 机械工业出版社,2003.

[12] 常崇义,王成国,马大炜等．2 万 t 组合列车纵向力计算研究[J]. 铁道学报,2006,28(2):89-94.

[13] TB/T 1335—1996,铁道车辆强度设计及试验鉴定规范[S].

[14] TB/T 1961—2006,机车车辆缓冲器[S].

[15] TB/T 2369—2010,铁道车辆冲击试验方法[S].

[16] TB/T 1407—1998,列车牵引计算规程[S].

[17] 铁道部科学研究院机车车辆研究所．苏联铁路车辆计算和设计规范及试验方法和技术条件[G]. 北京．1990.

[18] Masayoshi KOBAYSHI. A Simulation of Freight Car Motion Due to End-to-End Impact[J]. QUARTERLY REPORTS. Vol. 15. No. 2. 1974.

[19] J. Z. Xu,J. Zhang. Investigation of Yard Impact Forces on 286,000lb Tank Cars[R]. Centre for Surface Transportation Technology National Reserch Council of Canada. 2010.

[20] 交通部 1520 毫米轨距铁路(非自行)车辆计算和设计规范 [S].

[21] AAR Manual of Standard and Recommended Practices,Section C Part II,Design,Fabrication, and Construction of Freight Cars(Specification M-1001) [S]. 2007.

[22] AAR Manual of Standard and Recommended Practices,Section B, Couplers and Freight Car Draft Components,Draft Gear Rated By Impact Testing(Specification M-901G) [S]. 2007.

[23] EN 12663—2:2010 Railway application-Structural requirements of railway vehicle body. [S].

[24] 中国铁路总公司．铁路技术管理规程．[M]. 中国铁道出版社．2014.

[25] AAR M202—2009,Truck Bolsters, Cast or Structural —Design and Testing[S].

[26] AAR M202—1997,Specification for Truck Bolsters[S].

[27] TB/T 1959—2006,铁道货车摇枕、侧架静载荷及疲劳试验[S].

[28] UIC 510—3—1994,Wagons Strength testing of 2 and 3-axle bogies on test rig[S].

[29] 2006/861/EC,Official Journal of the European Union[S].

[30] BS EN 13749—2010,Railway applications-Wheelsets and bogies-Method of specifying the structural requirements of bogie frames[S].

[31] ERRI B12/RP17(8th Edition),Programme of tests to be carried out on wagons with steel underframe and body structure (suitable for being fitted with the automatic buffing and draw coupler) and on their cast steel frame bogies [S].

[32] AAR R-387. 关于制定疲劳设计使用的缺陷——品质判据的 AAR 指南说明[S].